SHODENSHA
SHINSHO

# ドキュメント　新右翼

## ——何と闘ってきたのか

山平重樹



祥伝社新書

本書は、平成元（一九八九）年に二十一世紀書院より刊行された『ドキュメント新右翼 果てなき夢』に、その後の事象を書き下ろした序と終章を加え、全体を加筆・修正したものです。なお、引用文は読みやすさを考慮して行を整え、適宜ふりがなをつけています。

# 序——日本会議の源流を探る

## ●日本会議ブームとは何か

私が約三十年前に上梓した『ドキュメント新右翼 果てなき夢』（二十一世紀書院）が、今回復刊となったのは一も二もなく、平成二十八（二〇一六）年に始まった、日本会議ブームの賜《たまもの》である。

ブームの火つけ役となったのはジャーナリスト・菅野完《すがのたもつ》氏の『日本会議の研究』（扶桑社新書）で、同書はベストセラーとなり、以後、日本会議を扱った書籍やムック、雑誌等の刊行が相次ぎ、テレビ、新聞などのメディアでも大きく取り上げられ、にわかに脚光を浴びるようになった。

しかも政治党派でも法人でもない一《いち》任意団体なのに、「日本最大の右派組織」「安倍晋三《あべしんぞう》政権を支える極右組織」「日本を裏支配するシンジケート」といった、実態以上のおどろおどろしいイメージで語られるものだから、なおさら世の関心を高めた。

この日本会議ブームと、昭和四十～六十年代の新右翼学生・青年運動史を俯瞰《ふかん》した拙著はどう関連するのか。また、拙著が一部で思わぬ注目を集めることになったのはなぜか。

実は、日本会議の中枢を担《にな》う事務総長の椛島有三《かばしまゆうぞう》氏、同事務局長の松村俊明《まつむらとしあき》氏、あるいは「日本会議国会議員懇談会」に所属する衛藤晟一《えとうせいいち》氏（第三次安倍内閣首相補佐官）、同政策委員の百地章《ももちあきら》氏（憲法学者）、同政策委員の伊藤哲夫《いとうてつお》氏（安倍首相のブレーンといわれる日本政策研究センター代表）、同政策委員の高橋史朗《たかはししろう》氏（明星大教授）といったメンバーが、いずれも拙著に登場する、かつての新右翼学生・青年組織――新宗教「生長《せいちょう》の家《いえ》」系全国組織の生学連《せいがくれん》（生長の家学生会全国総連合）、全国学協（全国学生自治体連絡協議会）、日本青年協議会――の活動家であった事実が明るみに出たからである。

つまり、拙著には日本会議の源流が描かれているというのだ。

「日本会議の『源流』記す大著に熱視線」とのタイトルで、拙著を『週刊朝日』平成二十九年七月二十一日号で取り上げてくれたのは、『ドキュメント日本会議』（ちくま新書）を書いた朝日新聞編集委員の藤生明《ふじうあきら》氏である。藤生氏は、

《新右翼「一水会《いっすいかい》」元代表の鈴木邦男《すずきくにお》氏（25ページ下の写真）らが民族派「早稲田大学学生連盟」を結成する場面から始まる。鈴木氏はその後、新宗教「生長の家」の活動に軸足を移すが、その頃、同教団の学生運動で着々と実績を積み重ねていたのが、現日本会議事務総長の椛島有三氏ら、長崎大学のグループだった。山平氏は、椛島氏らが左翼学生と闘い、全国組織「全国学生自治体連

絡協議会」（全国学協）を結成する経緯を詳述。さらに70年の三島事件や、同じ民族派の全国組織「日本学生同盟」（日学同《にちがくどう》）と全国学協の蜜月《みつげつ》と反目などについて、同書の前半部分約160ページを割《さ》いて描いた。

……全国学協のメンバーらはその後、社会人組織を結成、改憲団体「日本を守る国民会議」で事務局を握ると、日本会議の結成（97年）へと運動を進めた。今や、安倍政権に近く、国政に一定の影響力をもつまでになった》

と記し、記事中で『日本会議の研究』の著者・菅野完氏の、

《新右翼のムーブメントがまだ歴史になっていない30年前に、歴史として描ききった。その構想力、筆力に脱帽する。早すぎた名著というべき作品だ》

という拙著に対する過分なる評価も紹介してくれている。

いわば、この藤生氏の記事のおかげで拙著は再び陽《ひ》の目を見ることにもなったわけである。では、私が約三十年前に書いた「果てなき夢」とはいったい何であったのか。そのタイトルの意味するところは何であったのか。

## ●その後の新右翼

それこそは、三島由紀夫《みしまゆきお》（189ページの写真）、森田必勝《もりたまさかつ》（同）を先駆けとする浪漫者《ロマンチスト》が見続けてき

た夢——ヤルタ・ポツダム体制＝戦後体制打倒——に命を賭《か》けた新右翼活動家たちが渇望して止まなかった維新革命の夢の謂《いい》ではなかったか。

およそ三十年の歳月を経《へ》たいま、その「果てなき夢」の行方《ゆくえ》はどうなったのか。

「あとに続く者あるを信ず」と、三島、森田が夢見、野村秋介《のむらしゅうすけ》（443ページ上の写真）が、三浦重周《みうらじゅうしゅう》（同中）が、見沢知廉《みさわちれん》（同下）が夢見た「果てなき夢」。

「その〝果てなき夢〟の行き着くところが、日本会議というのではちょっと寂《さび》しいですね。日本会議の中枢にいるのは、全国学協や日本青年協議会というかつての生長の家系の民族派学生・青年運動を領導した人たち。彼らがそこでめざしたものこそ、ヤルタ・ポツダム体制打破であったはず。自主憲法制定、反安保、自主防衛体制確立、失地回復、反既成政党というのも、すべてそのなかに含まれていたテーマですよ。それがいまや日本会議として、安倍政権と一体化して体制を容認し、ヤルタ・ポツダム体制の補完勢力となりさがっているわけだから、何をかいわんや」

とは、民族派学生運動経験者の弁《べん》である。

別の新右翼学生運動ＯＢは、

「ここ最近のブームのなかで、日本会議が日本の右傾化の元凶《げんきょう》であるようなことがいわれてるけど、それはあまりに過大評価というもの。右も左も謀略史観というのは受けいれやすいから、そういう人間の心理につけこんで、安倍政権のバックには日本会議という得体の知れない極右団体があって、憲法改正をはじめ自分らの理想を実現するために安倍政権を裏から牛耳《ぎゅうじ》っているというような話になってるんだね。ホンマかいな（笑）と思うもの。まあ、いま流行《はや》りの安倍叩《たた》きの一環としての印象操作ということじゃないの」

と、ブームには疑義を呈す一方で、同氏は日本会議に対しては一定の評価を惜《お》しまない。

「そら、たいしたもんですよ。彼らは真面目に熱心に学生運動当時からの運動手法をそのまま踏襲して、教育基本法の改正や国旗・国歌の法制化、元号法制化、夫婦別姓反対といった運動に取り組んで着実に効果があったわけだし、思想団体、圧力団体として評価していいと思う。政治の世界にあって、思想の分野、国の根幹に関わること、あるいは外交、安全保障の問題に関しては、票にも金《かね》にも結びつかないから、自民党議員は動かないんだね。それを動かす力として側面からの圧力が必要なんですよ。強力な圧力団体として、日本会議がそれを担ったんだから、評価してしかるべき。かつての新左翼、新右翼の学生運動家がいまや社会に埋没して何もやらないでいる。それに比べたら、ずっと立派なことをやってると思う」

「草の根保守主義」を標榜するこの保守運動体はいまや、会員約四万人。日本会議国会議員連盟約千八百人。全都道府県に地方本部を置き、二百五十の地方支部を持つまでに至っている。

この日本会議の中枢を担うメンバーが学生時代に結成し、拠《よ》って立つ基盤とした運動体こそ、前述の全国学協だが、その初代委員長をつとめたのが、元一水会顧問の鈴木邦男氏である。

拙著では、鈴木氏が早大紛争を経て全国学協委員長に就任、直後、執行部の安東《あんどう》巌《いわお》氏や椛島氏らによってその座を追われたものの、まもなくして起きた三島事件に衝撃を受けて一水会を結成、新右翼リーダーの一人として活躍する姿を活写しているのだが、そもそも「果てなき夢」というタイトルも、当時の鈴木氏の言葉、

「日常生活にとって、われわれの民族派運動なんて、なければなくてすむもんだ。だけど、オレたちが夢見ることをやめたら、どうなる？　夢を見続けてこそ、オレたちの運動は持続するんだ」

に由来する。

それから四十五年、鈴木氏はいまも「維新」という〝果てなき夢〟を見続けているのだろうか。

## ●「僕は負け組、日本会議は勝ち組」

その鈴木氏に直撃して話を聞いてみた。

――鈴木さん、「維新の夢」はどうなりましたか？

「夢はまったく変わってないと思いますけどね。維新をめざしてますよ。ヤルタ・ポツダム体制打倒もそのままですよ。ただ、僕は負け組ですから。日本会議が勝ち組」

――どうしてですか？

「だって、当時の学生運動やった連中で、いまも残って頑張ってるのは、彼らしかいないでしょ。

偉《えら》いですよ。僕は評価しますね。実務能力がありますよね、彼らは。右翼というと、どうしてもテロやるんだとか勇ましいことというけど、ハガキも出せない、ファックスも出せない、人も集められない。その点、彼らは違う。署名運動やキャラバン隊の派遣、組織づくり、地方の議会で決議させて中央へ働きかけたり、全国集会……その運動手法は学生時代そのままですよ。実はそのやりかたも左翼から教わったことなんですよ、長崎大学時代に。左翼の連中と闘って自治会を奪《と》ったというのは、歴史上、長崎大学しかないでしょ。同じやりかたで、その運動をずっと真面目に続けてきてるのですから、それはすごいですよ」

――では、鈴木さんが負け組というのは？

「負け組だと思ってますよ。勝ち組だったら、日本会議のブームに乗っかって、オレこそが愛国者だ、（運動の過程で）警察には何回も捕《つか》まってるし、左翼とも闘ってるし、自分が一番愛国者であって、他のヤツらがどうこういう資格があるか、バカヤロー（笑）と大言壮語しますよ。そういうことやれなかったって弱さもあるし……。けど、右翼運動やったなかで、愛国心を強調する人間にロクなヤツはいないとわかったし、同じことを考えて同じことやってる人間が集まってると、あまり良くないだろうなとの教訓も得たし、それを自分できちんというべき責任があると思うんです」

――鈴木さんは左翼になったのではないかとの声も聞こえてきますが……

「それはありがたいですね、向上してるみたいで（笑）。でも、一般的には右翼といわれてるでしよ。僕自身、根本は何ら変わってないと思うんですけどね。先日、昔の生長の家の仲間と電話で話す機会があって、『最近はみんなから左翼になったっていわれて……』とボヤいたら、『いや、鈴木さんは万教帰一《ばんきょうきいつ》だ』といわれ、ああ、そうかと思ってね。すべての宗教は根本は同じなんだ、ひとつに帰る、と。それが『生長の家』の教えにあるんです。富士山への登山、いろんな登りかたがあるけど、頂上は同じだ。キリスト教だって、仏教だって、他の宗派だって、いろいろ違うように見えるけど、人の幸せを願ってるのは同じだ、と。

　右翼も左翼も最終的な目標は同じなんだ、主義主張は違うように見えるけれども、別に人を殺したり、犯罪を犯《おか》すためにやっているわけじゃなくて、永遠の平和や自由を求めるためにやってるんであってね。だから、右も左もいろんな人と会って話をするのはいいことなんだ、と。それはやっぱり谷口雅春《たにぐちまさはる》（生長の家の創始者）先生の万教帰一ということですね」

　鈴木氏は、最新の著作『天皇陛下の味方です――国体としての天皇リベラリズム』（バジリコ）でも、こう述べている。

《私は様々な人々との出会いと自分なりの真剣な内省を経て、若い頃とずいぶん考え方が変わりました。転向じゃないかという批判は甘んじて受け入れます。その通りでしょう。しかし、自分が間違っていると思っても、それをちゃちな面子《メンツ》にこだわって修正できない人間を、私は尊敬することができません。誤りは正す、当たり前のことだと思うのです。ただ、そうはいっても私の本質は変わっていないように思います。私に限らず、人間の本性というものは、そうそう変わるはずもありません。日本という国が好きだ、だから良い国になってほしい、そのために懸命に力を尽くす、そして国のかたちを考える時に天皇は一丁目の一番地だ、そのあたりは今も昔もまったく変わっていません》

## ●在特会《ざいとくかい》（在日特権を許さない市民の会）とネット右翼

鈴木氏が変わったかどうかはともかく、この二十年来、時代が大きく変わり隔世《かくせい》の感があるというのは、六〇年安保、七〇年安保を知っている世代なら実感できるだろう。

私が拙著で取り上げた六〇年代から八〇年代には、「左翼であらずんば人にあらず」といった空気が横溢《おういつ》しており、とりわけ新左翼学生運動が猖獗《しょうけつ》を極《きわ》めた六〇年代後半など、明日にも左翼革命が起きかねない時代状況があった。

全国で二十八万九千人のデモ隊を集め、中核派《ちゅうかくは》ら新左翼セクトが新宿駅に乱入、二万の群衆を巻きこむ市街戦となり、騒乱罪を適用された昭和四十三（一九六八）年の10・21国際反戦デー。その状況を目《ま》のあたりにした楯《たて》の会《かい》の三島由紀夫も、いずれ自衛隊の治安出動もありうると大いに期待し、その呼び水となって斬《き》り死《じ》にすることさえ夢見たほどだった。

メディアや論談で幅を利《き》かしていたのは、進歩的文化人と称する左翼系の学者、大学教授、評論家、作家等ばかり。マスコミも朝日新聞に代表される反戦平和主義が主流を占め、書店に行っても、左翼的雑誌・書籍が席巻《せっけん》していた。

三島由紀夫が命を抛《なげう》って訴えた憲法改正も、時の佐藤栄作《さとうえいさく》首相や中曽根康弘《なかそねやすひろ》防衛庁長官から狂人扱いされて国民の耳に届かず、それが実現可能かどうか以前に、改憲論議さえかなわず、ずっとタブー視されたままだった。

ところが、この十数年来、時代状況は大きく変わった。その裏返しともいうべき、保守化・右傾化現象が起きているのだ。

かつての進歩的文化人は姿を消し、代わってメディアを賑《にぎ》わしているのは保守系論壇人であり、彼らが常連執筆陣となっている『ＷｉＬＬ』『正論』などの月刊誌が書店に平積みされ、右翼的反左翼的な書籍が大賑わい、反中・嫌韓本やヘイト本もよく売れている。

憲法改正もタブーではなくなり、首相自《みずか》ら憲法改正を言明、あたかもそれが明日にも実現可能であるような空気を醸《かも》し出している。そんな安倍政権を支えているのが日本会議というわけで、前述のように、ここへ来てにわかに脚光を浴びているゆえんである。

もっと驚くべきことは、愛国者を自称する在特会（在日特権を許さない市民の会）やネトウヨ（ネット右翼）の存在である。彼らは、新宿・大久保や大阪・鶴橋《つるはし》などのコリアンタウンをはじめ、全国各地でデモを主催し、

「ゴキブリ朝鮮人は、焼身自殺しろ〜」

「在日韓国人、朝鮮人を殺せ〜」

などのすさまじいヘイトスピーチ（憎悪《ぞうお》表現）のシュプレヒコールを上げながら行進し、それがネットを中心に一定の支持を集め、隆盛であるというから仰天《ぎょうてん》してしまう。

鈴木邦男氏も前掲書で真っ先に彼らを取り上げ、こう批判している。

《在特会やネトウヨに通底《つうてい》しているのは、在日は出ていかないと殺すぞ、中国人や韓国人になめられるな、あいつらが日本の悪口をいうのならこちらは倍返しだ、いざとなれば戦争だ、そのためには核武装だ、といった単純な思考様式です。言い方を変えるなら、救いようのない小児性です。……在特会に象徴されるヘイトスピーチは、憎悪、無知、差別といった我々人間の基底に潜《ひそ》むグロテスクな暗部の発現と言っては言い過ぎでしょうか》

では、昨今の在特会やネトウヨの隆盛から日本会議ブームまで、そこに見られる状況を、顕著な右傾化現象として一括《ひとくく》りにしていいものか。むろんいいはずはない。それでは、新右翼の嫡流《ちゃくりゅう》ともいうべき新しい世代の活動家は、こうした現象をどう見ているのだろうか。

民族革新会議事務局長である、國《くに》の子《こ》評論社の社主・横山孝平《よこやまこうへい》氏は、

「日本会議に関しては、安倍首相が築こうとしている戦後体制というものを補完する一つの勢力であって、われわれとは明確に違いがあるという感覚ですね。民族派学生運動を経験した方が多くい

るということですけど、彼らはヤルタ・ポツダム体制打倒を旗印《はたじるし》に掲《かか》げてやっていたはずなのに、考えかたが変わったということなんでしょうか。アメリカとともに大国としての日本を、安倍さんと一緒に作ろうとしているというふうに見えてしょうがないんです」

横山氏は、昭和三十九（一九六四）年生まれ。三島事件のときは六歳。八歳のときに起きたのが連合赤軍のあさま山荘事件で、そのニュース映像は子どもながら鮮明に記憶しているという。

民族派運動に飛び込むきっかけとなったのは、平成五（一九九三）年十月二十日に起きた野村秋介の朝日新聞社における拳銃自決事件であった。

「自分のためでなく、死ぬ人がいるんだなと衝撃を受けたのが始まりでした」

ヘイトスピーチやネトウヨについては――、

「私自身もこの運動に入ったのは、多分に自己救済みたいな、自分のありかたを探るみたいなところがありましたけど、在特会――ヘイトスピーチをする人たちも、自分の居場所を探すなかで、あいう勇ましいことをいうグループに吸い込まれていったところがあると思うんです。ただ、彼らのデモはネットを介して多くの人が集まるのに、私たちがデモをやっても限られた人数しか集まらない。その違いが何なのか、私たちの課題としてありますね」

それでは、横山氏と彼らの運動の違い（民族排外主義の在特会やネトウヨと、横山氏たちが思想・考え方を異《こと》にするのはいうまでもあるまい）は、どこにあるのだろうか。

横山氏はいう。

「私たちは顔をさらして、自分たちの思想については責任を負うという姿勢ですが、彼らはネットの匿名性《とくめいせい》と集団性に隠れて、勇ましいことをいってればすんでいるスタイルです。それはたとえば警察権力が介入してきて、一人一人潰《つぶ》される状況が出てくれば、離散してしまうだろうなという脆《もろ》さを感じます。ただし、共謀罪についてもそうなんですが、ヘイトスピーチ規制法のような、法による規制は断固反対です。それは危険な風潮で、より異常だと思います」

三島由紀夫、森田必勝、野村秋介、三浦重周らの系譜を継《つ》ぐ新民族主義派運動と、近年のヘイトスピーチやネトウヨとはどこがどう違うのか、装《よそお》いも新たに加筆・修正した本書を読んでいただければ、おのずと明白になるであろう。

二〇一七年十二月

山平《やまだいら》 重樹《しげき》

目次

## 二　日《にち》学《がく》同《どう》（日本学生同盟）の結成



## 三　民族派学生の結集

## 第二章 直接行動（一九七〇～一九七七年）

### 一 三島事件

## 二 一水会《いっすいかい》の誕生

## 三　経団連（経済団体連合会）襲撃事件

## 第三章　愛国・反権力闘争（一九七八～一九九〇年）

### 一　統一戦線義勇軍の登場

## 二　逆風のなかで



## 三　赤報隊《せきほうたい》事件

## 終章 維新革命家の死（一九九一～二〇〇五年）



本文デザイン――盛川和洋
写真提供――淺岡敬史（443ページ中）
時事通信社（25ページ上、335ページ下）
鈴木邦男（25ページ下）
髙木尋士（443ページ下）
二十一世紀書院（335ページ上、443ページ上）
藤田三男編集事務所（189ページ）

# 第一章

# 新右翼の誕生（一九六六〜一九六九年）

昭和41（1966）年3月25日、卒業式中止のなか、早稲田大学構内でデモを行なう学生たち

昭和44（1969）年5月4日、全国学協（全国学生自治体連絡協議会）の結成大会で基調報告を行なう鈴木邦男委員長

## 一　左翼に占拠されたキャンパス

### ●鈴木邦男《すずきくにお》と早学連《そうがくれん》（早稲田大学学生連盟）

昭和四十一（一九六六）年二月二十八日朝、森田必勝は大勢の受験生とともに早稲田大学の正門をくぐった。

この日は教育学部の受験日であった。森田にとって、二浪の果ての三度目の挑戦である。

森田はこの途中、高田馬場駅前で一枚のビラを受けとった。ガリ刷りの横書きの小さなビラには、《頑張れ受験生》という太い大きな文字が一番上に躍っており、続いて、

《今日は入学試験の日です。私達は受験生諸君が異常な雰囲気に負けないで充分実力を発揮して受験にのぞまれるよう祈ります。私達は受験生諸君を心から支援し出来る限りの協力を惜しみません。頑張って下さい。

早大学生有志会議》

とあった。

森田には、最後の「早大学生有志会議」という文字はほとんど目に入らなかった。ただ、躍動するような《頑張れ受験生》という文字だけが目に飛びこんできて、

〈ようし、やらねば〉

との思いを新たにしたのだった。

実はこの「早大学生有志会議」こそ、「早稲田大学学生連盟」（早学連）の母体となり、さらには「日本学生同盟」（日学同《にちがくどう》）へと発展する、民族派学生運動の萌芽《ほうが》ともいえる記念すべき小組織であった。森田にとって、のちの自決へと突き進むきっかけとなる組織との最初の出合いになるのだが、むろんこのときの森田にはそんなことは知るよしもなかった。

この年、早稲田大学のキャンパスは荒れに荒れていた。まさにビラが「異常な雰囲気」と伝える通りの状況が現出していたのである。

前年十二月、第二学生会館問題、大学当局の学費値上げ提示に端《たん》を発して火の手のあがった早大紛争は、年が明けるとよりいっそう燃えあがり、学生側は学費値上げ反対、学館の自主管理を要求して、一月二十一日までに、全学部ストライキに突入という、早大史上未曾有《みぞう》の事態を生んだ。平常の授業は全面的にストップし、各校舎の入口には教室から持ちだした机や椅子でバリケードが築かれた。

〝早大百五十日闘争〟とも、〝第一次早大闘争〟ともいわれ、その後、燎原《りょうげん》の火のように全国学園

に広がった学園闘争の走りともなる早大紛争の本格的な幕開けであった。

さらにこの闘争の中心的担い手となった「全学学館学費共闘会議」（大口昭彦《おおぐちあきひこ》議長）は、大学側の値上げ案の白紙撤回拒否に対して、本部占拠、全学スト、バリケード封鎖に続く期末テスト・卒業試験のボイコットで応《こた》えた。そのため、二月二十四日から予定されていた入学試験の実施さえ危《あや》ぶまれる状態になっていた。

そうした状況下、大学当局は二月二十一日未明、機動隊を導入して本部占拠学生を排除、バリケードを解くや、逆に鉄条網を張って学生のキャンパス立ち入りを拒否した。が、そんな大学側の処置に怒った学生は、夕刻、鉄条網を壊して再突入。ただちに本部前で約三千人が、「警察官導入抗議」の集会を開き、本部を再占拠した。

翌二月二十二日、大学側は二度目の機動隊導入に踏みきった。約二千人の機動隊に追われた学生は、本部と数百メートル離れた文学部校舎に逃げこみ、二百三名の逮捕者を出した。

大学当局は事《こと》ここに至って、入試終了までの機動隊駐留を発表。ついに早大は、機動隊の護衛つきの入試という前代未聞の最悪の事態を迎えることになったのである。

二十二日の早大のキャンパスは、さながら戒厳令下のようなものものしい空気に包まれていた。機動隊の警備車が、《建物内にいる学生は「不退去罪」として検挙する》と書いた幟《のぼり》を立てて構内を巡回し、機動隊員約八百人が徹夜で警備にあたった。

翌二十三日も延べ二千五百人の機動隊が出動し、構内に通じる道路を閉鎖した。

受験生・森田必勝は、そうした状況をつぶさに見聞きして、二月二十三日の日記にこう怒りをぶちまけている。

「早大がまったく警察学校化したようだ。下検《したけん》（下検分）さえ行けず、情《なさ》けなくて仕方ない。本当にこうしやがった学生、ひいてはそうさせた大学が憎《にく》い」

それは一人の受験生として、ごく当然の感想であったといえよう（この時点での森田は、右でも左でもなく、単に正義感の人一倍強い政治家志望の一《いち》受験生にすぎなかった）。

こうした怒りは何も受験生だけのものではなかった。一般学生の中にも、学費値上げには反対であっても、機動隊駐留という早大の危機的状況を招いた大学当局やスト派の学生に対して、強い不信感と怒りの目を向ける者が少なくなかった。

そうした学生の中から、紛争収拾、学園正常化へ向けての動きが湧《わ》き起こってきた。

その急先鋒《きゅうせんぽう》となったのが、二月二十二日に結成された「早稲田大学学生有志会議」（有志会）だった。「有志会」の中心となったのは、「雄弁会」「国策研究会」「土曜会」「自由主義研究会」「光明思想研究会」「日本文化研究会」「野人会」などに所属する有志学生と商学部、政経学部などの在京有志学生であった。

やがてこの中から、鈴木邦男（「光明思想研究会」）をはじめ、斉藤英俊《さいとうひでとし》（「土曜会」、のちの「日学同」中央執行委員長）、山浦嘉久《やまうらよしひさ》（「土曜会」、のちの「日本学生会議」議長）、持丸博《もちまるひろし》（「日本文化研究会」、のちの「楯の会」初代学生長）といった民族派学生運動を担う人材が輩出するのである。

「有志会」は早大紛争の本質を、

「大学当局が職業的左翼運動家達を相手にして大まじめになって、話しあいだの、妥協だのといってカみかえってみても、最早《もはや》収拾の見通しがつくはずはないのである。彼等〝活動家〟の考え方は『大学の文教政策』を根本的に改めさせるという革命的な意図に発している。すなわち、早大紛争の中で、学費値上げとか、マスプロ教育批判は学生動員の発火点であり、学生運動家たちの目標は、一方は学校行政に対して発言の場を確保するという〝人民方式の実現〟であり、他方は〝政治意識の盛り上りを通しての一九七〇年安保闘争への要員確保・戦術訓練〟にあることを見落としてはならないのである」（早大学生有志会議事務局編『早大紛争の陰にあるもの』）

ととらえ、明確に全学共闘会議（＝革マル、社青同解放派など）、全学連絡会議（＝民青《みんせい》）と対決する姿勢をうちだした。

「有志会」幹事役約三十人は、結成当夜、早大正門通りの喫茶店「ジュリアン」において話しあいを持ち、翌二十三日午前十一時から新宿区戸塚町の「早大甘泉園《かんせんえん》」で総決起大会を開いて、

「警官を学校から出して自治を取り戻すには、われわれが結集して入試を守る態勢を示すほかない」

と反スト派の学生に訴えた。

その実践として、「有志会」は署名活動、ビラ配布を通じて会員の獲得につとめ、入試期間中は受験生の激励、父兄との話しあい、大学当局との接触、入試妨害者の監視など、入試完全遂行のための活動に重点を置いた。

この「有志会」が、入試も無事にすんだことで、一定の役割を終えたとして解散を声明、それを発展的に解消させた形で「早稲田大学学生連盟」（早学連）を結成するのは、入試の最終日、三月六日のことであった。

このとき、「早学連」の議長に選ばれたのが、鈴木邦男である。

幹部には、斉藤英俊、持丸博、海老原満雄《えびはらみつお》（「自由主義研究会」、のちに「日学同自由派」中央執行委員長）、竹花光範《たけはなみつのり》（「野人会」、のちに「新日本学生連盟」委員長）などがいた。

なお、この「早学連」と同じ反スト・学園正常化運動を推進する学内組織としては、「有志会」から分かれた「早稲田大学刷新協議会」（影山照男《かげやまてるお》議長）があって、「日本学生会議」系の早大サークル「国策研究会」が中心となっていた。

## ●生長《せいちょう》の家《いえ》・学生道場での鍛練

「早学連」の議長となった鈴木邦男は、「生長の家」学生部の一員として、早くから「有志会」の中心メンバーとして活動してきた。鈴木が早大紛争に出合ったのは、早大政経学部三年のときである。

鈴木とて学費値上げにはもとより反対であったが、それ以上に革マル派や社青同解放派が牛耳る「全学共闘会議」のやりかたに我慢ならなかった。それは鈴木の目に、左翼学生運動家の七〇年安保を見すえた革命の予行演習としか映《うつ》らなかったのだ。

当時の鈴木は、民族派＝新右翼というより、まだコチコチの反共学生といってよかった。

鈴木の思想的核を形成したのは「生長の家」の信仰だが、その出合いは早かった。母マサが熱心な「生長の家」の誌友《しゆう》（同教団は文書による強化活動を特色とし、信者のこともこう呼んだ）であったことから、その影響を受けるようになったのである。

マサが「生長の家」に入信するきっかけは、邦男がまだ生まれる前、当時、不治《ふち》の病《やまい》といわれた肺結核となったことだった。医師の治療効果もなく、果ては神経衰弱にさえ陥《おちい》った。そんなとき、知人に勧《すす》められて読んだのが、教祖・谷口雅春の『生命の実相』であった。

谷口の教えは真綿《まわた》に水がしみこむように、マサの心の奥深くにスーッとしみわたっていった。やがてマサは医師通いをやめ、信仰によって、自力で神経衰弱や結核を克服するに至ったのである。

それ以来の熱心な信者であった。

マサは決して子どもたちに「生長の家」の信仰を強《し》いるようなことはなかったが、鈴木は子どものころからそうした母の姿を見て育ち、その教えに自然に親しんでいくことになった。

何よりも鈴木の思想的方向を決定づけたのは、昭和三十八（一九六三）年、早大に入学し、赤坂・乃木坂《のぎざか》にあった学生道場という「生長の家」の学生寮に入ったことであろう。

そこは地方の「生長の家」の子弟が四十人ほど集まって共同生活を送る寮であったが、単なる大学生の寮ではなく、あくまで学びながら「生長の家」の学生運動をするということが入所の条件になっていた。ここで鈴木は決定的に鍛《きた》えられた。

毎朝、四時五十分の起床に始まり、一時間以上正座して神想観《しんそうかん》（一種の座禅）、お経の読誦《どくしょう》、国旗掲揚、ラジオ体操、掃除と続き、夜も神想観、勉強会という生活である。朝は先輩たちが木刀を持って起こしに来たし、少しでも遅れれば容赦《ようしゃ》なく殴《なぐ》られた。なおかつ「生長の家」の行事には強制的に参加させられたから、昼間大学にいる時間以外はあまり自分の時間は持てなかった。まるで体育会の合宿のような雰囲気だった。

が、体育会と違っていたのは、誰もが向学心旺盛であり、まわりには勉強家がそろっていたということだった。道場には学生の自治会があり、管理運営権は学生に任《まか》されていたが、その上に道場長と寮母さんがいてさまざまなことを教えてくれるのだ。鈴木は、この大変な博学であり、愛国者でもあった道場長から、政治や宗教、時局論まで多くのことを学んでいく。

先輩たちの中にも、六〇年安保のとき、左翼と闘ったという筋金《すじがね》入《い》りの猛者《もさ》がいて、

「このままでは共産革命が必ず起きる。われわれの手でこの国を守らなきゃいかん」

と毎日のように、彼らからアジテーションを聞かされたから、いやでも洗脳されずにはいられなかった。

それ以上に鈴木に影響を与えた先輩がいた。鈴木が入所した年に、道場の自治会委員長をつとめていた国領秀雄《こくりようひでお》という徳島出身の中央大学の学生である。

あるとき国領の部屋を訪れた鈴木は、部屋に入った瞬間、呆然《ぼうぜん》として息をのんだ。部屋中、膨大な量の本なのである。宗教関係の本はもとより、マルクスの『資本論』が全巻そろっており、そのほかにもレーニン全集やエンゲルス、トロツキー、バクーニンなどの左翼の思想的なものから、フッサールやヘーゲル、ニーチェ……といった哲学書まで山と積まれていた。

「……あのう、先輩、この『資本論』は読みましたか?」

と鈴木が恐る恐る訊《たず》ねてみると、

「ああ、全部読んだよ」

と国領は事《こと》もなげに答えた。

鈴木の驚きとショックは並大抵《なみたいてい》のものではなかったが、同時に胸の奥底から知識欲が猛然と湧き起こってきた。

〈ようし、オレも大学四年の間、死にもの狂いで勉強するぞ。そしてこの先輩に追いついてやる〉

と誓《ちか》うのだった。

鈴木が目標とした国領は、その後、若くして世を去るが、一カ月三十冊以上をノルマとする鈴木の読書家ぶりはこのときから始まったといっていい。

昭和四十（一九六五）年四月、石川県七尾市出身の布清信《ぬのきよのぶ》は、國學院大学への入学が決まり、赤坂・乃木坂の学生道場に入所することになった。やはり両親が「生長の家」の誌友であったからだった。

このとき道場の自治会委員長をしていたのが早大三年の鈴木で、布たち新入生の前に、鈴木は恐ろしい先輩として登場した。

毎朝、木刀を持って道場生を起こすのは鈴木の役目であった。部屋から部屋を大声で、「起床！起床！」といってドアをノックしてまわり、そのうちノックが足蹴《あしげ》になり、さらには木刀でたたく音が道場中に響《ひび》きわたった。

それでも起きない人間には、容赦ないパンチや蹴りが飛んだ。

「文句あったら出ていけ。ヤル気のないヤツはいらない。いくらでも代わりはいるんだ！」

と鈴木は吼《ほ》えた。

事実、布の同期生の中には、あまりの厳しさに入所数日で学生道場を脱出していく者もあった。

「おい、布」

あるとき、鈴木が布清信に向かって微笑《ほほえ》んだ。二号室の前である。その部屋のドアは大きく穴があいていた。

「この穴は、何だか知ってるか?」

「知りません」

「この穴は、オレが朝起きないヤツに頭きて、木刀で割った穴なんだ」

「……」

ニヤッと笑う鈴木を見て、布は、

〈この人は暴力を楽しんでいるんだろうか〉

と内心で首をかしげた。

〈これじゃ、ただの反共暴力学生か、体育会の学生じゃないか〉

と苦笑せざるを得なかった。

布は、他人には想像もつかないような日ごろの鈴木の勉強ぶりと、やさしい素顔を知っているだけに、ときとして見せる暴力性に面くらうことがあった。そんな鈴木の〝武闘派〟ぶりがいかんなく発揮されることになったのは、この年十二月に勃発した早大紛争によってである。

## ●早大の全学ストライキ

早大紛争は昭和四十一（一九六六）年に入るや、たちどころに全学スト・本部封鎖という事態を生み、鈴木の血は大いに騒いだ。水を得た魚のように、スト派学生との闘いに日々、血潮《ちしお》を燃やすことになったのである。

鈴木は早大紛争を、単に早大だけで終わるものとは見ていなかった。

「こりゃ、大変なことになるぞ。この紛争は早稲田だけじゃなく、いまに日本中の大学に広がるぞ」

鈴木が早い時期に何げなく布にもらした予言は、いみじくも的中し、その後、学園紛争はまたたくまに全国に広がっていった。

鈴木は三月に結成された「早学連」の議長になると、ますますスト派学生との闘いにのめりこんでいく。

入試こそ無事に行なわれたものの、四月になると、新入生を迎えた各学部は再びストに突入した。

スト派学生との対峙《たいじ》の中で、論争や話しあいより手のほうが早いというのが、鈴木の活動パターンであった。要するに殴りあいやスト破りが中心だった。学生道場の布ならずとも、鈴木を〝反共暴力学生〟と見る向きが多かったのは、当然のことであった。

だが、一方で、鈴木の「早学連」や「早大刷新協議会」が指導する反スト・学園正常化運動は着実に成果をあげ始めていた。スト解除を求める一般学生の声もにわかに高まり、学部投票が行なわれた結果、スト反対が決議され、四月十三日には商学部、翌十四日には理工学部のバリケードが「全学共闘会議」自らの手で解かれたのである。

四月十四日、「早学連」は、

「四月十三日午後六時二十分、待ちに待った日がやって来た。多数の良識派の学生の見守る中で、前日まで傍若無人に校内をあばれまわっていた共闘会議の諸君がひとつひとつバリケードを取りはずしにかかる‼ 何処《どこ》からともなく『都の西北』の高らかな、そして晴れ晴れとした歌声が起こった。ついに良識派の勝利の時が来たのである」

と高らかに〝勝利宣言〟をうたいあげた。

このスト解除から三日後の四月十七日のことである。

布たち、乃木坂の「生長の家」学生道場の面々約二十人は、鈴木の要請で早稲田大学に結集していた。教育学部のバリケードストを解除するため、人数を集めて実力行使に出ようというのであった。早い話がスト破りである。

道場の仲間とともに大隈《おおくま》記念館に入った布は驚いた。すでに二百人ぐらいの学生が結集しているのである。ひと目で体育会系の学生とわかる身体の大きな屈強そうな連中が多かったが、「早学連」や一般有志学生の顔も見える。

「よし、一丁蹴散らしてやるか」

「オレは二、三十人、投げ飛ばしてやるから」

などと体育会の連中はそれぞれ威勢のいいことをいっている。空手部、相撲部、拳法部、剣道部、合気道部……などの猛者だった。

いよいよ出発となった。武器は何もなく、せいぜい、バリケードの机や椅子をはずす際に使う、トビ職の道具のようなものばかりだった。

教育学部前に来ると、スト派の左翼学生がこれまた外人部隊を加えた大部隊で待ち構えていた。彼らはバリケードの前で強固なスクラムを組んで、

「スト破りを許すな！」

「暴力学生は帰れ！」

とシュプレヒコールをあげていた。

が、彼らは体育会の頑強な連中の敵ではなかった。スト破り軍団がワッとばかりに襲《おそ》いかかると、たまらず退散するしかなかった。それを見て、反スト軍団はバリケードを壊し始めた。

だが、さすがにスト派学生のほうが、戦術は一枚も二枚も上手だった。五分もたたないうちに、

反スト派は雨のように降ってくる石つぶて攻撃に見舞われることになった。学外に押しだされた左翼学生が、舗道の敷石《しきいし》を割って、大きな固まりのまま放り投げてきたのだ。

コンクリートの固まりが、うなりをあげてビュンビュン飛んでくる。これには手のうちようがなかった。肩や背中にあたったり、中には頭に直撃弾を受ける者もあった。

このとき真っ先に逃げだしたのは、さっきまで大きな口をたたいていた体育会の連中である。まさに蜘蛛《くも》の子を散らすようなありさまであった。

それに比べて、何とか反撃の糸口を探り、踏みとどまろうとしたのは、むしろ布たちのような一般志願兵であった。そのため、逃げ遅れて怪我《けが》をした者が多かった。頭に投石を受け、病院で何針か縫《ぬ》うハメになった者も何人かあった。体育会の人間にはまったく怪我はなく、ひ弱な一般志願兵には負傷者が続出したのである。

鈴木も肩や背に投石を受けて、しばらくうなっていた。身体の痛みより、敗北感からくる精神的ダメージのほうが大きかった。鈴木にはこのときはっきりと認識できたことがあった。

〈やっぱり寄せ集めの烏合《うごう》の衆ではダメだ。体育会の学生なんてあてにできない。そりゃ一対一なら彼らのほうがはるかに強いだろうが、五十対五十なら、連中は左翼学生に手玉にとられてしまうのは目に見えている〉

鈴木は左翼と自分たちとの組織力の違いをまざまざとかみしめていた。

## ●稀代《きたい》のオルガナイザー・斉藤英俊《さいとうひでとし》

そこへやって来たのが、「早学連」幹部の斉藤英俊である。

「鈴木さん、やっぱり体育会の連中なんか、いくら集めてもダメだなあ。今日、つくづくわかりましたよ。ホラ、レーニンがいってるでしょ。『組織化された五パーセントの人間は、未組織の九五パーセントの人間を牛耳れる』ってヤツですよ」

斉藤は、早大紛争が勃発するや、鈴木たちとともに最《もっと》も熱心に反ストライキ・学園正常化運動に奔走してきた人間の一人だった。ある意味では、「生長の家」学生部の活動もある鈴木以上に、この運動を引っ張ってきた男であった。

のちの「日本学生同盟」（日学同）初代副委員長である斉藤は、組織づくりや組織運営、戦略・戦術面にかけては天才的なところがあり、稀代のオルガナイザーといってよかった。

森田必勝や宮崎正弘《みやざきまさひろ》（のちの『日本学生新聞』編集長）をオルグしたのも彼である。あるいは、日学同から楯の会に移り、昭和五十二（一九七七）年に経団連襲撃事件を起こした西尾俊一《にしおしゅんいち》のように、学生時代、たまたま早稲田近辺の寿司屋で斉藤と隣りあわせたことから、オルグされ、民族派運動に飛びこむきっかけになったというケースもあるほどだった。

この日の教育学部のスト破りにおいても、斉藤は専《もっぱ》ら写真班を担当していた。スト派の学生連中の写真を撮《と》ったというのだ。

「共闘会議と民青の連中が組んでる証拠写真をバッチリ撮りましたよ。何のことはない、日ごろ、あれほどいがみあっていながら、この期《ご》に及んで、革マルも民青も手を握ってやがる」

と斉藤は鈴木にフィルムを見せた。

「フーン、〝敵の敵は味方〟の論理だな。連中もそうとう焦《あせ》りだしたのかな。それにしてもよく撮れたな」

鈴木は斉藤のすばやさ、手際《てぎわ》のよい戦術に感心していった。確かにスト派の連中を殴るより、共闘会議と民青が組んでいる証拠写真を撮って、その実態を一般学生に知らせたほうがどれくらい政治的効果があるかわからない。

斉藤英俊は昭和十八（一九四三）年十月生まれで、同年八月生まれの鈴木とはまったくの同期だった。ただ、斉藤のほうは東京・九段の二松学舎大学附属高校卒業後、地方公務員として三年間、郵便局に勤めたあとの早大入学であったから、鈴木より学年は下になった。

この年（昭和四十一年）、鈴木は政経学部四年、斉藤は教育学部二年になっていた（鈴木も現役の早大入学ではなく、仙台の東北学院高校時代、卒業目前で教師とぶつかり、卒業まで四年かかっている）。

斉藤がどちらかといえば右寄りの考えを持つようになったのは、父親の影響が一番大きかったかも知れない。満州《まんしゅう》（現・中国東北部）で総務庁の役人だった父親は、戦後、日本への引き揚げ組だった。斉藤は幼少より、父親から、毛沢東《もうたくとう》の八路軍《はちろぐん》に追いかけられた悲惨な生活を何度聞かされたかわからない。が一方で満州国建設の理想を語り、父の中では、栄光と挫折《ざせつ》が重なりあっているのだった。

斉藤は二松学舎大学附属高校時代、生徒会長をつとめ、浦野匡彦《うらのまさひこ》理事長の「生徒は全員、坊主頭にせよ」という大号令に逆《さか》らい、反対運動のリーダーを担ったこともあった。人一倍、反骨精神は旺盛だった。

そんな斉藤が、高校卒業後、三年間の郵便局勤務によって学資を貯《た》め、早大教育学部に入学するのは、昭和四十（一九六五）年四月のことである。

入学式の日、斉藤は一枚のタイプ印刷のビラを受けとった。「土曜会」というサークルの入会案内だった。斉藤は感じるところがあって、このサークルに入ることになる。

「土曜会」は主に東大や早大、学習院大などの学生が集まってつくるサークルで、読書会が中心だった。たとえば神島二郎《かみしまじろう》とか高坂正顕《こうさかまさあき》、永井陽之助《ながいようのすけ》といった知識人の著書を毎週一冊読んで感想を述べあうというものである。著書は右派系知識人のものが多かった。

学生たちのレベルはそうとう高かった。四年生にもなると、そこらへんの大学教授よりも勉強しているような学生がいたほどである。斉藤とて知的好奇心は強かったから、遅れをとらないように一生懸命本を読んでいくのだが、誰もがみなそれ以上に勉強しているのだった。

斉藤はしばらく通っているうちに、

〈そんなに本読んで、いったい何になるんだろう。オレはこれだけ知ってる、という単なる知識量のひけらかしにすぎないいんじゃないか。何か行動で表わすべきだ〉

と考えるようになった。

そんな矢先にぶつかったのが、早大紛争であった。斉藤にとって、自分の考えを実践できる格好の舞台ともいえた。かくて斉藤は反スト派学生の急先鋒として「早大学生有志会議」、さらには「早学連」幹部となり、学園正常化運動へとのめりこんでいったのである。

そうした過程で出会ったのが鈴木邦男である。二人は学年が違っても、齢《とし》は同じで、〝武闘派〟同士として不思議にウマがあった。

ことに斉藤は武闘派ぶりにくわえて、弁がたち、左翼学生との言論戦でも引けをとらず、むしろ相手を圧倒さえした。その論争術の巧《たく》みさには、しばしば鈴木も舌を巻いたものだった。右派学生といえば、それ以前も当時も、没理論で暴力一辺倒の者が多かったから、斉藤のような存在は画期的であった。

たとえば、左翼学生との間で、防衛論争が起きたとする。左から、なぜ防衛が必要かと問われても、右のほうはせいぜい、

「家に戸締まりが必要なように、国にも戸締まりが必要だ」

というようなことしか答えられなかった。

斉藤は違っていた。いきなり相手をぶん殴ってしまうのである。当然、相手は向かってくるか、逃げるかする。それを見て、斉藤はすかさずこういうのだ。

「ホラ、おまえはいま逃げたじゃないか。人間だったら足があるから逃げられるけど、日本列島は足がないから逃げられないんだ。だからもう戦うしかないだろう。防衛は必要なんだ」

こうしたたとえ話で相手を論破《ろんぱ》してしまうのである。いま考えたら、たわいないことかも知れないが、斉藤が話すと妙な説得力があり、当時は新鮮な論法だった。

学生運動自体、後年のような殺伐《さつばつ》としたものではなく、まだ牧歌的な時代であった。ヘルメット・ゲバ棒スタイルも生まれていなかった。政経学部四年で、全学共闘会議議長（社青同解放派）の大口昭彦やスト派学生たちにしても、学生服姿が多かった。

キャンパスでは、連日、スト派と反スト派の言論戦が展開され、一般学生を巻きこんで大きな輪《わ》があちこちでできていた。そうした輪の中の主役として、スト派の学生を向こうにまわして日々、激論を戦わしていたのが、斉藤や鈴木であった。

論争が不利になると、すぐに肉体戦に持ちこむのは二人とも同じだった。その戦術もうまかった。見えないところで相手の脛《すね》を蹴飛ばすのである。

相手が殴りかかってくれれば、まわりを囲んでいる一般学生には、左翼学生のほうが先に手を出したとしか見えない。そのうえで相手を殴ってしまうのだ。すると、みんなが止めにかかる。

「何で突然殴ったんだ？」

「いや、おまえが先じゃないか」

「そっちが蹴ったんだ」

というようなラチもあかないいいあいになったとき、斉藤がおもむろに、

「どっちが先に手を出したとか、そんなくだらない次元の低い話はやめようじゃないか」

と割って入って、まわりの喝采《かっさい》を浴びるのである。

そして再《ふたた》び論争が始まるのだが、先ほどまでの不利な話ではなくなり、斉藤たちの得意な話が始まっているのだ。

こうしたやりかたで、聴衆の一般学生の中から、一人、二人と同志を獲得していったのである。いってみれば、辻説法であり、武道でいう演武《えんぶ》大会のようなものであった。

## ●森田必勝《もりたまさかつ》、戦列に加わる

そんな〝演武大会〟のとき、決まっていつもニコニコと見ている学生がいた。小柄だが、ガッシリとした体つきをしている。浅黒い丸顔に真っ白いきれいな歯並びが印象的だった。

よく顔をあわせていたから、てっきり体育会系の学生とばかり思っていた鈴木は、あるとき、

「どこの運動部ですか？」

と聞いてみた。

「いやあ、自分は斉藤さんの後輩ですよ」

と照れたような答えが返ってきた。

森田必勝であった。

森田はこの年（昭和四十一年）、三度目の正直で、晴れて早大教育学部への合格が決まり、入学したばかりだった。

新入生の森田の目に、早大のキャンパスはどんなたたずまいを見せていたのだろうか。森田の五月某日の日記がこう告げている。

「早大入学式が一カ月以上も遅れたが、紛争の残り火はまだまだくすぶっている。授業を受けたい学生がたくさん居《い》るのに、共闘会議は何の権利があってバリケードを築《きず》けるのだろう？　ヤツラの方法が僭越《せんえつ》に思えてならない。力ずくでもバリケードを除く勇気ある学生はいないのか？　早稲田精神は死んだのか！　一日中憂鬱《ゆううつ》」

四日市の海星高校時代、生徒会長をつとめたこともある森田は、早大に入学するとすぐにクラス委員に立候補し、選出されている。森田の身上《しんじょう》は、考えるよりまず行動であった。

五月のある日、教育学部のクラス委員総会が開かれ、森田も社会教育専修一年のクラス委員として出席した。ここで森田は斉藤英俊と運命的な出会いをするのである。

「きのうのクラス委員総会で、早稲田精神丸出しの勇敢な先輩と知りあった。総会で、革マルの一方的な議事進行と、独善的な議事内容に怒って革マルのヤツらに単身、喰《く》ってかかっていた。ぼくは入学したばかりなので紛争の経過がよく判《わか》らないと言ったら『ジュリアン』に連れていってくれて、色々と話を聞かされる。左翼に対決して学園正常化のために奮闘しているグループがあることを初めて知る。それでこそワセダ精神だ！

先輩は斉藤英俊さんと名のった。教育学部の二年生で、このスト反対グループの中心人物だ。良い先輩と知りあえて、今日は一日中爽快《そうかい》だ」

と森田は燃える思いをたたきつけるように日記に記している。

かくて森田は「早学連」の戦列に加わったのであった。

が、森田たちの戦いが結実《けつじつ》するまでは、なおそれから一カ月以上、待たなければならないのである。

大学本部占拠、数度にわたる機動隊の学内導入と二百十余人の大量逮捕、戒厳令下と称された機動隊監視下の入学試験、総長と全理事の交代、除籍・抹籍十九人を含む四十人の処分——などの事態を生んだ早大紛争が幕《まく》を閉じるのは、昭和四十一（一九六六）年六月二十二日のことであった。

この日、第一文学部の最後のバリケードが学生大会の決議によって、「全学共闘会議」自らの手で撤去されたのである。百五十五日間、五カ月の長期にわたる紛争であった。

これにともなって「早学連」は、サークル活動を主体としたものになっていくが、早大紛争の教訓から、「早学連」の運動を全国の大学に拡大していこうという機運が生まれてくる。いわば学園正常化運動から民族派運動への脱皮である。

こうして生まれるのが、「日本学生同盟」（日学同）であった。

## 二　日学同《にちがくどう》（日本学生同盟）の結成

### ●全国ネットワークづくり

矢野潤《やのじゅん》が、山口重次《やまぐちじゅうじ》と小澤開作《おざわかいさく》に引率されて岩畔豪雄《いわくろひでお》を訪れたのは、昭和四十一（一九六六）年初夏、早大紛争が終わってまもないころのことだった。

矢野は「早学連」の連絡先となった喫茶店「ジュリアン」のオーナー。早大大学院を出たばかりのときで、「有志会」→「早学連」と続く反ストライキ運動を陰ながら支援し続けてきた男だった。

山口と小澤はかつての「満州青年連盟」の幹部として、満州建国運動に情熱を捧《ささ》げた仲間であり、岩畔は「生きて虜囚《りよしゆう》の辱《はずかし》めを受けず」の戦陣訓で知られる元陸軍省軍事課長（元陸軍少将）をつとめた人物である。

矢野は初対面の岩畔に対して少しも臆《おく》することなく、縷々《るる》話し始めた。

「いま大学では、入学時に自治会費が徴収されていて、全国の大学をあわせれば何十億円となります。それが全学連の政治闘争資金となってるわけでして、つまり連中は、革命を決して願望しない中産階級から資金を供給されている。それが一つのシステムとして完成してまして、二十歳やそこらの自治会の学生が印鑑一つ持っていけば、経理部長が自動的にそれを払いだすことになっております。それに対して、われわれが全学連に対抗しようとした場合、自腹《じばら》を切って闘わなきゃならないんです。それこそ原爆に対する竹ヤリのようなもんじゃないでしょうか」

矢野は全学連に対抗する全国的な規模での「日学同」構想、かつその運動のための経済的基盤の脆弱《ぜいじやく》さを訴えた。

岩畔の目を見すえながら、矢野がなおも続ける。

「全学連にしても、彼らの上の世代――壮年や老人が、子どもか孫に授業料を払うという形の中で、活動資金の自動供給を受けてるわけですから、まして自分たちと志《こころざし》を同じくする老壮年の世代の人たちは、何らかの形で私たちに資金を供給してくださるべきじゃないでしょうか。

そうは申しましても、私たちの仲間も、学生なりにそれぞれ政治に熱中し、政治的な図書も一生懸命読んで勉強しておる者ばかりです。ですから、資金援助をしていただいても、それ以上の、たとえば直接御指導いただくつもりは毛頭《もうとう》ありません。一つの方向づけ――誤《あやま》っているか、誤っていないかということだけを意見していただきたいんです」

早い話が、金は出しても口を出さないで協力してほしい、というわけである。考えてみれば大胆な発言で、不遜《ふそん》このうえなかった。

このとき、矢野は二十六歳、岩畔は六十九歳である。矢野にすれば、最も血気《けつき》盛んな年ごろだが、岩畔から見れば孫のようなものだった。しかも、岩畔は京都産業大学の理事であり、「世界問題研究所」（新宿区大原町）の所長をつとめる人物である。いくら怖いものなしの若さとはいえ、矢野自身、〈こりゃ生意気がすぎるかな〉と思わないでもなかった。だが、矢野としては、そのことが一番いいたかったことであり、運動における最も重要なポイントと考えていた。

〈上部構造を持たないほうが、学生の政治運動はしやすいんだ。いや、誰かのヒモつきの組織になってしまったらおしまいなんだ〉

とは、矢野のかねての持論であり、斉藤英俊たちともつねづね語りあい、肝《きも》に銘《めい》じていることでもあった。

矢野はひととおり話し終えると、ジッと岩畔の目を見た。

すると、それまでずっと黙って話を聞いていた岩畔は、さも楽しそうに相好《そうごう》をくずすと、

「そりゃ、面白い。まあ、君のいう通りだろう。われわれ年寄りがいまさら口出ししたって、君たちも馴染《なじ》まんだろうな。それでいいんじゃないか。協力は惜しまんよ。よし、私にも、少なくともいまだ志を一つにしているつもりの昔ながらの仲間はいっぱいいるから、そういう連中からカンパを募《つの》ってやろう。電話かけとくから、君は連中を訪ねるようにしたらいい」

といった。

「ありがとうございます」

矢野は深々と頭を下げた。

そんなふうに山口重次や小澤開作が紹介してくれた岩畔がさらにまた別の人間を紹介してくれるという形で、矢野たちの運動の支援者の輪は次から次へと広がっていった。それはあっというまに、作家、学者、大学教授などの文化人から退役官僚、経済人……までの全国的な人的ネットワークとなったのである。

## ●続々と現われる支援者

そういう形で紹介してもらった一人に、作家の林房雄《はやしふさお》がいた。

林を訪ねると、

「君、三島君に会ったか?」

と聞いてくる。三島由紀夫のことであった。

矢野が「まだです」と答えると、林は、

「じゃあ、手紙書いてあげるから会いに行きなさい」

といった具合である。

この林房雄は日学同草創期から、世を去るまで物心《ぶっしん》両面での支援を惜しまず、いわば日学同の恩人ともいえる存在となった。また、数少ない民族派系文化人の論客として、その理論的支柱でもあった。とくに戦後論壇のタブーを破って発表された『大東亜戦争肯定論』『緑の日本列島』は、民族派学生格好の教材であり、暗中模索《あんちゅうもさく》の時代のバイブルともなった。

矢野は初めて林に会ったとき、何ともいえない感慨があった。

年代的には六〇年安保世代にあたる矢野が、本当の意味で、民族意識の息吹《いぶき》を吹きこまれたのは、早稲田大学大学院時代のことである。

矢野の大学院での専攻は国際関係論といって、当時、商学部に新設されたばかりの学問だった。矢野がそこで出会ったのが、堀内《ほりうち》という日系アメリカ人の教授であった。

堀内は南カリフォルニア大学卒業後、同大大学院に入って国際関係論を学んだが、そこでの同級生のほとんどがコロンビア人、メキシコ人、ハンガリー人といった、いわゆる少数民族であったことや、やはり日系教授から影響を受けて、このとき身につけたある信念があった。

それは十六、七世紀から黄禍論《こうかろん》の影響を受けて台頭《たいとう》してきた、白人が世界を永遠に支配しなければならないという世界観に対する否《ノン》であり、白人支配からの解放闘争こそ正義であるという信念だった。

堀内は授業で、

「大東亜戦争は世界解放戦争であった」

と、力をこめて語った。話す言葉の七割くらいは英語で、あとの三割がたどたどしい日本語である。それは奇妙な授業であった。

「アメリカから日本は早く独立しなきゃいけない。もう一度大東亜共栄圏をつくるべきである。そのためにはネール、スカルノ、周恩来《しゅうおんらい》と同盟を結ばなきゃならないのだ……」

まるで戦前の大東亜会議がよみがえってくるような発言であった。昭和三十八（一九六三）年当時のことである。大変な反動教育だった。

が、矢野はこの堀内教授から大いに啓発されることになった。そういう下地があったればこそ、初めて林房雄の『大東亜戦争肯定論』が世に出たときの感動は筆舌《ひつぜつ》ではつくしがたいものがあった。一頁《ページ》読むたびに涙をぬぐい、また読んでは涙するというくらい感激した。……そもそも矢野が、こうした林房雄をはじめとするそうそうたる人的ネットワークを築くことが可能だったのはなぜだろうか。

その一番の基本となったのは、満州人脈であった。名をあげれば、満州青年連盟の山口重次、小澤開作、岡田猛馬《おかだたけま》、亜細亜大学教授の工藤重忠《くどうしげただ》といった人たちである。

矢野は早大に入学すると、すぐに合気道部に入った。その初代部長は永光伝《ながみつでん》であり、二代目部長が富木謙治《とみきけんじ》であった。永光は元満鉄、富木は元満州建国大学教授であった。この合気道部が、矢野の満州人脈構築の第一歩になった。

とくに富木は合気道の稽古《けいこ》が終わっても、

「今日、ちょっと時間があるから、諸君に話したいことがある。反動教授と思われるかもわからないけど、満州建国の理想について語りたい」

という人だった。

富木だけではなかった。満州建国運動に共鳴したり、携《たずさ》わった人間は、いずれも情熱を持って満州建国の経緯を語り、「理想というものは不滅である」と力説したものだ。ときには、誰の紹介ということでもなく、自ら支援を申し出てくる人物もあった。

国士舘大学創立者の柴田徳次郎《しばたとくじろう》である。

早大紛争真っただ中のときのことだった。柴田は「ジュリアン」に国士舘大学自動車部の車をさし向けてきた。

矢野や「早学連」の幹部たちが柴田に会うと、

「母校の早稲田大学が危局に瀕《ひん》しているとき、やはり国士英雄が現われるものだ。それは諸先生だ」

と矢野や学生を〝先生〟とさえ呼ぶのだった。早大は柴田の母校でもあった。

「私はいま国士舘大学というものを経営しておるから、まあ、多少の応援はできる。人手がいるなら、うちの大学には言動部、柔道部、剣道部……とそうそうたる憂国の士がおるんだから、遠慮なくいってくれ。母校の早稲田大学が危機に瀕しているとき、何らかの貢献ができるのは、男子の本懐であり、稲門《とうもん》の老士としてこれに勝《まさ》る喜びはない」

と柴田は語り、大変な肩入れの仕方であった。

こうした多くの支援者のバックアップがあったればこそ、早学連から日学同へ、運動は大きく伸びていったのである。

## ●機は熟した

長期にわたった早大紛争も何とか幕を閉じた。

もともとストライキ反対の立場に立ち「早学連」に集まった者はほとんどが、単に学園が正常化すればそれでいいと考えていた。だが、二カ月、三カ月と紛争が続く中で、それぞれの思想が先鋭化していったのも事実である。

彼らは全学連を、国際共産主義運動の日本における最前線としてとらえた。いわば国際学生連盟の日本支部であった。そこで反共という確たる信念を持ち、長期継続の闘いを展開しなければ、第二、第三のバリケードを構築する力ができて、学園はどんどん悪化する――という認識を持つに至った。

かくて「早学連」の全国版↓「日学同」旗揚《はたあ》げの機は熟していた。

昭和四十一（一九六六）年七月二十二日には、早大、国士舘大、日大の有志学生が中心となって、山中湖畔で日学同設立準備の合宿をしている。

早大の新入生・森田必勝が「日学同」を初めて知ったのは、この年の十一月初旬のことだった。森田は、日記に次のように記している。

「何カ月振りかで、大学構内で斉藤先輩と出会った。しばし歓談。聞けば、早大紛争後、『再び大学に紛争が起きないように』『共産主義に大学を侵《おか》されないために』有志が各大学に呼びかけて、この十四日、尾崎《おざき》記念会館（現・憲政記念館）で『日本学生同盟』を結成するとのこと。

ぼくも旧来のマルクス主義に執着した全学連はガマンならんと思っていたから、たちまち共鳴、日本学生同盟への参加を約束した。俺の血が騒ぎだした」

森田より一年上になる早大二年生・宮崎正弘も、これより少し前、大学のキャンパスを歩いていたとき、斉藤とバッタリ会い、

「よう、日学同つくるから結成大会に来いよ」

と勧められた一人だった。

宮崎も「早学連」の一員とまではいかなかったが、学部の有志会に交じってスト反対運動にはときどき参加していたから、斉藤とも馴染みになっていたのだ。

このとき、宮崎は朝日新聞社の奨学生として、新宿区若松町の朝日新聞販売店に住みこんで新聞

配達をしながら大学へ通っていた。朝日の奨学生になったのは、新聞記者志望だったことにくわえて、朝日新聞社の場合、四年間、新聞配達をすれば入社できるということを聞いていたからだ。

面白いことに、当時の宮崎は、朝日新聞を日本で最も良質な新聞と考えていたし、憲法擁護論者でもあった。のちの日学同中央執行委員であり、『日本学生新聞』編集長として新聞づくりや政治的プロパガンダに天才的な手腕を発揮する男も、この時点ではまだ日学同が総否定の対象とした〝戦後〟の申し子的な存在であったわけだ。

実際、スト反対派に加わったのも、確固とした思想があったわけではなく、ストに対する心情的な反発からだった。どちらかといえば、ノンポリ学生といってよかった。

それは宮崎に限ったことではなく、斉藤英俊や鈴木邦男らリーダーが戦術的に〝一般良識派学生〟という呼称を掲げたときも、反スト派の学生にほとんど違和感はなかった。誰もが「われこそは良識派の代表」という意識が強かった。

そんな宮崎にとって、スト派の〝右翼〟攻撃くらいナンセンスなことはなかった。自分のことを右翼だなどとかけらも思ったことはなかったからだ。だいたい、反スト運動に加わるようになって初めて、民青が日本共産党青年部であり、革マルという新左翼の党派が存在することを知ったくらいである。

……こうしたいきさつがあって、宮崎は斉藤から日学同結成の話を聞かされたのだった。

宮崎は斉藤の話に興味を覚えた。

それまで反スト派に加わったのは、「ああいうストライキがあっちゃいけない」という心情的なものが大部分を占めていたから、論理的な左翼に対して、反論できる根拠がなかった。

〈日学同にそういう〝理論〟があるのだろうか?〉

という興味である。

「これ、読んどいてよ」

といって、斉藤が宮崎に手渡したのは、日学同の結成趣意書であった。

宮崎は読み始めた。

《戦後二十年、我が国は思想的混迷と精神的頽廃《たいはい》の淵《ふち》をさ迷い続け、ひたすら亡国の途《みち》を急ぐかの如《ごと》く見えたのでありますが、最近に至り漸《ようや》く正気回復の兆《きざし》が現われてまいりました。然《しか》し内外の情勢は更《さら》に深刻を加え、祖国日本の前途いよいよ多難と言わねばなりません。

即《すなわ》ち占領政策によってもたらされた弊風は未だに国民の心をむしばみ、国家的自覚は失われ、驚異的経済発展の陰に道義心なき利己主義滔々《とうとう》として世を覆《おお》って居《お》ります。就中《なかんずく》、過激なる共産勢力の台頭は、徒《いたずら》に国民をして二つの階級に分《わか》たしめ、而《しか》も自由の名に於《お》いて、公然と社会秩序を破壊して居ります。これは人間の基本的人権を尊重し自由と民主主義を国是《こくぜ》としている我が国の基本を根底から覆《くつがえ》すものであります。本来学問を学ぶべきはずの大学に於いても、その浸透はいよいよ激しさを増し、学生の生命とも言うべき授業を放棄してひたすら政治闘争の暴挙に奔走している様《さま》は、心ある学生をして、正《まさ》に革命前夜の如き思いさへ抱《いだ》かしめて居ります……》

文章はこのあとも延々と続いていた。宮崎は斜《なな》め読みしながら先を急ぎ、最後のセンテンスに目を通した。

《輝かしい未来の建設は輝かしい歴史の復活に待たねばなりません。我々は全力をあげて断《た》ち切られた二十年の断層を繫《つな》ぎ、全生命を投げて失われた民族の 魂《たましい》 を復活する事を決意致しました。それこそが明日の日本を築く唯一の根源であると信ずるからであります。民主主義と言い自由主義と言うも所詮《しょせん》民族心を基調とした上に建設されなければなりません。我々はかかる原理に基《もと》づき穏健にして然《しか》も秩序ある進歩、即ち議会制民主主義に則《のっと》り、光輝ある新日本を建設し、以《も》って世界の平和と人類の福祉に寄与せん事を念願して同志相寄《あいよ》り、ここに日本学生同盟を結成するものであります》

宮崎は紙面から立ち昇ってくる新鮮な息吹のようなものを感じた。

この結成趣意書を起草したのは、早大二年で「日本文化研究会」を主宰する持丸博だった。持丸は偶然にも斉藤英俊とは教育学部の同じクラスであった。

〈入ってみよう〉

宮崎は決心した。

## ●波乱含みのスタート

東京・永田町の尾崎記念会館で、都内二十三大学から約二百五十人の学生が結集して、「日学同」(日本学生同盟)発会式が行なわれたのは、昭和四十一(一九六六)年十一月十四日のことであった。

その役員人事は次の通りだった。

議長　丸山《まるやま》一幸《かずゆき》(国士舘大三年)
副議長　安井《やすい》俊夫《としお》(国士舘大三年)
中央執行委員長　月村《つきむら》俊雄《としお》(早大二年)
副委員長　斉藤英俊(早大二年)
組織局長　寺田相生(日大三年)
渉外局長　木下《きのした》憲治《けんじ》(立正大四年)
財務局長　小島《こじま》俊夫《としお》(国士舘大四年)
情宣局長　海老原満雄(早大二年)
書記局長　仲谷《なかたに》俊郎《としろう》(早大二年)

だが、日学同はスタート当初から波乱含みだった。役員人事を見ても、議長・中央執行委員長制という二重権力構造の形態をとり、国士舘大生が議長・副議長のポストを占め、副委員長の斉藤英俊以外の早大生は、すべて自民党学生部からの選出であった。

その裏には、矢野潤とともに早大反スト派学生を指導し、援助していた早大OBで、のちの自民党衆議院議員の玉澤徳一郎《たまざわとくいちろう》の存在があった。玉澤は矢野とは同期であり、ともに合気道部に所属し、早大大学院に進んだ。早学連から日学同へ脱皮する際にも、二人の力が大きく作用していた。

当時、玉澤は、早大雄弁会出身のOBで、自民党三木《みき》派の衆議院議員・海部俊樹《かいふとしき》の秘書をつとめており、早大ではこの玉澤派閥とでも呼ぶべき自民党学生部の一派があった。日学同中央執行委員長となった月村俊雄、情宣局長の海老原満雄、書記局長の仲谷俊郎らがその中心であった。

つまり日学同スタート時の役員人事は、国士舘グループ、早大自民党学生部が主流を形成していたといっていい。明らかに動員力と力関係からなされた役員の割り振りである。

一方で、自民党とか既成右翼団体、宗教団体といった背景をいっさい持たない斉藤英俊や持丸博らは、自然に矢野潤派と見られるようになっていた。

このような寄りあい世帯が当初の日学同の実態であった。

ちなみに「早学連」議長の鈴木邦男が役員に名をつらねていないのは、この年五月、生長の家傘《さん》下《か》の学生組織、「生長の家学生会全国総連合」（生学連《せいがくれん》）が結成され、その書記長（委員長＝森田征《もりたまさ》史《し》）に選出されたからだった。それでも鈴木は、七月の山中湖畔《やまなかこはん》での日学同設立準備の合宿に参加しているし、結成一カ月後の十二月十二・十三・十四日の三日間にわたって開催された、横浜・大倉精神文化研究所での日学同第一回研修会にも馳《は》せ参じている。

鈴木はその後も、斉藤の盟友としてずっと日学同と行動をともにしていくのだが、昭和四十三（一九六八）年六月に袂《たもと》を分かつ。生学連と日学同の決裂にともなうものだった。

ともあれ、日学同は発足し、事務所を新宿区早稲田町五六に構え、翌年二月七日には機関紙『日本学生新聞』を創刊するに至った。最初の編集長は結成趣意書を起草した持丸博であった。

創刊号を、「本当の青年の声を――天窓《てんまど》をあける学生組織」と題する三島由紀夫の激励文が飾っている。

《偏向《へんこう》なき学生組織は久しく待望されながら今まで実現を見なかった。青年には強力な闘志と同時に服従への意志とがあり、その魅力を二つながら兼ねそなへた組織でなければ、真に青年の心をつかむことはできない。

目的なき行動意欲は今、青年たちの鬱屈《うっくつ》した心に漲《みなぎ》っている。新しい学生組織はそれへの天窓をあけるものであろう。日本の天日《てんじつ》はそこに輝いている。

一方、私の注文もある。学生新聞の文章の晦渋《かいじゅう》さには全《まった》く閉口する。深遠だからわかりにくいのではなく、自分によくわかっていないことを、わかったふりをして書くからそうなるのである。

明晰《めいせき》な言葉で明澄《めいちょう》な日本語で自分の手にしっかりつかんだ思想だけを語ってほしい。そういう文章こそ、本当の「青年の声」なのである》

## ●主要部隊の戦線離脱、そして分裂

この機関紙創刊からまもなく、日学同の最初の関門ともいうべき問題が持ちあがった。

この年早々、総選挙があり、月村俊雄委員長、海老原満雄情宣局長、仲谷俊郎書記局長といった自民党学生部の面々がこぞって愛知三区から立候補した海部俊樹の応援に奔走し、長い間、事務所を留守にするという事態になったのである。それも一週間や二週間の留守ではなく、二カ月、三カ月もの現地滞在であった。

この時期、主要部隊の戦線離脱は、痛手が大きかった。四月からの新入生獲得という大事な仕事が待っていたからだ。日学同は早くも危機的状況に陥ったわけである。

「日学同をどうするんだ？　やるのか、やらんのか？」

との問いかけが、斉藤英俊を中心とする留守部隊から彼らに再三、行なわれることになった。

「わしゃ、もうええんじゃ」

と月村は故郷の広島弁であっさり応じた。

自民党学生部の彼らにすれば、日学同より選挙運動が大事なことはいうまでもなかった。さらに彼らは四月に入ると、都知事選挙に奔走することになった。

《ここに至って、我々ははっきりと選挙のための日学同ではないことを確認し、斉藤副委員長のもとに自民党系の学友に〝日学同か自民党か〟を迫り『歴史的な昭和四十二年七月二日』、彼らは(月村俊雄、仲谷俊郎、海老原満雄)日本学生同盟本部から脱退していったのである》

と日学同は記録に留《とど》めている。

これより約十日前の六月二十三日、たまたま日学同事務所に居あわせた森田必勝は、月村たちが久しぶりに来訪し、斉藤らとやりあう場面に立ちあっている。その感想を『日学同活動ノート』にこう記した。

「日和見《ひよりみ》主義者本部来訪。

日学同第一次執行部の中枢を担いながら、総選挙の応援だ、いや某先生の秘書になるんだ等といって、結局この半年間以上、何も学生運動をやらなかったNとTの弁。

N『俺はもう、ここ(早稲田町の日学同事務所を指す)を本部だと思わないし、立正大、日大、国士舘は俺の方へ連絡してくるんだ。君等は勝手に新聞を出す、勉強会を行なう、宣伝活動に出かける等の行為があったので分裂主義者だ』

T『最初から理念が違うんだ。俺は社会民主主義なんだ』(一同この言葉に呆然)

我々の態度＝実績ある者のみ日学同を語る。日学同が一大事のとき自民党選挙に奔走する連中の言動は一切無視。力無き者は去る。これを自然淘汰《とうた》という」

NとTが誰を指すのかはおのずと明らかだが、この流れが「自由主義者同盟」を一時期結成し、のちに「日学同自由派」を名のるのである。

もっとも彼らにいわせれば、分裂は自民党選挙云々《うんぬん》ではなく、理論的対立の結果であり、同盟の戦列から離脱したのは、むしろ副委員長の斉藤英俊であり、新聞担当の持丸博である——ということになる。

さらにいえば、これは後年の話になるが、このように自民党との縁《えん》を断ち切り、反自民党を明確に掲げていく「日学同正統派」が、そのOBから多数の自民党代議士秘書、あるいは自民党系県議、市議等を輩出させたことは歴史の皮肉といわねばなるまい。

## ●早稲田大学国防部の誕生

さて、それはともかく、自民党派を一掃した日学同だが、委員長、情宣局長、書記局長という肝《かん》腎《じん》なポストに穴があく結果になった。そこで斉藤英俊を委員長代行、持丸博を書記局長として組織の立て直しをはかることになったのである。

とくに急務になっていたのは、新入生獲得のための大学での拠点づくりだった。つまり日学同◯大学支部となるべきサークルづくりである。

たとえば早大の場合は、すでに「日本文化研究会」があり、持丸博や斉藤英俊のほかに、伊藤好《いとうよし》雄《お》、大石晃嗣《おおいしこうじ》、宮沢徹甫《みやざわてつほ》、森田必勝、宮崎正弘といったメンバーがおり、同時に彼らは日学同同盟員でもあった。そうしたサークルづくりを全国の大学に展開していくことが、日学同の重要な戦略の一環であった。

さらに早大では、

「もう一つサークルをつくって、日学同支部を二つに分けよう。もう少し直截的《ちょくせつてき》なネーミングのものがいいんじゃないか。たとえば国防研究会といったような……」

という案が出され、検討の段階に入っていた。

そうしたさなか、入試を目前にした二月中旬、早大で日学同の集会を持ったときのことである。例によって、左翼学生との間でちょっとしたいいあいから、険悪な空気が流れ、一触即発の状態になっていた。

まだ日学同といっても、あまり知られていない時分だったから、ある一人の左翼学生が斉藤に向かって、

「おまえ、国防部だろ！」

と叫んでいた。

このとき、斉藤に閃《ひらめ》くものがあった。

〈それだ！　それをいただこう！〉

斉藤はその思いをたたきつけるように、相手を思いきり殴り飛ばした。

かくて早大に「国防部」が誕生した。昭和四十二（一九六七）年四月一日のことだった。初代部長に斉藤が就任し、「日本文化研究会」から宮崎正弘、大石晃嗣、森田必勝が移ることになった。

「早大国防部」の誕生は、当時とすれば画期的なことであった。

〈〝国防研究会〟ではいまひとつ弱かった。やはり〝国防部〟でドンピシャだった。この三文字の持つ響きがいいんだ〉

斉藤は胸の内で一人、ほくそ笑んだ。

確かに「早大国防部」はセンセーショナルな話題をマスコミに投げかけた。戦後、長い間「国防」という言葉自体がタブーとされてきた感があり、国防問題はそれまで真剣に論議される対象ではなかった。

それをそのままズバリとサークル名に冠《かん》し、真っ正面から問題にとりくもうというのだから、日学同はしだいに新民族主義運動への転回を顕《あらわ》にし始めていた。

## ●山本之聞《やまもとしもん》が感じた、既成右翼との違い

「早大国防部」結成後まもなく、この新サークルに飛びこんできた一人の学生があった。

のちに斉藤のあとを受けて日学同の委員長に就任し、民族派学生陣営のスター的存在として一時代を築いた、山本之聞である。

山本が初めて「早大国防部」に出合ったのは春休みを終えて上京し、大学に出たその日であった。キャンパスの一角で、学生服を着た男たちが、国防部の看板を立て、海軍旗をたらして出店を出していたのである。

これにはさすがの山本も驚いてしまった。海軍旗とは時代錯誤もはなはだしいし、そのうえ出店にはどこか容貌魁偉《ようぼうかいい》な男がすわっている。

〈ああいうのを本当のファシストというんだろうな〉

唖然《あぜん》とするしかなかった。すぐに頭に浮かんだのは、軍服に身を包み、軍艦マーチをかけながら街宣車で街中を疾駆《しっく》する男たちの姿であった。

その後も、国防部の出店を目にしても、遠くから眺《なが》めているだけだった。むろん飛びこんでみようなどという気にはなれなかった。

ところが、創刊されたばかりの日学同の機関紙『日本学生新聞』をたまたま手にしてみて、それまでの考えが偏見だったことに気がついた。そこに書かれている内容は、国防部のイメージとはまるで違うのである。

彼らは既成右翼の学生組織でもなければ、宗教団体などがバックについているのでもなかった。

〈まして自民党の手先でもなさそうだ〉

何となく紙面から学生の純粋さがかいま見えるのである。

《学生の政治運動を、我々は決して否定しはしない。しかし、我々が最も問題にするのは、その運動を推《お》し進める思考形態、あるいは彼らの道義心なのだ。

彼らの社会変革への行動は、全《すべ》て、わが国が未だ経験していない唯一の観念形態であるマルキシズムによって規定される。資本主義の次にやって来る必然的な社会形態は、共産主義なのだと断ずるそれが、マルクス以来百年、唯《ただ》一つでも現実として起《おこ》ったであろうか。欧米においてはほとんどその影をひそめたマルキシズムが、わが国においては全く現実と遊離した形で、未だに一部の学生を捉《とら》えて離さない。自分の思想と合わぬ者を、全て反動とよび、ブルジョア思想の持主と極《き》めつけるその一方的な思考形態が、如何《いか》に宙に浮いたものであるか、我々は今やそのことをはっきりと自覚した……》

新聞全体を流れている論旨は、既成右翼を乗り越えて、日本の文化伝統歴史に則った新民族主義を基盤にして、学生運動の荒廃に立ち向かおう——というものであった。

山本は強く引かれるところがあった。早大に入学して初めて活動できる余地のある場に巡りあえたような気がした。思えば、山本にとって、早大入学後の一年間というのは、自分の中の〝熱き血〟を存分に発露《はつろ》できる場を求めて模索してきた一年といってよかった。

## ●「日の丸を掲げたら入るよ」

山本は昭和二十一(一九四六)年、三重県亀山市の生まれ。実家が寺だったこともあって、子どものころから戦争による多くの死者の存在を身近で知ることになった。近所にはレイテ島の戦いで夫や父を失った未亡人や子どもたちがいて、その家族たちの並々ならぬ苦労も間近《まぢか》で見てきた。

それだけに物心ついて、そうした日本の過去の歴史を、支配階級が人民を圧迫した暗黒の歴史――と一刀両断に斬り捨てる左翼史観を知ったときには、おぼろげな反発心を抱いたものだった。

この〝おぼろげな反発〟は後年、二・二六事件関係の本や戦前のことを書いた文章を読むことによって、山本の中で、

「戦後、A級戦犯で葬《ほうむ》られた人たちの戦争への関わりかたを見ても、あの当時の日本のありかたについて、誰がいい、誰が悪い、誰が支配者で誰が被支配者であったかということは明確に分けられるものではない。明治維新後の日本の胎動期にあって、歴史の陣痛の中にいた人たちが誰よりも苦労したのだ。そのことをまず理解しなきゃいけない」

という確固とした考えに変わっていく。

山本に初めて社会運動的なものに対する関心が芽ばえるのは、中学二年のときに遭遇した六〇年安保闘争であった。東大生の樺美智子《かんばみちこ》が死去し、国会を何万人というデモ隊が包囲した――という

ラジオの実況中継を聞いて、子ども心に血が騒ぐのを覚えた。

高校に入ると、東京オリンピックのような国家をあげての祭りがある一方で、外にあってはベトナム戦争、内にあっては日韓基本条約をめぐって激しい反対闘争が湧き起こっていた。

時代はつねに騒然としていた。〝戦後《アプレ》〟と同義語で語られる山本たちの世代は、それぞれの節目《ふしめ》で大きな社会的騒乱に出くわした世代である。

そんな政治的季節にあって、高校ではよくクラス討論が行なわれたが、時代の気分として誰をもマルクス・レーニン主義のほうへ向かわせずにはおかなかった。

山本もこの時期、多大な関心を持ってマルクスの『資本論』の概略を読み、レーニンを読んだが、一生懸命読めば読むほど反発しか感じなかった。どう考えても、体質があいそうもなかった。

高校から大学にかけての山本の読書は、こうした左翼文献のほかに、二・二六事件関係、北一輝《きたいっき》『日本改造法案大綱』、橘孝三郎《たちばなこうざぶろう》など農本主義者のもの、あるいは清水幾太郎《しみずいくたろう》に向けられた。

とくに二・二六事件に参画《さんかく》した青年将校が、地方から出てきて、時の政府のやりかたに対して批判を持つに至った経緯を日記などで読むにつけ、山本の胸に時代を超《こ》えて迫ってくるものがあった。

そんな山本が一浪後、早大政経学部に入学したのは昭和四十一（一九六六）年のことで、ちょうど早大闘争の真っただ中だった。政治闘争の坩堝《るつぼ》の中に放りこまれ、血湧き肉躍る思いで大学の門をくぐったのである。

山本は入学後すぐに政経学部のクラス委員になった。当時、政経学部の自治会を牛耳っていたのは、早大闘争のリーダーをつとめた「全学学館学費共闘会議」議長の大口昭彦の所属していた社青同解放派であった。

やがてその社青同解放派から、山本は盛んに勧誘を受けるようになった。彼らはクラス討論でベトナム問題について論じる山本の話を聞いて、自分たちの仲間になれる男と読んだのである。

だが、確かに山本の論旨は、ベトコン（南ベトナム民族解放戦線）支持、アメリカのベトナム介入反対というところまでは社青同解放派と同じなのだが、そのあとがまるで違っていた。山本の場合、民族主義を拠りどころにして、つまり日本がアメリカを相手に戦った大東亜戦争と同じ文脈のうえでのベトコン＝民族自決の論理の支持であった。

それでも彼らは執拗《しつよう》に山本をオルグしたが、山本もまた頑《がん》としてこれを受けつけなかった。

「確かにベトナム戦争にも、アメリカの介入にも反対だし、自民党に関してもきわめて批判的な姿勢は持ってる。そういう意味ではあんたたちと同じだ。ただ、オレは軍隊は持つべきだという考えだし、マルクス・レーニン主義は時代にそぐわないと思う。ましてや中国やソ連で通用する思想など持てそうもない。日本には独自の国家社会主義思想があるんだ。なぜあんたたちは赤旗を掲げるのか。オレは日の丸を掲げたら入るよ」

と強硬にいい張ったものだから、しまいには彼らもサジを投げた。

実際、当時の政治的季節の中で、現状に否定的で、正義感に燃え、時代に歯向かうというような気分が横溢した学生は、イデオロギーがなくても全学連や全共闘に走るケースが多かった。マルクス・レーニン主義などあとからついてくるものだった。

まして全共闘の場合、マルクス・レーニンだけでなく、人間疎外からの解放をうたい、何か社会的なテーマに対して身体ごとぶつかることによって自己の矛盾《むじゅん》を解決する——というサルトルやカミュの実存主義まで持ちだしてきた。かなり間口《まぐち》は広かった。

だから、中には天皇制アナーキズムの考えに近いような者、北一輝や大川周明《おおかわしゅうめい》に共鳴し、自身をまるで二・二六事件の青年将校に擬《ぎ》して全共闘に飛びこんだ者もいたほどである。

共通しているのは、現実政治への不信、時代に対する反逆的な気分といった点だけだった。

山本自身、そうした気分を多分に共有していたから、表面的なことだけを考えれば、全共闘に行っても何らおかしくはなかった。

面白い話がある。

後年、日学同の委員長となった山本は、知人の早大全共闘のTという男（のちの議長）から、高田馬場駅前の喫茶店「スワン」で相談を持ちかけられたことがあった。Tはこうきりだした。

「自衛隊に体験入隊させてくれないか？」

山本は思わずコーヒーを吹きだしそうになって、まじまじとTの顔を見た。Tはあくまで真顔《まがお》である。

「……おまえね、自衛隊はおまえらのいう体制の用心棒だよ。そんなとこへなぜ入るんだ?」

「そりゃ決まってる。革命的に利用するためだ」

「おまえの頭の中はそうでも、使われる自衛隊が迷惑じゃないか。おまえらだって革命家の端《はし》くれならば、潔《いさぎよ》くしなきゃいけないんじゃないか。おかしなことというね。……本気なのか?」

「本気だ」

山本はあきれた。

〈こいつは右翼じゃないか〉

結局、山本はとりあわなかったが、全共闘を支えていたのは多分にこうした心情的なものだった。理屈ではなく、情念的なところがあった。

山本とてそんな全共闘に心情的な共感もあり、思想的に重なる部分もあったが、表面的な一点の共通項のみで、彼らの運動に飛びこむ気にはなれなかった。根本的なイデオロギーがまったく相容《あいい》れないものだった。

〈民族主義を掲げて、ヤツらと同じようなことはできないだろうか〉

山本はぼんやりとそんなことを考えながら、自分の活躍できる政治的場を模索していた。かといって、早大の保守系サークルを見渡しても、左翼同様、魅力を感じるところはなかった。たとえば、単なる雄弁技術だけを競うようなサークルがあった。学生でありながら大隈講堂に自民党の政治家を迎えいれ、それで政治家の機嫌をとるような前座の演説を行なうのが、彼らの役目だった。そこにはいずれ政界に進もうという政治的な野心を持った学生がそろっていた。

山本は彼らのような精神的にギラついた生きかたも、左翼以上にいやだった。

そうしてまたたくまに大学の一年が過ぎていったのである。そんな矢先に、早大のキャンパスで巡りあったのが、日学同支部としての早大国防部であった。

## ●少数派の悲哀

山本が早稲田町にある日学同事務所を訪れたのは、政経学部二年の春まもない時期のことである。当時、日学同は二階建ての一軒家を借りきっており、一階を事務所としていた。

この建物へ近づいたときから、山本は何か異様な雰囲気を感じとっていた。事務所の前では、トレーナーの上下を着た男が、ベンチプレスでバーベルをあげているのだ。部屋に入ると、コーラのビンが散乱し、六、七人の男たちは闖入者《ちんにゅうしゃ》の山本をジロジロと見た。それぞれ一癖も二癖もありそうな顔をしている。

突然、ドタッという大きな音がしたかと思うと、いきなり押し入れから人間がころがり落ちてきた。押し入れを二段ベッド代わりにして、昼間から寝ていた男がはずみで落ちてしまったものらしい。ムササビみたいにヒゲを伸《の》ばした男だった。

〈とんでもないところへ来てしまったな〉

と山本は考えざるを得なかった。

山本の応対に出た男も、ろくすっぽ説明さえしない。それが早大国防部部長であり、日学同副委員長の斉藤英俊であるとはのちに知ったことであった。ほかに持丸博、宮崎正弘、森田必勝、大石晃嗣、伊藤好雄などのメンバーが、このときそろっていた。

山本は事務所を引きあげると、もう顔を出すのはやめようかとも思ったが、

〈だけど、最初の印象だけでやめちゃ、男として名折れだ。ともかくもう少しつきあってみよう〉

と考え直した。

その後、日学同事務所に出入りするようになって、いろいろな人間とよくよく話をしてみると、最初の印象とはまるで違う実像にぶつかることになった。誰もが素朴であり、何より真面目だった。とくに森田必勝とは同学年で、故郷も同じ三重県の四日市と亀山という隣町同士ということもあって、すぐに仲良くなった。

当時の日学同は綱領こそあったものの、組織的にも、そのバックボーンとなるものも、草創期の曖昧《あいまい》さがあった。

山本には、むしろそうしたところに自分の活動する余地があるように思え、事務所にいりびたるようになっていた。

山本の〝初陣〟はそれからまもなく訪れた。

昭和四十二（一九六七）年五月十九日、東京教育大学（現・筑波大）で行なわれた「家永三郎弾劾《いえながさぶろうだんがい》集会」であった。

この当時、家永教科書問題が起こり、教科書の検定がクローズアップされるようになっていた。それは東京教育大学教授・家永三郎の著《あらわ》した高校の日本史の教科書が、検定不合格となったことから起こったことだった。家永教授はそれを憲法違反であるとして文部省を告発し、裁判所に争いを持ちこんだのである。

これに対して日学同は、

「教科書にはわずかなりとも個人の主観やイデオロギーは入ってはならない。しかるに家永三郎の日本史は全文これ認識不足と偏見に満ちたものである」

と訴え続けた。

何よりも、かつては「お国のために死ね」と学生の士気を鼓舞《こぶ》して戦場に送りだした皇国史観のイデオローグが、戦後一変して、唯物《ゆいぶつ》史観・日教組のイデオローグと化した変節漢・家永三郎を許すまじ――と主張していた。

この日、東京教育大学に乗りこんだのは、斉藤英俊、森田必勝、山本之聞らをはじめとする日学同のメンバーに、鈴木邦男が動員した生学連（生長の家学生会全国総連合）の学生をくわえた二十三名であった。

大学の構内で、《家永三郎弾劾！》のアジビラをまき始めるや、すぐに自治会の民青の学生が続々と現われた。

「家永先生の悪口をいうとはけしからん。こんなビラを配るのはやめろ！」

「黙れ！　僕らは事実を事実として訴えているんだ。どこが悪い。集会は自由だ」

「こんな集会は認められない。すぐに解散しろ！」

といった型通りの応酬があったあとで、武闘派コンビ・斉藤英俊、鈴木邦男の手によって、さっそく大乱戦に持ちこまれたことはいうまでもない。相手は倍以上の約六十人である。殴る、蹴る、飛び蹴り――とやり放題の鈴木などは、テレビで観たプロレス仕込みの技さえ応用している。

敵味方入り乱れての集団戦となったものだから、間違えて味方同士でやりあうケースも出てきた。

「鈴木さん、僕ですよ。仲間ですよ」

鈴木に飛び蹴りをくらった男が、悲鳴をあげる始末だった。

そのとき屋上から、割れんばかりのマイク放送が轟《とどろ》いてきた。

「わが学園に右翼暴力団が乱入して、民主的な学友に襲いかかっています。学友諸君！　右翼暴力団を追いだしましょう！」

民青の学生の声だった。斉藤と鈴木はすかさず屋上に駆けのぼった。

二人を見て、マイクを抱えた民青の連中はあわてて逃げだそうとしたが、まにあわず、再び乱闘が始まった。斉藤と鈴木のゲバルトのコンビネーションは絶妙なものがあった。

おかげでこの日の東京教育大の授業はすべて中止となってしまった。

〈いつもこんなことをやっているのだろうか〉

初めて日学同の集会に参加した山本之聞はゲバルトにも腕をふるったが、初めてのことで面くらってしまった。なにしろ日学同に加わってまだ十日もたたないうちの出来事である。

だが、以後、山本はいやおうなく日常茶飯事的なゲバルトの波に巻きこまれていくことになる。

たとえば、早大の構内で海軍旗を持ちだし、国防部という刺激的な看板を出して、新左翼各派の連中を糾弾《きゅうだん》するビラを配れば、

「これは何だよ！」

といってすぐに相手は文句をいってきたし、そこから乱闘になるのは、毎度お決まりのコースだった。

そんなとき、国防部のほうは二、三人、相手は十数人などというのはザラだった。数の上では圧

倒的に左のほうが多数だった。彼らはどんな小さなセクトでも、二百人ぐらいは動員できる力を持っていた。

日学同は少数派としての悲哀を何度となく味わわなければならなかった。ともかく仲間を増やそう、数こそ力である——という考えが支配的になるのも当然のことであった。

そうしたことが一つの支えになって、内部的な矛盾なり、意見のくい違いが多少あっても、それが大きな亀裂《きれつ》にならなかったのは確かである。実際、山本は「ジュリアン」で、矢野潤と論争を戦わすと、基本的には同じでも、結構対立するところは多かった。ともすれば、内部に路線のくい違いの危険性をはらんでいたのである。

それでも日学同の柔軟性は、矢野やほかの幹部と違う考えかたの論文であっても、山本が自由に『日本学生新聞』に発表することができたという点に表われていた。

内部で論争し、対立があっても、分裂へとつながらなかったのは、対左翼ということを考えた場合、それどころではなかったからだ。キャンパスへ行けば、いやでも圧倒的な多数派の左翼と闘わなければならなかった。いかに組織を維持し、仲間を増やしていくかということの前で、小異《しょうい》は捨てなければならなかった。

山本は同志獲得のために、宮崎正弘と組んでよく関西へオルグに出かけたし、北は北海道から南は九州まで東奔西走の日々を送っていく。

## ●各大学で支部結成、軌道に乗る

六月三十日には、早大国防部が初めて北海道恵庭《えにわ》基地で自衛隊体験入隊を行なったのをはじめ、四月以来、東大、一橋大、お茶の水女子大などで続々と日学同の支部が誕生していた。この間、一橋大学では自治会選挙において日学同支部が第二勢力を占めたほどだった。

日学同の運動が着実に成果を見せ始めると同時に、内部的にも、スタート時の形式だけの役員人事を、斉藤委員長代行を中心としたものに改正する必要に迫られていた。

かくて昭和四十二（一九六七）年十月十四日、神楽坂《かぐらざか》教育会館において代議員大会が開かれ、役員が内定、十一月十一日の一周年大会で承認されている。左記のような人事だった。

中央執行委員長　斉藤英俊（早大三年）
副委員長　佐藤謙一郎《さとうけんいちろう》（東大二年）
書記局長　持丸博（早大三年）
中央執行委員　平山芳信《ひらやまよしのぶ》（一橋大二年）
宮崎正弘（早大三年）
古屋秀夫《ふるやひでお》（国士舘大三年）

中央委員　　　織田幾太郎《おだいくたろう》（東大二年）

　　　　　　大石晃嗣（早大三年）以下十三名

従来の無意味な議長制度を廃止し、中央委員長のもとに執行委員（四名）と委員長を補佐する書記局が設けられることになったのである。

日学同一周年（第二回全国）大会は、十一月十一日、野口記念館において、講師に評論家の福田《ふくだ》恆存《つねあり》、桶谷繁雄《おけたにしげお》を迎え、五百四十人を集めて行なわれた。

このころ、日学同のマークもできている。三種の神器（鏡・剣・まがたま）を現代風にアレンジしたもので、鏡＝理想、剣＝勇気、まがたま＝団結を象徴したものだった。

一周年大会に先だつ十一月三日には、日学同旗もでき、明治神宮で入魂式が行なわれている。

こうして日学同の活動は軌道に乗り始め、旧左翼や旧右翼、あるいは新左翼とも違う、第三のスチューデントパワーとして、マスコミにも注目されるようになっていく。

このような日学同の運動の成果の裏には、各リーダーの役割分担がきっちりなされていたということがあげられよう。

矢野潤は全国に日学同の支援者たる文化人のネットワークをつくって運動資金を集め、斉藤英俊はそうした文化人シンパを含む対外折衝《せっしょう》、あるいはオルガナイザーとして全国的な拠点づくりのために東奔西走した。また宮崎正弘は機関紙とプロパガンダを担当、のちには《ヤルタ・ポツダム体制打破！》を前面にうちだし、一、全学連打倒！　一、自主憲法制定！　一、日米安保克服↓自主防衛体制確立！　一、失地回復↓北方領土奪還！　一、核防条約粉砕！——といった五大スローガンを考えだした。宮崎はそうした政策スローガン、キャッチコピー、新聞づくりに抜群の手腕を発揮したのである。

山本之聞は日学同随一の論客として、論文を書き、会合や集会へ出ては話をする役割を受け持った。とくに山本論文といわれ、日米安保問題に関して民族派学生陣営の画期的な見解をうちたてた『日米安保克服論』は、当時の大森実《おおもりみのる》の主宰する新聞『オブザーバー』にも掲載され、民族派学生運動史に記念碑的な役割を果たした。

各人それぞれの役割分担がうまい具合に機能して、いい結果を生んでいたのである。

また早大国防部が、日学同の肝いりで結成されて以来、亜細亜大学などで国防部が結成されたほか、昭和四十三（一九六八）年に入ると、東大、明大、東海大、日大をはじめとする全国十数校で、四月新学期をめざして国防部結成が準備されつつあった。こうした動きを見すえて、このころ生まれていたのが、早大国防部を中心とした「全国大学国防部連合」の構想である。

これは端的にいえば、圧倒的に多数派である左翼のゲバルトの前に、つねに肉体的危機感にさらされていた日学同が、それに対抗できる戦闘部隊をつくろうという発想から生まれたものだった。

この構想が「全日本学生国防会議」として結実するのは、同年六月十五日のことである。この日、東京・市ヶ谷の私学会館において、三十三大学から国防部や国防研究会を結集してその結成大会が行なわれている。講師陣は高坂正堯《こうさかまさたか》、三島由紀夫、若泉敬《わかいずみけい》の三人、参加者は約五百人だった。

この「全日本学生国防会議」の議長に就任したのが、森田必勝であった。

## 三　民族派学生の結集

### ●それは八人の有志から始まった

昭和四十一（一九六六）年十月二十五日、九州・長崎の地に、画期的な事態が生じていた。長崎大学教養学部の自治会選挙において、生学連を中心とする「有志会」が勝利、ここに国立大唯一の反左翼＝〝良識派〟自治会の誕生を見たのである。

その立役者となったのが、同大二年の椛島有三、同一年の安東巌、同一年の日下部隆《くさかべたかし》の三人であった。

椛島有三が長崎大学に入学したのは、前年四月のことだが、入学後すぐに学園紛争の渦中に巻きこまれていく。学生会館の規約問題、管理運営権獲得問題をめぐって、大学と学生との間でそれまで一年にわたってくすぶり続けていた対立に火がついたのである。

それは五月十四日のことだった。同日、大学会議室では、学長をはじめ、三十人の評議員が学館問題について審議を重ねていた。

椛島はこのときの様子を記録にこう留めている。

《……会議室の外は学生の姿で埋めつくされ、「大学案の一方的審議を中止せよ」「学生案を認めよ」といった怒声で満たされていた。しかし会議はそれと無関係に進行し、午後四時三十分終了した。大学案は、全く秘密裏に通過したのである。しかし、会場の外で待機していた学生側は、その結果については何も知らされていなかった。「いかなる結論が出たか」問いつめる学生に対して、学長は「今ここで発表する事はできない。後に公式に発表する」とくり返し述べるだけであった。この回答を不満足とする学友二百人はピケットによって学長の退出を拒《こば》み善処を要求、そのまま座り込んだのである。評議員は二回程、ドアを強く押し、強行突破をはかろうとしたが無駄なことであった……》

かくて学生側は「学生案を審議せよ」の要求を掲げて、評議員の二十四時間カンヅメを敢行した。そのため、学長は翌十五日朝、機動隊導入に踏みきったのである。

これによって学生の怒りは頂点に達した。

「官憲導入によって学園の自治は破壊された。今日より授業ボイコットを行なう」

と決議、一カ月ストへと至る長大闘争の火ぶたが切られたのである。

椛島もまた、機動隊によってスクラムを解かれ、雨の中に投げだされながら、警官に守られ、コソコソと逃げだしていく学長らを見て激しい怒りを燃やしていた。ただちにスト闘争委員の一人に加わったのは、多少でも正義感と理想主義を持った学生なら当然のことだった。

だが、スト派の学生たちと行動をともにしていくうちに、まもなくして彼らとの間にどうしようもない違和感が生じてきたのは確かである。

〈いったいこれは何だろう？〉

椛島はいまひとつその正体がつかめなかった。

それはイデオロギー的なものともいえなかった。ストを指導する連中は、戦略として党派性やイデオロギーを極力表《おもて》に出さないようにしていたし、椛島自身、生長の家信徒の両親のもとで育ってきたとはいえ、そのころは政治的にはまったく白紙といってよかった。

もっと人間的な部分で、

〈ああ、これじゃ、一緒にやっていけないなあ〉

と感じさせる何かを彼らは持ちあわせていた。

ひとつはそのむきだしの〝憎悪〟である。

〈いったい何をそんなに憎むのだろうか？　どこからその憎悪は出てくるんだろう？〉

椛島は不思議でならなかった。彼らからは憎悪だけしか見えてこないのである。たとえばマルクス・レーニン主義でも何でもいい、彼らの憎悪を支える何かが見えてくるのであれば、もっと救いはあったかも知れない。

〈憎悪だけが彼らの闘争を支えるすべてなのか〉

と思うと、椛島はもはや身を引くよりなかった。

もうひとつ、椛島をこの闘争から離れさせ、逆に反スト派にまわらせたのは、闘争の〝不純性〟であった。

まず、ストを指導する教養学部自治会委員長という人物は、大阪外国語大学在学当時、六〇年安保闘争を闘った有力なリーダーであり、その後、慶應義塾大学に入学して授業料反対闘争を指導した赫々《かくかく》たる歴戦の猛者であった。それが三たび長崎大学に入り直して、長大闘争を仕掛けたのである。いってみれば、職業的な〝学生運動家〟だった。

彼にすれば、機動隊を導入せざるを得ないような状況にまで大学側を追いこむことなど、お手のものだった。そして大学当局に対する一般学生の純粋な怒りを吸引して、無風地帯だった長崎大学に紛争を巻き起こし、無期限ストに突入させるのだから、その手腕は鮮《あざ》やかだった。

こうして一般学生の圧倒的な支持のもと、連日のデモ、集会、シュプレヒコールが続き、校門にはバリケードが張られ、ハンスト（ハンガー・ストライキ）が行なわれた。

こうした状況下に、授業再開、学園正常化を訴えて誕生したのが、生長の家系サークル「精神科学研究会」を母体とした「スト反対学生有志」だった。

当時の長崎大生の数は三千人、そのうちスト側の活動家は四百人を超え、なおほとんどの学生はスト支持である。それに対して、「スト反対学生有志」は、椛島を含む八人からの出発だった。まわりはすべてスト学生、及びそのシンパばかりという状況にあって、当然、「学生有志」たちには、「権力の犬！」「右翼！」といったごうごうたる批難が起こり、村八分《むらはちぶ》的孤立が待っていた。

しかも、五月二十三日、大学当局は学生活動家八名（件《くだん》の教養学部自治会委員長も含む）を処分したこともあって、紛争はいっそうエスカレート。執行部は巧みにこれを利用したから、学館闘争は処分撤回闘争の様相を呈《てい》し、より広範な学生を巻きこんで、同情的な怒りが学園内を包んでいた。

「あなたは八人の処分学生がかわいそうだと思わないの。あなたにはヒューマニズムがないの」

とある「学生有志」の一人は、女子学生につめよられ、また別の一人は、

「おまえは大学と学生のどちらの味方なんだ」

とクラスメートからなじられた。

授業再開を叫ぶ八名の「学生有志」の闘いは、想像以上の困難と苦しみを強いられることになった。

だが、「学生有志」は一般学生の白眼視《はくがんし》と侮蔑《ぶべつ》に一歩も引かずに、授業再開運動を進めていく。昼夜を問わず、ガリ切り、ビラ配布、説得オルグと駆けずりまわるのである。

こうした「学生有志」の活動が実《み》を結ぶのは六月十四日のことだった。

この二日前の六月十二日、大学当局はついにスト収拾案を提起した。それは学館紛争の本質的な

問題からははずれた、単なる授業再開のための妥協案であったが、「学生有志」はこの案を学生大会にかけることにしたのである。ともあれ、紛争収拾、授業再開を優先したのだった。

かくて六月十四日の学生大会――。

椛島はこう書いた。

《……事態収拾案は大学の策略だと言い続けて来た執行部は、この案は必ず学友から蹴られるものと思っていたらしい。

この日は普段の倍近い千三百名もの学生が中部講堂に集まった。投票結果は七〇二対六二五（保留一七）収拾策が受理されたのである。執行委員、闘争委員、女子学生が次々に泣きくずれた。全く講堂は興奮の渦であった……》

この第一次学館紛争のさなか生まれた「学生有志」が、のちの「長崎大学学生協議会」の前身となり、やがてそれは「九州学協」を生み、ひいては「全国学協」（全国学生自治体連絡協議会）へと発展していくのである。日学同とともに民族派学生運動の二大潮流として位置づけられる全国学協の第一歩は、ここから始まったのだった。日学同は早大紛争から生まれ、全国学協は長崎大紛争から生まれたといっていい。

## ●ついに民青《みんせい》(日本民主青年同盟)独裁政権を倒す

だが、授業が再開され、大学に平穏が戻ったのもつかのま、それから一年後の昭和四十一(一九六六)年七月には、再び紛争が巻き起こっている。

社青同解放派による西町学生会館不法占拠という事態が発生したのである。第二次学館紛争の勃発だった。学内外には連日デモが荒れ狂い、嵐のような日々が舞い戻った。

ここにおいて再び立ちあがったのが、椛島有三、安東巖、日下部隆の三人であった。

椛島は前の紛争で活躍した「学生有志」中のただ一人の在学生(二年)、安東と日下部はこの年に入学したばかりの新入生だった。

「学生有志」を「有志会」に改めた三人が、デモ反対のビラを初めて配ろうとしたのは、七月三日のことである。

だが、その試《こころ》みは、敵の圧倒的な人数の前に、もろくも踏みにじられた。ビラを配ろうとした三人の前に立ちはだかったのが、社青同解放派であった。三人はリンチを受け、二千枚のビラは一般学生の目に触れることなく、闇に葬られた。

安東巖は満腔《まんこう》の怒りをたたきつけるようにこう書いた。

《入学して間《ま》もない僕がこれによって、大きなショックを受けたとしても当然の事であろう。クシヤクシャになったガリ刷りのビラを握りしめながら、こみ上げてくる怒りを、僕はどうしても押さえる事は出来なかった。「大学にこのような暴力がまかり通っていいのか」……。しかし、最も僕を憤激せしめたもの、それはかくの如き状況下にありながら、なおも沈黙し続ける一般学友の姿であった。

僕が全学連打倒を決意したのはまさにこの時であったのである――》

この、のちの全国学協書記長・安東巌の存在は特筆ものであった。一級のオルガナイザーであり、組織づくり、組織運営ということにかけては、ある部分で、日学同の初代委員長・斉藤英俊をしのぐ手腕を発揮したものだった。

その一方で、強烈な個性の持ち主としていまも伝説的に語られる人物でもある。昭和十四（一九三九）年生まれ。長崎大学に入学したのは二十七歳のときであった。大学入学まで長いまわり道があったのは、肺結核による長期療養を余儀なくされたからだった。

その療養中に出合ったのが、生長の家で、安東は生長の家信仰によって病気を克服、以来、より熱心な信徒となった。全国学協運動に挺身《ていしん》するようになると、自らは参謀役に徹《てっ》して裏から組織を指導、自分にも厳しいぶん、他人にも容赦なかった。

のちに日学同との間に、内ゲバともいえる敵対関係が生じるようになってからは、日学同側の痛《つう》罵《ば》を一身に浴びることになったのが、この安東であった。

ともあれ、第二次学館紛争を契機にして生まれた椛島、安東、日下部のたった三人による「有志会」の運動は、苦難の中で着実に長崎大学に新しい波を巻き起こし、やがて画期的な一つの成果をもたらした。

この年の秋、日下部隆が教養学部自治会選挙に立候補、日共と反日共のつるしあげとリンチの雨の中で、三六四対二九三の差で勝利、十五年にわたる民青独裁政権の打倒に成功するのである。昭和四十一（一九六六）年十月二十五日のことだった。

東京では、この約二週間後の十一月十四日、永田町の尾崎記念会館において、日学同が誕生している。

なお、「有志会」はこれ以後も、三期連続して自治会選に勝利していくのである。翌年四月には、八〇〇対四〇〇という一般学生の圧倒的な支持のもと、安東巌が教養学部自治会委員長に選出されている。

## ●「長崎大に続け」

自治会を勝ちとった「有志会」の最初の仕事は、二年にわたって封鎖されたままの学生会館の開館であった。

学館規約を作成し、大学当局との交渉も妥結し、開館の一歩手前までこぎつけたのだが、頓挫《とんざ》を余儀なくされた。それも支持者のはずの一般学生によって、寝首をかかれた結果だった。

「このたびの開館は強制開館であり、認められない」

とする三派系全学連にひとたびアジられ煽動《せんどう》されるや、一般学生はまったく動揺し、今度は逆に自治会のリコール運動に参画したのみか、学館のバリケード構築さえも許すといった事態が生まれたのである。

〈一般学生は決してわれわれを支える確固たる存在ではないのだ！〉

安東、椛島たちは改めて自分たちを支える一般学生という不確かな基盤に気づかされた。

「これではダメだ。いかなる事態になっても、僕らを支持する組織、それがなかったら僕らは闘えないし、ましてや学園の正常化はありえない」

安東が腹の底から声を絞《しぼ》りだすようにして、いい放った。

ここにおいて「有志会」が考えたことは、一般学生という無定見な基盤ではなく、主張すべきことを主張し、必要なときは行動も辞さないという愛国的な確固たる組織に基盤をおく自治会をつくるほかないということだった。

こうして「有志会」を発展的に解消し、新たに生まれたのが、「長崎大学学生協議会」であった。昭和四十二（一九六七）年七月五日のことである。

この日、まかれたビラにはこう記されていた。

《我々はこう叫びたい。
全学連ばかりが学生ではないんだ‼
我々はここに立ち上り
学生運動正常化の灯《ひ》をともす
そして全国の学友に呼びかける
「起《た》て‼　長崎大に続け」と
どんな活動もはじめは点であった。
点が線となり線が帯となり
帯が海となるのである
全国の大学が我等の灯《とも》した正常化の炎で覆われるまで我々は歩みをやめない》
それは利己的一般学生との訣別《けつべつ》宣言であり、ノンポリ自治会からの脱却宣言であった。
この学生協議会（学協）結成には、光明思想研究会、信和会、原理研究会などのサークルが参加した。学協の基本方針はあくまでも生産点（学園）での闘いを第一として、核となる人間の養成↓拠点サークルの結成・強化↓拠点サークルを糾合し、学生協議会の組織化↓自治会アタック↓自治会奪権へと向かい、奪権後は自治会をバックアップして、学内マスコミの確立をはかり、一般学生への啓蒙活動を展開するというものだった。

## ●エンタープライズ入港阻止闘争

この長崎大学における学協方式の最初の成功は、昭和四十三（一九六八）年一月のエンタープライズ闘争（以下、エンプラ闘争）に際し、反日共系学生の学内への侵入を実力で阻止したことに現われている。

米海軍原子力空母エンタープライズの佐世保入港問題は、ことに反日共系学生をふるいたたせた。それまでの学費値上げや学館問題を通した学内闘争から一挙に七〇年安保を見すえた政治闘争に転換できる格好の闘争目標となったからである。ゲバ棒、ヘルメットという闘争スタイルが定着したのもこのころからだった。

彼らは関東や関西から大挙して佐世保へと向かった。現場から最も近い長崎大学をエンプラ闘争の前線基地にしようということは、当然のようにリーダーの誰もが考えていた。そのための受け皿的役割を果たすのが、学内に確固とした拠点を築いているとされる、反帝学評や中核派のはずだった。

ところが、彼らの前に立ちはだかったのが、自治会を握る安東や椛島たちの長崎大学学生協議会である。エンプラ闘争は安東たちにとっても、単なる学内問題から、左翼とのイデオロギー論争や政治闘争の次元にまで引っ張られる契機となった。

もはや問題は、単に、

「われわれは外部の学生に侵入され、大学をバリケード封鎖されることに対して否《ノン》なんだ」

という〝純学内問題〟として対抗するだけでは通用しなくなっていた。

いったいエンタープライズをどうとらえるのか、自治会としての見解を出さなければ、一般学生に対して説得力を失うことになった。そこでおのずからエンタープライズ入港賛成という立場からのイデオロギー構築をなさなければならなくなったのである。そのため、理論合宿や学習会を重ね、チラシや新聞を書く作業に没頭していくことになる。

三島由紀夫の『文化防衛論』や『反革命宣言』が登場する以前のことで、左翼と比べて民族派陣営はイデオローグも資料的なものも圧倒的に乏《とぼ》しかった。そんな中で、キャンパスに行けば、朝から晩までビラ配り、クラス討論、アジ演説と続き、四六時中、左翼学生との論争が待っていた。

文献等の膨大な情報量を持ち、理論武装に日々余念のない左翼に対抗し、それに対抗する理論を構築するというのは至難の業《わざ》であった。が、自治会としてのイデオロギー的見解を持たないということは、即《そく》敗北につながった。

それはまるで巨大な壁に立ち向かうことにも似た営為《えいい》だったが、彼らの努力は曲《ま》がりなりにも実を結んだ。一般学生の一定の支持も受け、自治会として、反日共系学生の学内侵入阻止に成功したのである。

その成功の原因は、大学当局も機動隊もいっさい介入せず、学生対学生の闘いとなったからにほかならなかった。学生協議会＝自治会は、大挙して押し寄せてきた反日共系学生と校門を間にはさんで対峙《たいじ》し、一歩も学内に足を踏みいれさせなかったのである。

椛島有三は、三派系全学連の書記長をつとめる高橋孝吉《たかはしこうきち》（早大）が長崎大学を目前にして入れない事態に、

「何だ、この大学は――」

と捨てゼリフを吐《は》いたのを、校門越しにはっきりと聞いたものだった。

学生闘士のヒーローとして、どこの大学に行っても歓迎を受け、肩で風を切って入れるはずの〝解放区〟が、長崎大学だけは勝手が違うので、思わずそんな言葉になったのであろう。

彼らにとって、長崎大学はエンプラ闘争における重要な動員兼出陣拠点と考えていただけに、そこに入れない痛手は大きかった。拠点を福岡市の九州大学に変更しなければならなくなったのである。九大は佐世保から片道約三時間の道のりだった。時間もさることながら、人的経済的な損失も大きく、不利な条件下での闘争を強いられることになった。

こうした戦果を踏まえて、昭和四十三（一九六八）年三月十九日には、福岡三和ビルにおいて、二十八大学、三自治会、四十五サークル代表三百人を結集して、「九州学協」（九州学生自治体連絡協議会）が発足している。委員長に就任したのは、安東巌であった。

《九州学協の大きな役割は、九州全体の自治会を正常化する事である。われわれは今年、佐大、大分大、鹿大、別府大の自治会進出をねらっている。そしてこの試みは、必ず勝利に終わるであろう。今や学生運動正常化の波は、九州の地から始まっているのである。やがて中国学協、四国学協、北海道学協、と続々とブロック学協が成立するであろう。そしてそのブロック学協が、合体して、全国学協が成立するであろう。その時こそが学生運動正常化の一つの到達点であり、スタートである。今われわれはその目標に向かって大きく羽ばたこうとしているのである》

と結成趣意書では述べている。

翻《ひるがえ》って一月十七日早朝、福岡市の九大教養部に集結した三派系全学連約八百人は国鉄で佐世保に入り、基地突入をめざし、平瀬橋付近、橋上で機動隊と衝突した。催涙《さいるい》ガスが発射され、基地突入をはかる学生の前進は橋上で阻《はば》まれた。二度目の激突はまもなく起こり、学生は投石用の石を集め、態勢を整えたが、機動隊にハサミうちにされ、衝突はすぐに終わった。学生は島瀬公園に再び合流、佐世保橋に向かうが、佐世保橋では一、二度押しあいをして後退。国鉄駅前で集会を開いたあと、夕方、福岡市の九大へ引きあげた。

エンタープライズが入港したのは、翌々十九日午後九時だったが、これより出港する二十三日まで、佐世保の街は一転して三派系全学連と機動隊の激しい衝突の場と化した。全学連の圧倒的な人《じん》海《かい》戦術、波状デモ、ゲバ棒攻勢に対して機動隊はガス弾、催涙剤入りの水を浴びせて対抗した。

## ●犬塚博英《いぬづかひろひで》が感じた左翼への違和感

こうしたエンプラ闘争の昂揚《こうよう》を、全学連の佐世保への出陣基地ともいえる福岡の地にあって、血湧き肉躍る思いで見つめていた一人の予備校生がいた。のちの民族派全学連準備委員長、全国学協中央書記局長の犬塚博英である。

佐世保へと向かう全学連の隊列を見やりながら、犬塚は、

〈よし、大学へ入ったらオレも必ず戦列に加わるぞ！〉

という熱い思いを胸にたぎらせていた。

一浪中だった犬塚はこのあとすぐに長崎大学へ入学するのだが、この時点ではむろん安東や椛島たちの学生協議会の存在など知るすべもなかった。ましてこのとき犬塚の胸を熱くさせていたのは、新左翼学生陣営への共感である。

犬塚は高校時代、生徒会長をつとめ、弁論部に入っていた。弁論部の指導教師が、社会主義協会・向坂逸郎《さきさかいつろう》門下の有名な日教組の闘士だった人物で、犬塚はこの教師から多大な影響を受けた。マルクスとエンゲルスの『共産党宣言』や『空想から科学へ』をむさぼり読んだのも、その教師から勧められたものだった。

もともと犬塚は子どものころから社会問題には強い関心を持っていた。それは福岡県飯塚市とい

う筑豊《ちくほう》の炭鉱地帯で生まれ育ったことが大いに影響している。

炭坑作業員を父に持つ犬塚にとって、〝死〟は子どものころからつねに身近にあった。昨日まで元気だった隣近所の見知った人が、炭鉱《やま》から遺体となって帰ってくる光景は、決して稀《まれ》なものではなかった。むしろその死者が父でなかったということのほうが僥倖《ぎょうこう》であったかも知れない。炭鉱での落盤やガス爆発といった事故は日常茶飯事的なものとしてあったのである。

そうした中を、父親が真っ黒になって仕事から帰ってくるのを見ると、犬塚は子ども心にも実感することがあった。言葉こそ後年獲得したものだが、それは、

〈人間が生活を営《いとな》むということは、自分の生命や肉体を切り売りするということなんだ〉

という思いである。

戦後の日本の最大のエネルギー源として、日本経済を牽引《けんいん》してきた炭鉱は、その一方で多くの矛盾を抱えていた。その矛盾が一気に噴出するのは、六〇年安保闘争と連動した形で起きた三井・三池争議である。

この年、犬塚は小学六年生であった。朝起きると、父親より先に新聞の政治面や社会面を読むような少年になっていた。読めない漢字や意味のわからない言葉も多かったが、安保闘争や三池争議に無関心ではいられなかった。知らず知らずのうちに社会問題、あるいは資本家や労働者という問題に関心を持たざるを得ないような環境で育ってきたせいであっただろう。

父親たちの姿を見て、

〈資本家というものは実に人間の命を粗末《そまつ》にするものだ〉

という実感があったのも確かである。

そうしたことが下地になり、高校に入ると向坂逸郎門下のバリバリの左翼教師との出会いがあり、浪人時代はエンプラ闘争の昂揚を間近で見つめ、それからまもない昭和四十三（一九六八）年四月、犬塚は長崎大学に入学したのである。

〈入学したら新左翼学生運動をやるんだ〉

という決意のもとに長崎大学の門をくぐった犬塚は、毎日山のように、左翼学生活動家たちからのビラを受けとることになった。

教室に入ると、授業はそっちのけにしてそのビラに赤線を引き、社会用語辞典を引いてはすべて読みこなしていった。誘われて、彼らの集会にもときどき出た。その主張はどれも胸をうつことが多かった。

だが、その中で一点、どうしても引っかかることがあった。天皇の問題である。彼らは天皇のことになると、悪《あ》しざまにののしるのがつねだった。それは論理的なものというより感情的なものだったから、犬塚には納得がいかなかった。というより、彼らの天皇罵倒《ばとう》論を心情的に受けいれることができなかった。犬塚の根っこの部分で、天皇に対する崇拝というものが抜きがたくあったからである。

犬塚のそうした心情は、母親の影響によるところが大きかった。母親が生長の家の信徒だったのである。生長の家の一番の教義には、天地万物《てんちばんぶつ》に感謝するということがあって、両親への感謝というのもその一つだった。炭鉱で真っ黒になって働く父の姿を見て育った犬塚にとって、それはストレートに受けいれられるものであった。

が、生長の家という宗教の特異性は、天地万物に感謝するということの中には、両親への感謝と同時に天皇への感謝も含まれることだった。

「天皇陛下、ありがとうございます」

と仏壇に拝《おが》むことを、子どもの時分から母によって日課とされたのである。

子ども心に両親への感謝は理解できても、天皇陛下への感謝というのはいまひとつわからなかった。が、そういう生活が習慣化する中で、無意識のうちに天皇崇拝が脳裏に刻《きざ》みこまれていったのである。

そのため、犬塚は大学へ入り、まっしぐらに左翼の学生運動に飛びこむつもりでいたにもかかわらず、天皇の問題がネックとなり、踏みこめずにいたのだった。

それともうひとつは、彼ら新左翼党派の学生連中の理論と実生活との間にギャップが感じられ、それがどうにもわりきれなかったことだ。

経済的に必ずしも恵まれなかった犬塚が大学に入学できたのは、炭鉱が閉山となり、離職した父親のわずかな年金によるものだった。犬塚は大学に奨学金を申請したとき、父親の年収が六十万円に満たないことを知って、いまさらながら驚いたものだ。

実際、犬塚の生まれ育った炭住の地域環境は、被差別部落などもあり、日本の貧困が一点に凝縮《ぎょうしゅく》されている感があった。とくに産業構造の転換にともない、石炭産業が斜陽化していく局面で、貧しさは際《きわ》だっていた。

そうした日本の底辺ともいえる貧しさを知っている犬塚にすれば、ふた言めには「労働者の解放」をいう左の学生連中の生活は、

〈こいつらは本当に貧乏ってものを知ってるのかな〉

と首をかしげざるを得ないものだった。

どうにも、彼らの生活のほうがよっぽど彼らの言葉でいう〝ブルジョア的〟なのだ。だから、彼らの理論は納得できても、その生活とのギャップにはひっかかるものがあった。

そんなわけで、大学入学以来、自ら進んで反帝学評や中核派などの集会や勉強会にも顔を出し、彼らからのオルグも受けた犬塚だったが、結局、党派の学生のほうが、

「あいつはムリだ」

といつかオルグをあきらめるようになっていた。

一方で、当然ながら右からのアプローチもあった。キャンパスで山ほど受けとるビラの中には、日光を浴びて二葉《ふたば》が芽ばえる絵をデザイン化して貼ってあるものがあった。生長の家のシンボルマークだった。それを見て、犬塚もすぐに、

〈ああ、彼らは生学連（生長の家学生会全国総連合）なんだ〉

と理解できた。

が、その程度の認識しかなかった。犬塚の入学したその年の四月に、ついに敗れたとはいえ、彼らはそれまで三期にわたって教養学部自治会を握っていたこと、その実績を踏まえて長崎大学学生協議会をつくり、さらに九州二十八大学を結集して九州学協にまで発展させたことなど知るよしもなかった。また、犬塚自身、その時点では知ろうとも思わなかった。

彼らから手渡されたビラを読んでも、

〈なんて粗雑な論理なんだ。新左翼とは雲泥《うんでい》の差だ。これじゃ、左に対抗できるわけないじゃないか。「学業に専念すべきだ」だって。何をいってるんだろ。いまこそ学生が社会や政治の矛盾に目を向けるべきじゃないか〉

という感想しか持てなかった。反発とまではいかなくても、彼らの組織には何ら魅力を感じなかったのだ。

そんな犬塚が彼らと初めて接触する機会ができたのは、夏休みが明けてまもなくのことだった。

たまたま大学キャンパスを歩いているとき、学生協議会の学生が反帝学評の連中から袋だたきにあっている現場を目撃してしまったのである。相手は十数名なのに、一方は二、三名という人数だった。学生協議会のほうが多勢に無勢でやられっぱなしであった。ビラを配っているところを捕まったものらしい。

そんな場面で、犬塚は見て見ぬふりをして通りすぎることのできない性分だった。高校時代から空手を始め、大学でも空手部に入って続けていただけに、腕に覚えもあった。義《ぎ》を見てせざるは勇《ゆう》なきなりというヤツである。

「おまえら、やめろ」

と止めに入っていた。

「お、何だ、てめえは」

止めに入ったつもりが、いつのまにか犬塚が喧嘩《けんか》の当事者にされてしまっていた。

それ以来、学内で顔を見るたび、反帝学評や中核派の連中は、犬塚を、「右翼だ」「右翼だ」というようになっていた。

〝右翼〟攻撃は犬塚にとって意外だった。左の活動をしようと模索していたのが、右翼と規定され、犬塚には何が何だかわからなかった。

〈よし、そんなならその右翼になってやろう〉

と犬塚はある種、開き直りのような気持から右翼に関心を持ち、安東、椛島たちの学生協議会の運動に加わるようになっていく。

犬塚の右翼活動家としてのデビュー戦は、その年（昭和四十三年）十二月八日のことだった。反帝学評はその日——十二月八日に、「学館を占拠し、管理運営をする」ことを公然と宣言していた。これに対し、長大学協は同日、学館前にて不法占拠反対集会を開催、そのあとで反帝学評の占拠粉砕のピケを張ることになった。

この集会に喜び勇んで参加、反帝学評を迎え撃つべく、ピケの最先頭に陣どったのが、犬塚である。

犬塚にすれば、学館前の芝生を空手部の稽古でよく使っており、学館もよく利用していたから、学館問題は他人事ではなかった。おまけに反帝学評とは夏休み直後の喧嘩の因縁《いんねん》もあった。

〈あいつらに学館を好きなようにされてたまるか〉

と犬塚は連中の到来をいまや遅しと待ち構えた。待ち構える学協の学生は約二百人だった。犬塚はのちに知ることになったが、このときのメンバーは犬塚のような一般学生はほとんど稀で、主に九州学協に加盟する他の大学から動員されてきた外人部隊で構成されていた。

「来たぞ！」の叫び声があがったのは、午後四時ごろだった。棒を横木にして固くスクラムを組んだ反帝学評約百五十人のヘルメット部隊が前面に躍り出たのだ。

「スクラム組め！　腰おとせ！」

の指令が飛ぶ。

その瞬間、ガーンとぶつかり、激しいもみあい、押しあいとなった。ヘルメットが飛び、棒が飛んだ。学協は全力を傾けて押し返した。

反帝学評はいったん退却、学協はその間、急いで隊列を立て直し、反帝の再度の襲撃に備えた。二度目のぶつかりあいは、前にも増して激しい乱闘が展開された。メガネが飛び、血が吹きだした。犬塚の日ごろ鍛えた鉄拳《てつけん》がヘルメットの上から炸裂《さくれつ》すると、相手は吹っ飛んだ。

再度、学協が押し返し、それが三度、四度と繰《く》り返されるたびに激しさを増した。消火器、ゲバ棒まで持ちだされる。だが、学協のピケは最後まで破れなかった。

ほとんどが学協メンバーという中にあって、数少ない一般学生の一人ともいうべき犬塚のこのときの活躍は、学協幹部たちの目を引くところとなった。安東と椛島が犬塚に熱い共感の目を向けて、手をさしのべてきた。

この日が犬塚の民族派としての記念すべきスタートとなったのである。

その後も学館をめぐっての攻防戦は繰り返され、反帝学評に学館が再占拠されると、「学生会館を反帝学評から取り戻す会」が結成され、その委員長に任じられたのが犬塚であった。あとはもう活動家としての道をまっしぐらだった。

## ●全国に広がった長崎大学学生協議会の活動方法

犬塚にとって安東巌、椛島有三というよき先輩、指導者を得たことは、天の配剤といってよかったかも知れない。その活動家としての鍛えられかたが半端《はんぱ》なものではなかった。

そのうえ長崎大学の場合、反帝学評や中核派といった新左翼党派との間で、絶《た》えず自治会奪権闘争を繰り返しており、いわば毎日が実践の日々であったから、意識や理論においても、運動面でも、いやでも先鋭化していった。

すでに犬塚が学館前でのピケ闘争に参加する二カ月前には、安東たちは『学協運営の手引き』というマニュアルを完成させていた。

週刊誌大の八十ページほどの小冊子で、そこには、核となる人間の養成→拠点サークルの結成・強化→拠点サークルの糾合→学協の組織化→自治会アタック→自治会奪権→奪権後の運営までの目的と方法が事細《ことこま》かに書かれていた。サークルのつくりかた、オルグや資金確保のしかた、活動家として読まなければならない最低必須文献の紹介、あるいはビラの切りかたから看板のつくりかたまで盛りこまれていた。

犬塚自身、昭和四十四（一九六九）年九月には、教養部自治会選挙に立候補し、約一カ月の選挙期間中、七十種類のビラをつくっている。一種類を一千枚単位で配ったのである。タイプで打った

『自治会奪権への道』というタイトルのビラだった。

一種類につき、四百字詰め原稿用紙で五、六枚にはなったから、全部で四百枚前後、優に一冊の本になる分量であった。そのまま印刷して冒頭と末尾の部分を変えれば、自治会選挙立候補のための手引きとしてどこの大学でも使えることになった。

選挙にこそ敗れたとはいえ、そうした長大学協のやりかたは、個々の活動家を鍛え、その能力を大いに伸ばしていくものだった。

たとえば、理論合宿や何かの集会のときでも、必ず新人をその会の実行委員長に任命し、すべての権限を与えるようにした。そうすると、費用から時間の割りふり、規律の問題まで、責任者としてすべて対応しなければならないわけで、その新人の活動家としての確実なパワーアップにつながった。

オルグのやりかたも徹底していた。学生の下宿先や自宅を軒並《のきな》みあたり、およそ一学年千人くらいの人間をほとんどすべて個別訪問するというやりかたである。その中から多少でも関心を示した学生をリストアップして、幹部が再度アプローチをかけた。長大学協の最盛期には、約二百人の活動家を擁《よう》し、教養、経済学部の二自治会を制し、七つか八つのサークルを持つに至った。

彼らはそれを左翼にならって〝生産点〟といったが、そうした大躍進は、活動家を見いだす場所＝生産点に力を入れた結果だった。

とくにリーダーとしての安東巌の厳しさは、他に類を見ないものだった。たとえば予定された集会のために百人集めると決意表明したうえで集められなかった人間は、容赦なく自己批判を強いられたし、ほかの同志たちからも厳しい問責を受けることになった。目標というのは必ず達成できるものを目標といい、予定というのは必ず実現されるものをいうのだ——という考えが徹底していたのである。

だから、のちに全国学協の中央執行委員として、東京で専念して活動するようになったとき、犬塚には、

〈何だ、こりゃ。みんなバカみたいなことやってるな。ずいぶん景気のいい話はするけれど、全然実体がともなってないじゃないか。生産点は持ってないし、こんなのは現実に運動っていえないな〉

と東京の活動家の甘さが目についてならなかった。

ともあれ、こうした長大学協方式による学生協議会運動は、着実に全国に広がりを見せていった。

昭和四十三（一九六八）年三月十九日に九州学協（九州学生自治体連絡協議会）ができると、またたくまに全国八ブロックに波及、ブロック学協を構築するに至った。

五月十九日、中国学協（武田《たけだ》正之《まさゆき》委員長＝広商大）、十月二十七日、関西学協（磯橋実委員長＝近

大）、十一月二日、東北学協（山本照夫《やまもとてるお》委員長＝東北大）、十一月二十三日、東海学協（桑原良樹《くわはらよしき》委員長＝岐阜大）、十二月一日、都学協（荒俣芳樹《あらまたよしき》委員長＝國學院大）、関東学協（伊藤邦典《いとうくにのり》委員長＝神奈川大）、十二月八日、道学協（吉田良二《よしだりょうじ》委員長＝北大）、十二月二十九日、四国学協（山崎文靖《やまさきふみやす》委員長＝徳島大）――と同年中に九ブロックの組織化に成功したのである。いよいよ〝U（ユニバーシティ）学協―B（ブロック）学協―Z（全国）学協〟構想の完成も間近であった。

このような全国的な学協の組織化が可能になったのは、全国学園に拠点を持つ生学連のサークルを中心に組織づくりが進んだからにほかならない。また昭和四十三年七月に訣別したとはいえ、それまでの日学同との提携が功を奏した結果ともいえよう。

日学同と学協とを結びつけたのは生学連書記長の鈴木邦男だったが、ともに早大紛争を闘って鈴木と盟友関係にあった日学同委員長・斉藤英俊との結びつきによるものだった。鈴木は斉藤とともに昭和四十二年九月に長崎大学を訪れ、安東と椛島（ともに生学連）に斉藤を引きあわせている。以来、両者の協力関係が生まれたのである。

皮肉にも、この日学同・斉藤との関係がのちに鈴木邦男を全国学協委員長の座から失脚させる遠因ともなるのだが、学協運動に賭けた鈴木の情熱と献身は、決して安東や椛島たちに勝るとも劣らなかった。

## ●全国学協（全国学生自治体連絡協議会）の結成

かくて昭和四十四（一九六九）年五月四日、九つのブロック学協を結集して、全国学協（全国学生自治体連絡協議会）が結成された。

その結成大会は、東京・九段会館において約千八百人を結集して行なわれた。委員長に選ばれたのは鈴木邦男であった。

大会は関東学協委員長の伊藤邦典の開会宣言によって幕を開け、国歌斉唱のあとで、大会実行委員長の井脇《いわき》ノブ子《こ》が、

「ポツダム体制の抑圧下から立ちあがったわれわれの運動は貴重なものである。現在、まだこの全国学協は小さいかも知れない。しかし必ずや、われわれの意気と情熱が大きく飛躍させるであろう。全国の同志の連帯のもとに力一杯前進しよう」

とあいさつした。続いて、全国学協副委員長の吉村和裕《よしむらかずひろ》が、趣意書・宣言・綱領朗読を行なったあとで、役員の選出と承認がなされた。

委員長　鈴木邦男（早大三年）
副委員長　井脇ノブ子（拓大院二年）

副委員長　　吉村和裕（関西大四年）
書記長　　　安東　巌（長崎大四年）
書記次長　　松村賢治《まつむらけんじ》（早大三年）
中央執行委員
道学協　　吉田良二（北大四年）
東北学協　山本照夫（東北大三年）
都学協　　坂本直規《さかもとなおき》（早大二年）
関東学協　伊藤邦典（神奈川大三年）
東海学協　白橋幸男《しらはしゆきお》（岐阜大三年）
関西学協　磯橋　実（近大三年）
中国学協　武田正之（広商大三年）
四国学協　山崎文靖（徳島大四年）
九州学協　椛島有三（長崎大四年）

続いて、基調報告に立った委員長の鈴木邦男は、

「われわれの学協方式による学園正常化運動の成果は、非常に大きなものがある。すなわち各生産

点（＝大学）において、左翼言論統制下にある屈辱的な現状を打破して、現在、全国で十二校の自治会の掌握に成功している。広島では、いわゆる『県学連』なるものも成立しているのである。われわれにとって『民族派全学連』の結成も夢ではない」

と述べた。

全国学協の基調方針は、「日本文化防衛、反ヤルタ、反ポツダム、反革命」であり、①「民青、全共闘打倒」②「日教組打倒」③「占領憲法打倒」④「脱安保、自主防衛」⑤「核防粉砕、真正独立」⑥「北方領土奪還」⑦「超近代化、文化防衛」を七つの課題とした。

こうした全国学協の結成、あるいはそれ以前に早大紛争から生まれた日学同といった民族派学生運動の潮流に対して、「理論的にも組織的にも新左翼に対抗し得る勢力」として、〝新右翼〟と命名したのは、評論家の猪野健治《いのけんじ》であった。

全国学協はさらに十一月一日、京都市中京区・京都市商工会議所において、全国大会を開き、民族派による「全学連（全国学生自治会総連合）準備会」を発足させるに至った。結成後半年の間に、七大学八自治会を奪権、総計二十自治会を掌握するに至った成果を踏まえてのものだった。

この民族派全学連準備会の委員長に選出されたのが、犬塚博英であった。

犬塚は基調報告で、ヤルタ・ポツダム体制打破をめざす中での自治会奪権の意義を再確認し、「四十五年五月四日の全国学協一周年大会において、五十自治会、一万人を結集して民族派全学連を正式に発足させる」

とぶちあげた。

だが、そのころから民族派陣営でのヘゲモニー争いともいうべき、日学同との確執《かくしつ》が日増しに強まり、翌年五月四日に予定されていた民族派全学連の結成は、時期尚早《しょうそう》として見送られることになったのである。

## 四　三島《みしま》由紀夫《ゆきお》と楯《たて》の会《かい》

### ●「みんなでこの血を飲みほそう」

昭和四十三（一九六八）年二月二十六日夕刻、東京・銀座八丁目の小鍛冶《こかじ》ビル六階にある『論争ジャーナル』事務所では、十一人の男たちが血盟の儀式にのぞんでいた。

メンバーの中で一番の年長者にあたる四十三歳の〝先生〟が、先に、

《我々ハ皇国ノ礎《いしずえ》ニナランコトヲココニ誓フ》

と墨で書いた巻紙に、全員が血で署名し、血判を押そうということになったのである。

とはいっても、そこにさほど厳粛な重々しい空気があったわけではなかった。誰もが真剣ではあったが、大半が学生であり、血盟の意味をもうひとつ深刻にはとらえきれなかったのだ。服装も、学生服あり、ジャンパー姿ありとマチマチであった。

各自が安全カミソリで小指を縦に切り、丸い湯飲み茶碗に血を滴《したた》らせる段になっても、まだ誰彼となく笑《え》みがあった。ある者など、深く切りすぎてしまい、絆創膏《ばんそうこう》が必要となって、仲間の失笑を

買ったほどだった。

血が茶碗の半ば近くまでたまったとき、〝先生〟が最初に毛筆をとった。冬だというのに、その男は半袖のポロシャツ一枚で、筋骨隆々《りゆうりゆう》とした肉体をくっきりと浮かびあがらせていた。

と、そのとき誰かが男に訊ねた。

「先生は三島《みしま》と書きますか、平岡《ひらおか》と書きますか?」

いわれて、男はちょっと考えていたが、「どちらでもいいよ」と応えた。

が、「先生、ここはやはり本名で書いてください」という声があがり、それに全員が賛同したこともあって、ただちに《平岡公威《きみたけ》》と署名した。

男は、三島由紀夫、その人であった。

三島のあとに署名は次々と続いた。中辻和彦《なかつじかずひこ》、萬代洌嗣《ばんだいきよし》(万代潔)、持丸博、渡辺規矩郎《わたなべきくろう》、中辻正之《まさゆき》、中辻正《ただし》、伊藤好雄、宮沢徹甫、阿部勉《あべつとむ》、平山芳信——の十一人である。

三島以外は、中辻和彦(正之と正は実弟)と万代潔がともに二十八歳で、『論争ジャーナル』の編集長と副編集長、あとは早大、一橋大、日大などの学生がほとんどだった。

血書が終わると、三島は、

「血書しても紙は吹けば飛ぶようなものだ。しかし、ここで約束したことは永遠に生きる。みんなでこの血を飲みほそう」

といい、自ら血の入った茶碗を口に持っていこうとしたが、ふと思いとどまり、

「誰かこの中で病気持っているヤツはいないだろうな」

といったので、一同からドッと笑いが起こった。

結局、消毒のために食塩を入れることになって、食塩入りの血を全員がまわし飲んだ。

いずれの歯も真っ赤に染まったのを見て、三島は、「ドラキュラのような面相になってしまったな」といって豪快に笑った。それは誰にも馴染みの高笑いだった。

## ●三島由紀夫を魅《ひ》きつけた『論争ジャーナル』

一同は、三月一日から約一カ月間にわたる御殿場《ごてんば》の富士学校滝ヶ原駐屯地の教導連隊での長期自衛隊体験入隊を目前に控えて、意気盛んであった。

三島自身はすでに前年の昭和四十二（一九六七）年四月十一日から五月二十七日までの四十五日間、単独で久留米陸上自衛隊幹部候補生学校、富士学校教導連隊、習志野空挺団《ならしのくうていだん》に初の体験入隊をすませていたが、学生を引き連れての入隊は今度が初めてであった。それは三島と『論争ジャーナル』グループとの間で、それまで何度も練られてきた民兵組織――「祖国防衛隊」構想へ向けての最初の具現化であり、ステップとなるものであった。

この富士学校滝ヶ原駐屯地での第一回体験入隊に参加した、名もない〝三島小隊〟二十五人が

「楯の会」第一期生となるのである。

三島と『論争ジャーナル』グループとの出会いは、これより約一年少し前、昭和四十一（一九六六）年の暮れにまで遡《さかのぼ》る。

三島は自宅に一人の青年の来訪を受けた。万代潔であった。それが三島にとって運命的といっていい出会いとなるのだが、三島はのちにこう書いた。

「忘れもしない、それは昭和四十一年十二月十九日の、冬の雨の暗い午後のことである。林房雄氏の紹介で、『論争ジャーナル』編集部の萬代（万代）氏が訪ねて来た。私はこの初対面の青年が訥々《とつとつ》と語る言葉をきいた。一群の青年たちが、いかなる党派にも属さず、純粋な意気で、日本の歪《ゆが》みを正さうと思ひ立つて、固く団結を誓ひ、苦労を重ねて来た物語をきくうちに、私の中に、はじめて妙な虫が動いてきた。青年の内面に感動することなどありえようのない私が、いつのまにか感動してゐたのである。私は萬代氏の話におどろく以上に、そんな自分におどろいた」

「青年について」と題するこの小論（『論争ジャーナル』昭和四十二年十月号）が、三島の感動をあますところなく伝えている。

これ以後、三島は『論争ジャーナル』への物心両面での協力を惜しまず、同誌のために多忙の身を座談会の時間にさき、無償で原稿を書いた。それほど万代を通して『論争ジャーナル』の青年たちに心うたれるものがあったのである。

『論争ジャーナル』は、万代が三島邸を訪ねた時期と相前後して創刊号（昭和四十二年一月号）が発刊されている。

その中心を担った中辻和彦と万代潔の二人は、ともに明治学院大学のOBで、その思想的系譜は戦前の皇国史観のイデオローグ・平泉澄《ひらいずみきよし》につらなった。中辻和彦は大阪・堺《さかい》の出身で、父親の捨《すて》次郎《じろう》は日本教師会副会長をつとめる高校教師で、平泉澄門下であった。その父親を師として育った和彦は、いわば平泉澄の孫弟子にあたった。

中辻と万代は明治学院大学在学中から、民族派雑誌刊行の夢を持っていた。昭和三十八（一九六三）年に同大を卒業し、いったんは社会に出てもその夢は捨てきれず、二人はまず資金集めから始めることにした。

といっても、会社勤めをしていたのでは社会のメカニズムの中に埋没し、志が薄れてしまう危険性があった。さりとて事業を始める金もなかった。

そこで二人がとりくんだのは、資本金のいらない牛フン運搬という仕事だった。学友の園芸部員のヒントである。町田市など東京周辺の牧場から牛フンを集め、三万五千円で購入した一台のオンボロ・オート三輪で、バラ愛好家の邸宅をかけまわって注文をとっては売りつけて歩いた。

そのあいまを縫って、二人は手ごろな編集室捜しにやっきになり、東京・雑司《ぞうし》が谷《や》の大通りに面したビルの四階、わずか三十平方メートル足らずの狭い部屋を借りることができた。もとは物置だった部屋で、人の住むところではなかったから、家賃も安かった（のちに銀座に移転した）。

昭和四十一（一九六六）年秋になると、資金も百数十万円ほどたまり、五人の仲間も集まってきた。人脈的には、同じ平泉学派の流れをくむ文部省の教科書調査官の村尾次郎《むらおじろう》や皇学館大学教授の田中卓《たなかたかし》といった人物が、陰《いん》に陽《よう》に彼らを応援。そこから人脈をたどって、中辻たちは三島由紀夫、石原慎太郎《いしはらしんたろう》、林房雄、村松剛《むらまつたけし》、斎藤忠《さいとうただし》といった、いわゆる論壇で右に位置する作家や学者、評論家などの文化人を訪ね歩き、誌面に登場してもらう確約をとったのである。

中辻らにすれば、この政論雑誌を平泉色で埋めたくはなかった。もっといえば、雑誌を通した新しい民族派運動の拠点づくりを考えていた。

かくて同年暮れ、「勇気あるものにのみ真実は語りかける」をキャッチフレーズに、「日本人の目で見て、日本人の心情で日本を考える」ことを主張する『論争ジャーナル』が創刊されたのである。

定価は百円、発行部数一万部からの出発だったが、まもなく春ごろには倍増の二万部を突破した。

創刊号には、ジャパンタイムス論説委員長の斎藤忠の司会、東京外語大講師、曾村保信《そむらやすのぶ》、評論家の村松嘉津《むらまつかつ》、立教大助教授・村松剛、東京大教授・宇野精一《うのせいいち》の出席による「世界の中の日本」と題した座談会、あるいは「新しい世代の目」と題する高校教諭や大学生数人による座談会があり、他に「平和を支える柱」「民主主義と平等主義」「歴史と人間性」といったテーマの論文が並んでいる。

「一つの奇蹟をつくりあげることは、現代においては不可能かもしれません。しかし、不可能も可能に転化させる喜びを味わうことすら私共は考えてはいない。ということは、それだけ戦後派と称される若者の苦悩が大きいといえる。だからこそ可能不可能と判断を越えた悲壮感の上に論争ジャーナルの出発点がある。（中略）

戦前戦中派の諸先輩が、あらゆる角度から現代の若者の苦悩を分析し解明し、定義づけしても、それは表面的なものであってわれわれ戦後派世代にとって決して納得いくものではない。結局われわれ戦後派は体験を通した自らの手であらゆるものを解明していく以外に道はないでしょう。この意味に於《お》いて論争ジャーナルを創刊致した。

新しい時代を創造するには新しいヴィジョンが必要とされる。今後本誌を通じて大論争の渦を巻き起《おこ》していただきたい」

と編集後記にあるように、以後、有名無名を問わず、多くの執筆者が同誌に登場し、ときには大学生の百枚近い論文が巻頭を飾ることもあったほどで、それぞれが熱い論争を繰り広げていく。

また単に投稿や論文掲載という関わりあいにとどまらず、この『論争ジャーナル』編集部には、日学同をはじめとする大勢の民族派学生たちが出入りするようになる。

## ●民兵組織を作る

こうした民族派学生と『論争ジャーナル』との結びつきは、当時の日学同書記局長で、『日本学生新聞』の編集長である早大生・持丸博を通して生まれたものであった。

持丸は昭和十八（一九四三）年、水戸に生まれ、水戸一高在学中に、日本史の教諭で平泉澄門下の名越時正《なごやときまさ》と出会い、名越の主宰する塾に通うようになって、平泉学派の熱心な弟子となった。中辻和彦同様、平泉澄の孫弟子にあたり、いわば二人は平泉学派の兄弟弟子ということにもなって、ここから自然に持丸と『論争ジャーナル』との縁ができたのだった。

そうした持丸のつてで伊藤好雄、阿部勉、宮沢徹甫といった日学同早大支部で日本文化研究会のメンバーや、日学同一橋大支部の平山芳信などが、『論争ジャーナル』編集部に出入りするようになったのである。この『論争ジャーナル』グループがのちにそのまま楯の会の中枢メンバーとなっていく。

持丸博が初めて三島のもとを訪ねたのは、昭和四十二（一九六七）年一月のことだった。

このとき、日学同の情宣担当の中央執行委員だった持丸は、翌二月に創刊予定の日学同の機関紙『日本学生新聞』への寄稿を三島に依頼している。

それが「本当の青年の声を」という原稿となって実現するのだが、この理論家肌の持丸と三島とはことのほか意気投合する。持丸は三島から全幅の信頼を受け、のちに楯の会の初代学生長となった。

こうして同年一月ごろから、三島と中辻、万代、持丸を中心とする『論争ジャーナル』グループの青年たちとの急接近が開始され、憂国の志を同じくする者としての交流が深まっていく。

そのため、持丸及び持丸の主宰する早大日本文化研究会の学生たちはしだいに日学同から離れていくことになった。同じ日学同支部である早大国防部とは背中を向けあうようになり、日文研（日本文化研究会）の伊藤好雄、宮沢徹甫、阿部勉らは日学同から楯の会に移った。

また持丸の離れたあとの日文研は阿部勉や倉持清《くらもちきよし》らが継ぎ、尚史会《しょうしかい》と改名し（日文研は日学同系のサークルとして存続）、日学同とは関係のない組織となった。この尚史会のメンバーがそのまま楯の会の中枢となり、さながら尚史会は楯の会早大支部的なサークルとなるのである。

とくに持丸は学生の身ではありながら、その後、『論争ジャーナル』の副編集長となって、同誌に専念し、なおかつ三島の片腕的存在としてその民兵組織創設構想の一翼を担っていくことから、昭和四十三（一九六八）年に入ると、日学同からは完全に身を引くようになっていた。

その民兵組織構想の具体的な第一歩となるべき三島小隊の一回目の自衛隊体験入隊が、昭和四十三年三月一日から約一カ月間の予定で行なわれることが決まったとき、三島、持丸ともに期するところは大《だい》であった。その目的は、有事の際に百人を指揮できる民間将校の養成にあった。それが三十人集まれば三千人の兵を指揮できるわけで、最終的な目標は一万人の民兵を組織しうる中核体をつくることにあった。

だが、ちょっとした誤算が生じた。この三島小隊の自衛隊体験入隊予定者は、『論争ジャーナル』グループを中心に持丸が集めた学生だったが、中央大学のグループが直前に不参加を申し出てきたのだ。大学のストライキが突然解決し、試験になったためだった。

何人かの欠員が生じることになり、そこで急遽《きゅうきょ》、持丸から斉藤英俊を通して日学同に応援を求める話が持ちこまれた。日学同から離れ、結果的には日学同早大支部の日本文化研究会のメンバー数名をも三島小隊——のちの楯の会に引きこむ形になった持丸にすれば、日学同に応援を頼める義理ではなかったが、すでに時間がなかった。

結局、日学同がその依頼を引き受け、早大国防部から五人の部員を送りこんだのも、日学同なりの思惑があったからである。

その欠員補充メンバーの一人になった森田必勝が二月某日（二十五日ごろと思われる）の日学同ノートにこう書いた。

「東京から電話が掛《かか》ってきて、三月一日からの『三島小隊』の体験入隊に一カ月参加しろとのこと。自分はスキーで骨折して静養中だし、第一、一カ月間も入隊していたら肝腎の新人募集がだめになるといって、日学同からは参加しないと言ったばかりではないかと言った。

三島さんとは路線上のことで、とくに民間防衛隊の構想については日学同が批判的だから、加わっても仕方がないといったが、何か予定の二十五人のうち中央大学のグループが突然ぬけて五人の欠員がどうしても埋まらないらしく、日学同へM氏から応援を求めてきたという。

結局、山本（之聞）、石津《いしづ》（恭輔《きょうすけ》）、大石（晃嗣）、武井《たけい》（宗行《むねゆき》）とぼくが選抜されたのはそういう経過。この期間に三島さんと親しくなって日学同との誤解もときたいという要請なので、仕方なく一週間遅れで参加することにした。とんだ穴埋めになったものだ、と返事をしながら思った」

森田が書くように、この時期、三島と日学同の関係は必ずしもよくはなく、精神的な溝《みぞ》ができていたのも確かである。それはひとつには、急進主義的な色彩の強い民間防衛隊創設を構想する三島と、あくまで学園に根を張った大衆運動を志向する日学同との路線の違いからくるものだった。

それまではというと、昭和四十二（一九六七）年六月早大国防部が初めて自衛隊（北海道北恵庭駐屯地）体験入隊ができたのも三島の仲介があったからだし、三島自身、早大国防部のメンバーをホテルのプールに招いて一緒に水泳を楽しんだりする、いい関係が続いていた。

「オレが早大の国防部にコミットしていることを石原（慎太郎）は知らないんだよ」

といって三島は高笑いすることもあり、心から早大国防部＝日学同との交流を楽しんでいる風情《ふぜい》があった。

## ●自衛隊に体験入隊

だが、三島と持丸とが急速に接近し、持丸が日学同から離れるようになったのと軌《き》を一《いつ》にして、日学同との路線の違いも明確になり、三島と日学同との間に距離が生じ始めていた。

その距離を埋め、誤解をとくためにも、三島小隊の自衛隊体験入隊への参加はちょうどいい機会であった。そこで格好の〝日学同特使〟として派遣されたのが、森田必勝であった。

「なあに、大丈夫ですよ。僕に任せてください」

森田は誰からも愛された独特の人懐《ひとなつ》っこい笑顔を見せ、勇《いさ》んで富士学校へ赴いた。

森田にとってこの体験入隊が、三島由紀夫という人間にとことん惚《ほ》れこむきっかけとなり、そのため、のちには日学同と袂《たもと》を分かち、最後は三島と死までともにする運命の分かれ目になるとは、森田自身、夢にも思わなかったに違いない。

もう一人、森田同様、直前になって生じた欠員のために、急遽、この富士学校滝ヶ原駐屯地での自衛隊体験入隊へ駆りだされ、その結果、楯の会一期生となり、のちに重要な役どころを演じることになる男がいた。

神奈川大学一年の伊藤邦典であった。

三島由紀夫が市ヶ谷台上に決起したとき、行動をともにした楯の会会員は、森田必勝学生長以下、四人だったが、そのうちの古賀浩靖《こがひろやす》（189ページの写真）、小賀正義《こがまさよし》（同）という二人の神奈川大生を、楯の会に引っ張ったのが、この伊藤である。

伊藤は昭和二十三（一九四八）年、秋田市の生まれ。両親が生長の家の信徒で、とくに父親が生長の家本部講師という立場だったこともあって、同じく母親を信徒に持ち、小学生の一時期、秋田市に住んでいた鈴木邦男とは家族ぐるみの交流があった。

昭和四十二（一九六七）年四月、高校卒業後、神奈川大学に入学した伊藤は、同時に東京・赤坂の生長の家学生道場に入った。そのとき、学生道場の自治会委員長をつとめ、ボス的存在だったのが鈴木邦男である。

すでに前年、早学連（早稲田大学学生連盟）議長として早大紛争を闘い、さらに同年五月に結成された生学連（生長の家学生会全国総連合）の書記長に就任し、バリバリの民族派学生活動家として活躍していた鈴木は、当然のように、新入生の伊藤に対して、

「おまえも神奈川大学に生学連の拠点をつくれ」

とハッパをかけた。

そんな矢先、伊藤は東京・原宿の生長の家本部で、同じ神奈川大の一年先輩にあたる古賀浩靖に会った。のちに森田必勝を介錯《かいしやく》するこの男は、北海道札幌市出身で、やはり伊藤同様、父親が生長の家本部講師をつとめていた。

二人は百年の知己に出会ったように、生学連のサークルが存在しない大学の実状への不満をいい、

「大学でまずサークルをつくりましょう。同志を集めることから始めようじゃないですか」

と互いに共通の志を述べあった。

そして二人でつくったサークルが「日本文化研究会」であった。つくってまもなくすると、小賀正義が飛びこんできた。小賀は和歌山の出身で、やはり生長の家信徒の子弟、伊藤と同じ一年生だった。やがてこの三人が核となって神大学協（神奈川大学学生協議会）ができ、のちの関東学協（関東学生自治体連絡協議会）の中核をなすのである。

伊藤が楯の会一期生となるきっかけは、大学二年を目前にした春休みのことだった。あと二、三日もすれば三月というとき、伊藤は突然、持丸博から三島小隊による自衛隊体験入隊への参加を打診される。当初、予定された参加人員に欠員ができたための補充要員だった。

持丸と伊藤が知りあったのは鈴木の紹介によるもので、持丸はよく鈴木を訪ねて乃木坂の生長の家学生道場に遊びに来ていたことによる。持丸と鈴木は同じ昭和十八（一九四三）年生まれで、早学連時代からの同志として気心《きごころ》も知れ、いいつきあいをしていたのだ。

持丸は初対面から伊藤の人物を気に入り、三島由紀夫とともに進めていた第一回自衛隊体験入隊の予定人員に欠員が出たときも、真っ先に伊藤に白羽の矢をたてたのだった。

一方、伊藤は突然の話に面くらったのは確かである。

〈あんな有名な作家が、どうして学生と一緒に自衛隊で体験入隊なんかやるんだろう？〉

というような考えしか浮かんでこなかった。

だが、すぐに持ち前の好奇心がムラムラと頭をもたげてきて、伊藤は滝ヶ原駐屯地行きを決意する。そればかりか、体験入隊によって大いに三島小隊に賛同した伊藤は、のちに古賀浩靖、小賀正義まで誘い、二人を楯の会二期生にしてしまうのである。

## ●失望と軌道修正

三月一日、いよいよ御殿場の滝ヶ原駐屯地へ出発の日、待ちあわせ場所である、小田急線改札口から近い新宿駅西口地下街で、山本之聞は初めて三島由紀夫に会った。

約束の時間を厳守することで知られる三島は、柱にもたれて煙草《たばこ》をすいながら学生たちを待っていた。そのうちに続々と学生が到着し、それぞれ三島に自己紹介とあいさつをした。

山本もいささか緊張しながら、

「早稲田の山本です」

とあいさつすると、三島は、

「ああ、そうかい、よろしく頼むよ」

と応え、にこやかに笑った。

三島に対して、それまで写真でのきついイメージしかなかった山本は、

〈きさくな、ざっくばらんな人なんだな〉

との第一印象を持った。

御殿場・富士学校滝ヶ原駐屯地の教導連隊での訓練の基本は走ることだった。朝八時から午後五時までの訓練は、走ることから始まり、走ることに終わるといっても過言ではなかった。朝六時の起床ラッパで起き、隊列を組んで点呼を受けると、すぐに走り、朝食後、また走るのだ。

ときには非常呼集《こしゅう》がかかり、深夜に走らされることもあった。深夜三時ごろに非常ラッパが鳴り、寝ぼけたままに走るのだが、たいした距離ではないだろうと思っていると、一時間走り通しだったりした。そのうえ、富士の裾《すそ》野の原野は砂地だったから、ただでさえ重い半長靴は、走るそばから砂地にめりこんで、よけい走りにくかった。

結局、この走ることのつらさに耐え得れば、四十キロ行軍でも、匍匐《ほふく》訓練でも、たいていの訓練には耐えることができたのである。

初日の体力測定で、二十五人の学生中、総合で二番手か三番手の成績を残した山本之聞も、さすがに途中でホトホトまいっていた。

毎日、天気のいい日が続いて、目前に迫ってくるような富士山を仰《あお》ぎ見ながら、肉体訓練に明け

暮れていると、

〈何でオレ、こんなことをやっているのかなあ〉

と思わずにはいられなかった。

ましてたいていの学生にとっては、楽しいはずの春休みであった。

山本は走る途中、つらさのあまり、何度やめてしまおうと考えたかわからない。だが、それでも走り続けたのは、集団の先頭のほうで後ろ姿が見え隠れする三島由紀夫のせいである。

〈われわれより二十歳も年上のあの人が耐えている。ここでオレが落伍したら、あとで何いわれるかわからない。あの人が走り続けている限り、やめるわけにはいかない〉

学生たちにとって三島の頑張りは驚異だった。彼らより二まわりも上の四十三歳の三島が、学生とまったく同じ訓練を受けているのである。その三島より先に落伍するのは、恥といわねばならなかった。

知らず知らずのうちに学生たちは、三島をひとつの目安にして頑張るようになっていたのである。

〈三島さんがやめたら、オレも休もう〉

と三島の走る後ろ姿を見ながら、内心で考えていたのは、山本だけではなかった。

だが、むろん三島は最後まで休まず、先頭に立って学生を引っ張った。それによって、なんとか持ちこたえることができた学生も多かったのである。

逆に、学生たちの意外な体力のなさに内心で失望していたのは、三島だった。三島は、この第一回体験入隊の期間中、学生長に任じた持丸博と、毎夜、ディスカッションを重ねていく中で、自分の失望を率直に持丸に語った。

そして二人が毎夜の反省会の中で出した結論は、

「二十五人を一人ずつ分離してみると、それぞれすばらしい人間だが、二十五人を一つの組織として動かすと、必ず三、四人の落伍者が出る。これは組織の宿命である。とくに右の場合、左と違って、最後は集団の論理じゃなくて個の論理になるからなおさらである。十人いれば、必ず一人、二人の転落者は出る」

というものだった。

そこから一万人の将校を養成するという構想も、軌道修正せざるを得なくなった。

「最終的には〝斬り死に〟の思想だ」

と晩年の口癖を、三島はここでも口にしたが、結局、二人が確認しあったのは、

「ともかく左翼革命がいまにも起こりうる、この危機的な状況の中で、いまは時間がない。百人の将校を養成し、それを中核にした会をつくろう」

ということだった。

かくて三島と持丸にとっては、課題が残り、暗中模索のままに第一回の体験入隊を終えたのである。森田必勝がこの体験入隊の感想を日学同連絡ノート（四月六日）にこう記している。

「三島先生は、ぼくが遅れていった日に骨折した足をみて、そのファイトに感心された。それにお互い短髪だし、すぐ意気投合（オーバーかな？）した。

一番印象的なのは下旬の三十五キロ行軍だ。指揮動作、教官動作などの日頃の訓練の集大成ともいうべきもので、朝七時から、夕方五時ごろまで富士のすそ野を回った。

一カ月も生活を共にした隊員と別れるとき、バスが出てしばらく皆、黙って泣いていた。あれこそ男の涙というものだ。夕方、貸切りバスは三島先生の家へ横づけされ、中華料理とビールで夕食会。

三島先生が『からっ風野郎』の主題歌をうたい、山本がでたらめなドイツ語で『カルメン』をうたう。（三島さんがおもわず感心したほど、彼のドイツ語のでたらめは完成されていた）ぼくが布施明《ふせあきら》の『恋』、武井が高校の応援歌、そして最後に全員で『サウンド・オブ・ミュージック』のドレミのかえ歌で三島さんをひやかし大笑いとなった。とにかく楽しい入隊でした」

森田は富士学校から帰ると、さっそく三島由紀夫に礼状を認《したた》め、

「私は先生のためには、いつでも命を投げだします」

と速達で送っている。

日学同の陰の指導者ともいえる矢野潤は、森田がにこやかに、

「三島さんにラブレターを送っておきましたよ。ハッハッハ」

というのを聞いて、

〈憎めない男だな〉

と心から微笑んだものである。愛すべき男だった。

宮崎正弘ものちに森田から、

「三島さんが、『どんな美辞麗句《びじれいく》を並べた礼状よりも、あのひと言でまいったよ』とオレにいうんだよ」

とうちあけられている。

森田が富士学校へ赴いたのは、そもそも三島と日学同とのシコリをとり除くための〝日学同特使〟としてだった。そして森田はその役割を充分すぎるほど果たした。

だが、日学同にとって誤算だったのは、ミイラとりがミイラになってしまったことである。それによって日学同はのちに、森田及び〝森田連隊〟を根こそぎ失う結果となり、除名騒動にまで発展することになる。

## ●楯の会の結成

第二回目の体験入隊が、一回目同様、富士学校滝ヶ原駐屯地において約三十日間の期間にわたって行なわれるのは、昭和四十三（一九六八）年七月二十五日から八月二十三日までのことだった。入隊者は三十三人（うち第一期生五人）である。

第二回目の体験入隊のあと、三島と『論争ジャーナル』グループ、体験入隊の学生たちからなる、この〝三島小隊〟は、しだいにひとつの組織として形づくられていく。会の名称や組織の運営方法について何度か話しあいの場がもたれ、九月になると、具体的な検討の段階に入っていた。

そんなあるとき、一人の学生が考えてきた「御楯会《みたて》」という名称が三島の気にいるところとなったが、そのうえで三島は、

「『御楯会』ではイメージが固い、日本語の『の』という助詞は柔らかいニュアンスがあるのだ」

といって、「楯の会」を提唱し、全員の了解を得た。

「大皇《おおきみ》の　醜《しこ》の御楯《みたて》といふものは　ここになるものぞと　進め真前に」（橘《たちばな》　曙覧《あけみ》）

を出典としていた。

こうして楯の会が結成され、その結成式が東京・虎ノ門の教育会館において、四十数人の会員を集めて行なわれるのは、同年十月五日のことだった。

結成式には招待者はなく、会員は全員ができたばかりの制服に身を包んでいた。楯の会結成のメドがついたころ、西武デパート社長の堤清二《つつみせいじ》に依頼してつくった制服で、三島自ら、「ド・ゴールの軍服をデザインした唯一の日本人デザイナー五十嵐九十九《いがらしつくも》氏のデザインに成る、道ゆく人が目を見張るほど派手なものだ」(『楯の会』のこと」) というほど、人目をひくものだった。帽子の紋章は、日本の古い兜《かぶと》を二種類組みあわせたものである。

三島は四十数人の会員を前に演説し、規約を決めていった。

楯の会の三原則は、一、軍人精神の涵養《かんよう》 一、軍事知識の練磨 一、軍事技術の体得――であり、楯の会規約は次の八カ条だった。

(一)楯の会は、自衛隊に一ケ月以上の体験入隊をした者によって構成され、同志的結合を旨《むね》とする。

(二)体験入隊は個人の資格で参加するものとする。

(三)一ケ月の体験入隊を終えた者は、練度維持のため、毎年一週間以上の再入隊の権利を有する。

(四)一ケ月の体験入隊を修了した者には制服を支給する。

(五)会員は、正しく制服等を着用し、服装及び容儀を端正にし、規律と品位を保つように努める。

(六)定例会合は毎月一回とする。会合は制服着用を原則とする。

(七)会規の変更その他は定例会合の討議に付する。

(八)本会の品位を著《いちじる》しく傷つける言動のあった場合は、定例会合に於《お》いて除名に処することがある。

## ●三島由紀夫と森田必勝の絆《きずな》

富士学校から帰った森田必勝はすぐに早大国防部の二代目部長となり、六月に結成された全日本学生国防会議の議長に就任し、八月には視察団長として北方領土返還運動を根室《ねむろ》現地で展開、十一月、代議員会で日学同中央執行委員に選出され、十二月には全国大会で大会実行委員長をつとめるなど、精力的に日学同運動に挺身していく。

だが、その一方で、楯の会一期生として、三島由紀夫との魂のふれあいはより濃密になっていた。

昭和四十三(一九六八)年の一年間の日学同の行事のうち、三島は、五月の「学生文化フォーラム」(八王子大学セミナー・ハウス)、六月十五日の「全日本学生国防会議結成大会」(私学会館ホール)、十二月の「日学同第三回全国大会」(千代田公会堂)と三回も特別講師として馳せ参じている。

それもひとえに森田〝特使〟の努力のたまもの——というより、三島と森田との間には世代を超えた友情、同志的絆がしだいに強まりつつあった。

十一月某日の日学同ノートの、

「畏友《いゆう》山本君と三島先生宅を訪問、十二月七日に予定している日学同の二周年大会に、記念講演のお願い。三島先生、日学同とのいろんないきさつを無視して、『お前が実行委員長なら行くよ』と言われる。感激」

との森田の記述が何よりそれを物語っている。

十二月七日、全国大会を終えたあと、森田は他の日学同とはまったく別個に、いわば〝森田連隊〟ともいうべき全日本学生国防会議のメンバーだけで、〝うちあげ〟を行なっている。

すでにこのころには、森田の心は三島由紀夫に傾いており、日学同からは離れつつあった。いわば、日学同のめざす組織中心による大衆運動よりも、少数精鋭の実践部隊を志向する楯の会のほうが森田の気質にあっていたともいえる。

そういう意味でいえば、もともと日学同のゲバルト部隊をめざしてつくられた全日本学生国防会議と楯の会の間に、乖離《かいり》はほとんどなかった。全日本学生国防会議に集まる連中も、たいていは森田タイプの「理論より行動」といった〝武闘派〟が多かった。彼らはみな一様《いちよう》にリーダーの森田を慕《した》い、軍隊的な強い絆を結んでいたから、このころの全日本学生国防会議は、日学同にあって、さながら〝森田軍団〟の様相を呈していた。

この全日本学生国防会議の中心メンバー＝森田軍団が、そのまま楯の会移籍ということになったとき、組織防衛という観点から危機感を持ったのが、矢野潤であり、日学同執行部であった。

〈国防会議が楯の会の人材供給の場になっちゃ、かなわん〉

〈森田が三島由紀夫のもとに行き、仮に同じ体験入隊一期組の山本や武井までも楯の会専念というようなことになってしまえば、組織の屋台骨が根本的に崩《くず》れてしまう〉

組織の論理は森田に二股をかけることを許さず、楯の会か日学同か——という二者択一を迫った。

結局、森田は楯の会を選択し、日学同を脱退することになる。翌年二月のことだった。

そんな森田に対して、日学同は円満な退会を許さず、除名という処置をとった。第二、第三の森田が出るのを防ぐための組織防衛の論理からの処置だった。

その結果、日学同は機関紙で森田の除名を発表した。だが、その除名記事が後日、他の民族派組織から糾弾される火ダネとなり、日学同不信を招く一因となった。森田を指して、《共産主義者に魂を売りわたした》云々と書いてしまったのである。

記事を書いた宮崎正弘に他意はまるでなかった。中核派や革マル派が機関紙上で相手をなじりあうとき、《資本主義者に魂を売った》云々と書くのと同じ手法であり、あくまで除名記事で常套《じょうとう》とされる書きかたに従ったつもりであった。

当時、『日本学生新聞』は宮崎が一手につくっており、その新聞づくりの才能では彼の右に出る者はなく、天才的なところがあった。締め切りが迫れば、一晩で百枚くらいの原稿を書いてしまうような男が、宮崎であった。

だから、《共産主義者に魂を売った》云々の記事を、できあがった段階で初めて読んだ山本以下、日学同執行部の面々は、あまりに刺激的な内容に、みな一様に驚いてしまった。

〈こりゃ、まずいな――〉

という印象を誰もがぬぐえなかった。

除名処分とはいっても、組織の論理からのケジメ上のやむなき処置で、実際は円満な脱退であったし、森田に悪感情を抱く者などほとんど誰もいなかった。

事実宮崎自身、森田とは最後までいい関係が続いていた。森田が楯の会に移ってからも何度か出会い、会えば互いに何のわだかまりもなく、組織を超えた友情を交換しあえたのである。

森田にしても、楯の会か日学同かの二者択一を迫られたとき、決して簡単な選択にはならなかった。数カ月悩んだ末に楯の会を選んだのである。

森田は最後まで日学同のことを気にかけていた。山本之聞と最後に会ったときも、大隈通りの喫茶店でコーヒーを飲みながら、

「山本、あとのことを頼むよ。楯の会のほうも人数が増えちゃってな。オレが中心にならなきゃ、ダメなんだよ」

と静かに語ったほどである。二人の間には何のしこりもなく、友情が変質するはずもなかった。

むしろ山本のほうが、森田に対して、

〈変にこだわったことをいうんだな〉

と思ったほどだった。

森田のあとを継いで、全日本学生国防会議の二代目議長となったのは、武蔵大学の高柳《たかやなぎ》光明《みつあき》だったが、高柳はのちに早大のキャンパスで森田とバッタリ会ったことがあった。

「高柳がやるんなら、オレも安心したよ」

と森田は白い歯を見せていい、高柳を感激させている。

昭和四十四（一九六九）年一月十八日、東大安田講堂における機動隊と全共闘との激しい攻防戦を、森田は宮崎とともに見物に行っている。すでに森田の肚《はら》は、日学同を去り、楯の会へ行くことに決まっていたときのことだ。ガス弾のけむる本郷付近で、森田は宮崎に、

「オレの大学三年間の青春は、日学同幹部として民族派学生運動にだけあった。運動を通じて三島先生を知り、先生に大恩を受けた自分としては、何も思い残すことなく日学同を離れる」

といい、

「組織に生きる男はお互いにつらいな」

と自分の心酔する新撰組副長の土方歳三《ひじかたとしぞう》の言葉を語った。森田は司馬遼太郎《しばりようたろう》の『燃えよ剣』を愛読し、坂本龍馬《さかもとりようま》や高杉晋作《たかすぎしんさく》といった勤王の志士よりもむしろ土方歳三を好んだ。土方の「わが事

において悔《く》いず」という言葉を日ごろのモットーにしていたのである。

森田は何ら悔いることなく、三島との義理に生きる決意をしたのだった。日学同を去り、楯の会専念の道を選んだ。

その際、森田と行動をともにして、日学同から脱退した者が十数人あった。森田軍団といわれる全日本学生国防会議の中心メンバーだった。

森田は昭和四十四（一九六九）年二月、ただちにこの森田軍団を中心に「祖国防衛隊」を結成、自ら隊長に就任した。他の役員は、副隊長に小川正洋《おがわまさひろ》（明治学院大三年、189ページの写真）、野田隆史《のだたかし》（麻布獣医大三年）、事務局長に田中健一《たなかけんいち》（亜細亜大三年）、組織局長に西尾俊一（国士舘大一年）、情宣局長に鶴見友昭《つるみともあき》（早大三年）が就任、いずれも全日本学生国防会議の役職をつとめた者ばかりだった。

森田は隊のメンバー全員を、以後二回に分けて自衛隊に体験入隊させ、楯の会のメンバーに加えている。この祖国防衛隊は、事務所を新宿・十二社《じゅうにそう》の森田の下宿に置いたから、のちに〝十二社グループ〟といわれ、楯の会の中核部隊となった。

## ●『論争ジャーナル』グループの背反

楯の会という名称ができて初めての、都合第三回目の体験入隊は、昭和四十四（一九六九）年三月一日から二十九日までの二十九日間、やはり御殿場の富士学校教導連隊で行なわれている。このとき入隊したのは、二十七人である。

一方で、リフレッシャー（再入隊）コースも始まり、ここでは第一期生、第二期生の中から二十四人が五日間の再教育を受けている。第三期生の体験入隊を終えた段階で、楯の会は七十人になっていた。

一回目や二回目は、日学同や全国学協など民族派団体のルートから来る者がほとんどだったが、三回目になると、飛びこみという形で体験入隊を志望してくる学生がかなり増えていた。ハデな制服に身を包み、カッコよく隊列を組む三島由紀夫と楯の会会員たちの姿が、『平凡パンチ』のグラビアを何度か飾り、体験入隊の模様がレポートされ、かつ同誌で隊員を募集したせいもある。

が、志望者の誰もが三島とともに体験入隊でき、楯の会会員になれるわけではなかった。第一回目の体験入隊の反省を踏まえて、三島の意を受けた楯の会学生長の持丸博が、二回目以降、入隊希望者に対する事前のチェックを厳しく行なうようになっていた。

体験入隊（＝楯の会会員）志望者は、まず楯の会事務所にもなっている『論争ジャーナル』編集部に赴き、持丸の面接試験を受けなければならなかった。面接は約一時間。といっても、そんなに堅苦《かたくる》しく構えたものではなく、喫茶店での雑談が中心である。

真っ先に除外されたのは、三島文学ファンやミーハー的な学生だった。中には、ごく稀《まれ》に、明らかに組織から送りこまれたと思われるような左翼学生に出くわすこともあった。当人は慎重に言葉を選んで話しているつもりでも、つい左翼用語が口をついて出、ボロを出してしまうのだ。そういう学生も即刻、お引きとり願ったことはいうまでもない。

選択の基準で、持丸が最も重きを置いたのは、理論よりも行動力、体力、気力があるかどうかである。極端な話、三島や持丸が最も求めたのは、同胞に向かって銃が撃てる人間、刀で人を殺せる人間——肉体的にも精神的にも軍人になりきれる人間だった。

結局、毎回、五、六十人の応募があって、その半数は持丸によってふるいにかけられた。

もはや持丸は三島にとって貴重な片腕として、なくてはならない存在になっていた。

三島はこの年（昭和四十四年）の初頭に、楯の会にとって最初で最後の文集となったガリ版刷りの小冊子に、「『楯の会』の決意」と題して、

「いよいよ今年は『楯の会』もすごいことになりさうである。第一、会員が九月には百名になる予定。第二、時代の嵐の呼び声がだんだん近くなつてゐることである。自衛隊の羨望《せんぼう》の的《まと》なるこの典雅な軍服を血で染めて戦ふ日が来るかも知れない。期して待つべし」

と書いている。

楯の会が、三島のほぼ思い通りにここまで順調にこれたのは、持丸の協力はもちろんのこと、学生を集める窓口となり、事務局ともなった『論争ジャーナル』グループの力によるところが大き

く、三島と持丸、『論ジャ』グループの結びつきはますます強くなっていた。

だが、それからまもなく思わぬ落とし穴が訪れる。『論争ジャーナル』グループとの決裂、持丸の脱退という事件が持ちあがるのである。

『論争ジャーナル』の中辻和彦、万代潔ら同グループが楯の会から追放されることになったのは、結果的には、楯の会規約八条の「本会の品位を著しく傷つける言動のあった場合は、定例会合に於て除名に処することがある」に該当したからだった。

このころ『論争ジャーナル』は思うように部数が伸びず、資金繰りの苦しさは依然として続いていた。当然、各方面に借金はあったが、その一方で、ある人間など、一種の民族派のアイドルにでもなったような錯覚があったのか、かなり横柄《おうへい》な態度をとるようになった。どこへ行っても、「楯の会はオレがやってるんだ」と発言しだしたのだ。なお悪いことには、楯の会の名を騙《かた》ってスポンサーを探すケースも出てきたのだった。

破綻《はたん》は、ある財界人から資金援助を仰ぐことになって、決定的になった。

のちに、その財界人がある会合で、「自分は三島と楯の会のパトロンである」という発言をし、たまたまそこに三島の友人も出席していたことで、その話が三島にも伝わったからだった。三島は怒った。楯の会の資金はすべて自分のポケットマネーでまかない、どこからの資金援助も仰がない方針を貫《つらぬ》いてきた三島にとって、それは許せない背反行為であった。

それまで政治家や財界人の寄付をいっさい受けとらず、既成右翼との接触を断ち、神経質なまでに組織的潔癖を保ってきたのが、無《む》に帰す恐れがあった。そうした金銭的噂《うわさ》が出ることさえ、三島の最も嫌うところであった。

三島は断固とした処置をとった。かくて三島と『論争ジャーナル』グループとの蜜月時代は終焉《しゅうえん》を告げた。同グループに連なる十人余の会員が、楯の会から放逐《ほうちく》されることになったのである。

一方で、『論争ジャーナル』副編集長であり、楯の会学生長の持丸の立場も微妙なものになった。当然、楯の会事務所も、『論争ジャーナル』編集部からほかへ移さなければならなくなった。

「話がある」

と持丸が三島から持ちかけられたのは、第四期生二十数人の体験入隊が終わってすぐのことだった。昭和四十四（一九六九）年八月、〝『論争ジャーナル』グループ事件〟があってまもなくの時期である。

「おまえが『論争ジャーナル』に籍を置いていることは、楯の会の純血性の意味で非常に問題がある。楯の会の専任になるか、辞めるか、どちらかにしてくれ」

と三島はいい、さらに、

「楯の会に専念してくれるんだったら、おまえの生活はオレが面倒をみよう」

とつけ加えた。

持丸は迷い、悩んだ。すぐに返答できるものではなく、考える時間が必要だった。結局、長いこと考えた末に出した結論は、

「楯の会を辞めますが、『論争ジャーナル』のほうも辞めます」

というものだった。

持丸には、楯の会を蹴って、『論争ジャーナル』副編集長の座にしがみつくことなど、考えられないことだった。それは三島に対するこのうえない裏切りとしか思えなかった。

かといって、職業的に楯の会に専念し、三島から生活の面倒をみてもらうということも、自分自身の中でどうしても納得できなかった。秋には結婚も控えており、持丸はきちんとした自立を考えていた。持丸には、生活者として社会人の役割を果たしたうえでの思想こそ本物、という信念があった。

三島の慰留にもかかわらず、持丸の退会の意志は固かった。

一方、三島にとっては、あれほど結成時から会のために自分の右腕としてつくしてきた男の、この期《ご》に及んで退会する気持が、いまひとつ理解できなかった。

「男は結婚でこうも変わるものか」

という不満を周囲にもらしている。

三島と持丸の間には、最後に、本質的なところで亀裂が生じ始めていたことになる。

「このたび、結婚し、就職することになり、そのために会を去ることになりました。これからは外から何かと力添えをさせてもらいたいと思います」

と九月の定例会で、持丸は形式的な退会のあいさつをし、楯の会を離れた。

## ●賽《さい》は投げられた

持丸の退会後しばらくは、さすがに三島もショックは隠せなかった。が、ただちに二代目学生長に、運命の森田必勝を指名した。同時に楯の会の事務所は、新宿の十二社にある森田の事務所に移っている。

持丸と森田の人物の違いは明瞭であった。水戸学の素養を身につけ、平泉学派の流れをくむ持丸は、徹底して理知の人であり、森田は理論より行動を志向する人間だった。行動するにしても、持丸がその行動を裏うちする思想を練磨していくタイプであるのに対し、森田の関心は、どうして行動しなければならないのかというような行動の意味づけにはなく、いつ何をやるのかという一点にしかなかった。

この二人の違いは、三島にとって大きかった。ある意味では、学生長の交代が三島の運命を決めたといっても過言ではなかった。

だから、森田をよく知る会員の多くは、事件後、

「あの事件は、三島先生に森田が引っ張られたのではなく、むしろ森田が三島先生を突きあげた結果、起こったものだ」

「学生長が持丸さんから森田に替わらなければ、事件はもっと違った形をとっていただろう」

「〝三島事件〟ではなくて、〝楯の会事件〟である」

——といった意見を固執《こしつ》して譲《ゆず》らなかった。

そもそも楯の会の目的は、反革命の側に立ち、革命的状況が起こったとき、ゲリラとなって百人単位の民間人を指揮する将校の養成であった。だが、世の革命前夜のような状況を目のあたりにして、しだいにそんな悠長なことをいっていられなくなった。三島ははっきりと七〇年安保に照準を定め、革命勢力に対して、自衛隊の治安出動の呼び水となって斬り死にすることを熱望するようになっていた。

そういう意味で、三島が最も期待をかけたのは、昭和四十四（一九六九）年十月二十一日の〝国際反戦デー〟であった。一様に〝七〇年決戦〟を叫ぶ新左翼党派にとって、この日は、その最大の前哨戦となるはずだったし、三島も騒乱を待望していた。つまり、騒動が最高潮に達し、警察力ではどうにも押さえがきかなくなり、そのうえで自衛隊の治安出動が発動される状況を、である。

そのときこそ、楯の会の出番であった。

実際、三島が〝敵〟に期待するのも無理はなかった。この年で四回目となる〝10・21国際反戦デー〟は、いわば右翼にとっての〝8・9反ソデー〟にもあたるもので、いずれの新左翼党派も毎年、最大動員をかけてきたし、とくにこの年は、七〇年安保を翌年に控えて、各党派の意気ごみが違っていた。

この日、反日共系の各セクトは、新宿を中心に都内各所でゲリラ的に暴れまわった。新宿では、駅ホームや線路になだれこんで電車を止め、駅付近の道路にバリケードを築き、火炎ビンや投石で激しく抵抗、おまけに新宿駅周辺には一万人の群衆が集まってきて、これを補完するような役割を果たした。

だが、彼らの抵抗もそこまでだった。機動隊の厚い壁にはばまれ、東京だけで千二百人近くが逮捕され、しかも大衆の支持を得ることはできず、孤立して終わったのである。新宿では、一万人の野次馬がゲリラを補完するような形になる一方で、地元民が自警団をつくり、学生たちの動きを克明に警察に伝えたという。

圧倒的な警察力の前に、革命勢力は完壁に押さえられ、三島の期待は見事に裏切られた。

この日、三島は楯の会会員とともに新宿駅付近を歩きまわり、この状況をつぶさに見た。そして革命勢力のだらしなさにあきれはて、深い失望が残った。

「ダメだよ、これでは。まったくダメだよ」

新宿を歩きながら、やり場のない怒りが三島の口をついて出ていた。

それから数日後、楯の会の班長会議が開かれた。このころ、楯の会は一班が八、九人の会員からなる八班で構成され、毎週一回、九段のホテルグランドパレスで班長会議が行なわれていた。

その班長会議の席上、三島は、

「10・21も不発に終わり、彼らの行動に対する治安出動もなくなった。楯の会はどうすべきか」

といった。

「楯の会と自衛隊で国会を包囲し、憲法改正を発議させたらどうでしょうか」

と応えたのは、楯の会学生長で、一班の班長である森田必勝だった。

三島はそれに対して、

「武器の問題のほか、国会の会期中はむずかしい」

と答えた。

楯の会を〝おもちゃの兵隊〟と嘲笑《ちょうしょう》し、〝ノーベル文学賞候補作家のお遊び〟としか見ていなかった世のおおかたの人間には、三島の10・21に対する失望の深さなど、知るよしもなかった。

その失望の果てから、昭和四十五（一九七〇）年十一月二十五日の決起までは一直線であった。

## 五

# 激化する内紛

### ●日学同と生学連《せいがくれん》（生長の家学生会全国総連合）の蜜月《みつげつ》時代

草創期の日学同と生学連には、「政治は日学同で、宗教は生長の家で」という暗黙の了解があった。その了解事項を基礎に、両者は互いに手を携え、友好関係を築いてきたのである。

この両者の提携は、互いの組織にとって大きなプラスとなり、まるで車の両輪のように円滑に作動していった。生学連は全国の大学に拠点を持って、強大な組織力、動員力を誇ったが、政治運動にとりくむにはいまひとつ暗中模索の状態であり、一方の日学同は、理論面や運動戦略面では確かに民族派学生陣営のリーダーたり得たが、組織力、動員力に欠けていた。

そうして草創期における両組織の弱点を互いが補完しあったのである。つまり日学同は生学連の組織力を背景に運動を全国展開させて大きく飛躍し、生学連は日学同のオルグによってより意識を高め、運動のノウハウを吸収していくことになる。

そもそもそうした両者の密接な関係が生まれたのは、生学連の書記長の鈴木邦男と日学同委員長・斉藤英俊との友情によるところが大きかった。二人は互いに全面的な協力を約束しあい、「政治は日学同で、宗教は生長の家で」を申しあわせ、積極的に地方オルグにも出かけた。

鈴木は日学同の、斉藤は生学連の顧問といってもおかしくないような信頼関係があったのである。鈴木は日学同の理論合宿に参加し、『日本学生新聞』に論文を発表。一方、斉藤は生長の家の練成会にオルグのために顔を出したりした。

そうした背景のもと、安東、椛島たちの生学連を中心とする長崎大学学生協議会との友好も生まれ、日学同は長大学協を支援、三期連続自治会奪権の成功など、その活躍ぶりを『日本学生新聞』で大きくとりあげた。またエンプラ闘争においても、情宣隊を佐世保に派遣、三派弾劾集会を開き、生学連と統一行動をとっている。

この日学同と生学連との蜜月時代は昭和四十三（一九六八）年六月まで続くのだが、こうした時期に日学同の戦列に加わった一人に、高柳光明がいる。

森田必勝のあとを受け継いで、全日本学生国防会議の二代目議長となった男である。

高柳が初めて日学同の集会に参加したのは、昭和四十二（一九六七）年十一月十一日の日学同結成一周年大会のことだった。会場となった東京・新宿の野口記念館は全国から集まった民族派学生約五百人でふくれあがっていた。

このとき高柳は、高校を卒業して二浪中の身であったが、会場の様子に、少し意外な感がした。

〈ずいぶん女子学生が多いな。とても右翼の集会とは思えないような雰囲気だなあ〉

と思ってしまったのだ。

右翼系の集会につきものの壮士《そうし》風の男や、体育会系風のコワモテタイプがほとんど見られないのである。代わって女子学生の姿がやたら目立った。

それは生学連が動員をかけた結果であったが、高柳がそのことを知るのは、日学同に入ってからのちのことだった。

実際、この大会では、長崎大学の安東巌をはじめとして地方から多くの生学連系の活動家が駆けつけてあいさつに立ち、日学同に連帯のエールを送っている。

この日の日学同ノートに、森田必勝がこう書いている。

「野口英世《のぐちひでよ》記念館で日学同一周年大会開く。五百人近い代表が集まり、満員。まずまずの成功。長崎大学自治会で二期連続当選のA君（安東）が飛行機で駆けつけて演説したのが印象的だった。このほか伊勢、京都からも代表が来て喋《しゃべ》った。全学連に比《くら》ぶれば量的には落ちるが、やがて、ぼくらの時代がやってくるに違いない」

高柳が〝ぼくらの時代〟を夢み、武蔵大学に入学すると同時に日学同の同盟員となったのは、昭和四十三（一九六八）年四月のことである。

この年十一月、日学同は山本之聞二代目委員長が誕生するのだが、高柳が入った当時、その候補として最も下馬評にのぼっていたのは、鈴木邦男だった。高柳は「次は鈴木邦男だろう」という声を何度か耳にすることになる。

一方で、同年五月には、そうした日学同と生学連の蜜月時代の産物ともいえる統一戦線が結成されている。

全国学生団体協議会（全学協）である。

日学同と生学連が発起団体となり、国民協会学生部、全日本国民連盟学生部、全国大学原理研究会、全日本学生評議会といった団体の加盟で、同年五月十二日、東京・全共連ビルにおいて約百名の代表が集まって、結成式が行なわれている。

が、この全学協は、当初から各セクトによって、憲法・防衛の解釈もまちまちで、どこまで統一行動がくめるか疑問視されていたが、結局、その後、有名無実の存在と化した。

もうひとつ、両者の蜜月時代に発足したものが、全日本学生国防会議であった。

この全日本学生国防会議は、日学同の下部組織として全学協の結成から約一カ月たった六月十五日に発足、日学同、生学連、原理研究会系の全国大学の国防部や国防研究会、防衛問題研究会といったサークルが中心となっている。同日、東京・市ヶ谷の私学会館には、北大、東北大、東大、一橋大、早大、明大、中大、慶大、横浜市立大、広島工大、近大、長崎大など、全国二十六校が参加、約五百人の学生が結集した。

この初代議長をつとめることになったのが、早大三年の森田必勝で、森田はこの日の感激を早大国防部日誌にこう記した。

「今日の大会の目的は、自主防衛の意義と必要性を広く訴えることで、若泉敬先生の『核時代の日本の安全保障』と、高坂正堯先生の『日本外交の歴史的検討』の記念講演がよかった。旧軍人を代表して今村均《いまむらひとし》元陸軍大将の祝辞もあった。三島先生も祝辞に来て下さって万歳三唱までやっていただいたうえ、デモのときも車から挨拶《あいさつ》された。ぼくの一生にとっても、多くの民族派学生にとっても今日の感激を忘れてはならない」

だが、日学同と生学連の共闘はこの日が最後になった。この全日本学生国防会議結成における共闘を最後に、両者は訣別、その後、双方の関係は悪化の一途をたどっていく。ある意味では対左翼以上の敵対関係を持つに至り、のちには互いの機関紙上で激しく批難、罵倒しあい、内ゲバまで繰り広げるようになる。

## ●日学同と全国学協の主導権争い

昭和四十三（一九六八）年十二月一日、東京・乃木《のぎ》会館において、「関東学協・都学協合同結成大会」が行なわれようとしていた。

安東、椛島たちによって提唱された長大学協方式は、同年三月十九日の九州学協結成をはじめとして、中国学協、関西学協、東北学協、東海学協と続々とブロック学協を誕生させ、とうとうこの日は首都圏にまで及んだのである。

〈いよいよあと二本だな〉

壇上正面に掲げられた関東学協と都学協のブロック旗を見やりながら、鈴木邦男は感無量だった。残り二本――北海道学協と四国学協のブロック旗があがったら、あとは一挙に全国学協の結成が待っていた。

〈オレたちの時代が目前に迫っている。民族主義の旗が全国の大学にたなびく日が……〉

鈴木の夢は果てしなく広がる。全国学協のあとには民族派全学連の結成が待っていた。その夢も、もう充分、実現への射程距離に入っていた。

執行部の席にすわりながら、鈴木は内心の興奮を抑《おさ》えきれなかった。すでに会場は約三百五十人の参加者でいっぱいに埋まっていた。

鈴木は知らなかったが、会場には、斉藤英俊も、日学同の同盟員数名とともに先刻より姿を見せていた。鈴木とはうって変わって、斉藤は腹立たしくてならなかった。

〈……飼い犬に手をかまれるとはこういうことをいうんだろうな。われわれが模索の果てに構想し、実現しようとしているもののおいしいところだけを、この連中はかすめとろうとしてるんだ〉

斉藤はどうにも我慢がならなかった。斉藤には、運動のイロハも知らなかった生学連に対して、精力的にオルグし、テコ入れをしてここまで指導したのは自分たちだという自負があった。

その歴然たる証拠として、九州学協結成のとき、斉藤が最高顧問という役職についたし、中国学協の綱領は日学同のそれであり、同代表が広島工大の自治会機関紙に書いたあいさつ文は、日学同趣意書そのままだったではないか。さらに関西学協の中心をなした近代国防部規則の一条には、《当クラブは、日学同近大支部である》とうたってさえあった。

〈いってみれば、われわれ陣営の一員として、ともに民族派学生の統一的な全国組織形成をめざして闘ってきたわけじゃないか。それをこの連中は、いつのまにか〝全国学協〟なるものにすり替えようとしている〉

日学同はこの年七月、『日本学生新聞』に、日学同十年構想を発表している。それは、サークル活動を中心に学園に「学生協議会」を建設し、これを母体に自治会選挙に備え、各専門分野でのサークルの全国組織をつくりあげる。また学者・文化人との連繋《れんけい》機関、青年・学生・高校生部隊との複合組織を完成させるというものであった。

日学同はこの戦略のもとに、「各地区学生協議会」や「全日本学生国防会議」「全日本学生憲法会議」「全国高校生協議会」を設立し、このほか「全国学生協議会」など、いくつかの専門的組織を形成する構想があった。

この各地区学生協議会の一環として、八月には、都学協（東京都学生協議会）結成を提起し、十二月七日の結成式を準備していた。これは東京都に所在する大学のサークルを加盟単位とするもので、さらに四つのブロック学協「城北」「城西」「中央」「三多摩《さんたま》」に分けられた。このほか、神奈川県学協、埼玉県学協、千葉県学協などが整備されしだい、「関東学協」結成へと進む方針だった。

つまり、日学同と全国学協（準）は、名称から構想までまったく似かよったものをつくりだそうとしているのである。しかも都学協（片や「東京都学生協議会」、片や「東京都学生自治体連絡協議会」）の結成は、全国学協（準）が十二月一日であり、日学同が十二月七日とわずか一週間しか違わなかった。

斉藤はそれを生学連の許されない背信行為として、この日、会場の乃木会館に乗りこんできたのであった。すでにこれより三カ月前の九月、斉藤は九州学協の安東巌委員長へあて、《全学協（全国学生団体協議会）が存在するにもかかわらず、全国学協をつくるのはおかしい》という抗議文を出していた。

が、それに対して安東は、筋違《すじちが》いもはなはだしく、一種の露骨な妨害工作であるとして、黙殺で応えた。

安東はのちにこう書いている。

《そもそも全国学協＝全国学生自治体連絡協議会なる名称が出てきた背景は、最初に構築された九州学協が「九州学生自治体連絡協議会」としたゆえんから始まる。「――連絡協議会」という意味は、「同盟方式」と違って「連協方式」の意であり、「学生自治体」の意はわれわれの組織力が①「学生協議会」②「サークル」③「自治会」以上三者の合同体という意味からであった。

最初の日学同構想に学生協議会構想がまったく志向されていなかったことは確実である（彼らの学協構想は長大学協・九州学協の成功をみて以来の構想である）。たとえば、昭和四十三年五月一日号の『日本及び日本人』という雑誌に、宮崎正弘君が日学同十年構想を発表しているが、その中にはたった一字の学生協議会もでてこないではないか》

ともあれ、かつての友好組織同士が、民族派のヘゲモニー争いにしのぎを削《けず》る仲に変わっていた。

## ●民族派の内ゲバ

乃木会館における全国学協派の「関東学協・都学協合同結成大会」はいままさに始まろうとしていた。都学協委員長の荒俣芳樹が基調報告に立った。

と、そのときである。

「質問！」

と一般聴衆者の中から立ちあがった学生の姿があった。

斉藤英俊であった。

〈あ――〉

鈴木邦男は斉藤と知り、それまでの昂揚した感情に冷水を浴びせられたような気持になった。いまや斉藤は全国学協結成の過程で、生学連・学協陣営から、最大の内なる敵とされている男だった。

「おっ、斉藤だぞ」

「同盟の連中だ」

執行部の仲間がヒソヒソささやいている。

そもそもこの六月の全日本学生国防会議結成を最後に、生学連・学協が日学同と袂《たもと》を分かったのは、生学連・学協の成果を『日本学生新聞』が日学同の成果であるかのようにとりあげ、学協運動を日学同支部として日学同にくみこもうとした、という理由によるものだった。とくに学協の創始者である長大学協は、エンプラ闘争における活躍を日学同長崎支部として『日本学生新聞』にとり扱われ、反帝学評によってそれを巧みに逆宣伝されたため、自治会選での敗北を余儀なくされていた。いわば、日学同に対して恨《うら》み骨髄《こつずい》であった。

それは長大学協だけのものではなく、訣別以来の学協陣営共通の心情となっていた。それまで友好関係にあったぶん、なおさら敵意も大きくなったようである。

そうなると、生学連と日学同とを結びつけるきっかけをつくった鈴木の立場も、微妙なものになっていた。

「鈴木さんは斉藤委員長との友情があるから日学同を敵にすることはできないだろう」

などと公言する人間もいたほどである。

誰もが鈴木と斉藤英俊との友情を知っていたのだ。

だが、鈴木にとって友情よりもこの日の大会防衛が第一であることはいうまでもないことだった。ここは全国学協準備委員長の面目《めんぼく》にかけても、斉藤たちに大会攪乱《かくらん》を許してはならなかった。

「日学同の妨害を許すな！」

鈴木は斉藤たちに向かって真っ先に駆けだしていた。斉藤と日学同同盟員を会場から引きずりだすつもりだった。武闘派の連中が何人か鈴木のあとに続いた。

両者は会場の外で激しくぶつかりあった。とくに鈴木のファイトぶりは、

「日学同との馴《な》れあいじゃないか」

という日ごろの疑惑を吹き飛ばすようなすさまじいものだった。そこには、〈何が何でも大会を成功させ、全国学協を結成するんだ〉という鈴木の気迫がこもっていた。

こうして両者はこれ以後、互いに自らを正統と任じ、相手をニセモノとして罵倒しあい、ますます火花を散らす対立を深めていくようになる。

そんな日学同、全国学協という民族派同士の内ゲバが熾烈《しれつ》をきわめていた時期、民族派学生担当

の公安刑事が斉藤英俊にこんなことをいってきたことがあった。

「そんなどっちが先だ、どっちが正統だなどということをいわないで、同じ民族派同士、目的は同じなんだから、仲良く手をくんでやっていったらどうだい」

これを聞いたとき、斉藤はカチンときた。

〈何をエラそうなことといってやがる〉

斉藤は黙っていられなくなった。

「じゃあ、あなたがたにちょっとお聞きしたい。あなたがた警察官もガードマンも、姿格好だけじゃ、われわれには区別がつかない。似たような服装してるし、世のため、人のためにやってるということも同じでしょ。だからって、両方とも同じだっていわれたら、あなたがただっていやじゃないですか。まして警察官の格好してるガードマンが立ち小便してるの見たら、腹立つでしょ」

「……うん、そりゃそうだ」

公安は斉藤の言葉に力をこめてうなずいた。

「それと同じことですよ。身につまされなきゃ、わからんもんなんですよ」

「うむ、なるほどなあ」

公安は感心さえしている。

そうした内ゲバの一方で、日学同も全国学協も昭和四十四（一九六九）年に入ると、ともに大きな内紛騒ぎに巻きこまれていく。

とくに日学同は、創設以来、数多くの除名者を出してきた。草創期の自民党学生部グループ、既成右翼とのつながりがあった者、分派策動を弄《ろう》した者、楯の会に走った森田必勝グループ——等々、組織の規律に背《そむ》いた者として、容赦ない大ナタが振るわれてきたのである。

中でも同年末には、いっぺんに二十数名もの除名処分を出すという大がかりな内紛騒動が起きている。これらの除名者たちは、日学同執行部によって、〝神田川グループ〟と名づけられた。当時の神田川は黒く澱《よど》んで腐敗し、ボーフラの湧く川として知られており、そこからの比喩《ひゆ》であった。

## ●反共、国家社会主義から自由主義まで

国士舘大学入学を目前にした片瀬裕《かたせゆたか》が、早大から目と鼻の先、グランド坂下そばの早稲田ハウス（新宿区戸塚一—一九四）を訪れたのは、昭和四十四（一九六九）年三月のことだった。

その四階建てコーポの三階に、早大国防部部室兼日学同本部事務所はあった。

「今度、大学生になるんですが、日学同に入りたいと思って来たんですが」

という片瀬に対して、

「じゃあ、ちょっと外で話しましょうか」

応対に出たのは、前年の十二月に委員長に就任したばかりの山本之聞だった。

片瀬が日学同の存在を知ったのは、二年前の国士舘高校二年のときである。日学同創立にあたっては、総長の柴田徳次郎が関係し、学校ぐるみの支援体制をとったから、機関紙の『日本学生新聞』が高校、大学とも全員に配布されたのだった。

それを読んで、片瀬は日学同という存在を初めて知ったのだが、それ以前から民族主義や国家革新運動に興味を持ち、

〈大学に入ったら、何か民族主義の学生運動をやりたい〉

とつねづね考えていた。

……早稲田ハウスのそばにある大隈通りの喫茶店「ニューエコー」で、山本之聞と大森謙一郎《おおもりけんいちろう》が片瀬と向きあっていた。

片瀬のように、「日学同に加盟したい」と自ら事務所に飛びこんでくる新入生というのは珍しかった。そうした新人に対しては、ほとんどオルグの必要もなかったわけだが、ときどきスパイが入りこんでくるケースもあっただけに、執行部としてはじっくり話を聞いて、その人間の考えかたなり、人間性を観察することも必要だった。

互いに自己紹介をし終わったあとで、さっそく山本が片瀬に訊ねた。

「君は戦後の民族派の運動というものをどうとらえてますか?」

「僕は戦後の右翼運動というのは左翼に対するリアクションとしての反共運動にしかすぎなかった

と思うんです。そういう運動には、僕はまったく納得できません。そうじゃなくて、民族的な価値観を主体にした、民族主義的な秩序の創出運動を推し進めていかなきゃならないという気持をずっと持っていました」

「まったく同感ですよ」

と片瀬に応えたのは、大森謙一郎だった。

大森は片瀬より一カ月早く日学同の門をたたいていた。片瀬とは同じように一浪を経た同期生であり、この四月から拓殖大学への入学が決まっていた。福岡の出身で、父親は中野正剛《なかのせいごう》の主宰した東方会《とうほうかい》の関係者だった。

片瀬はこの同世代である大森との話が強く印象に残った。意気投合したのである。

大森は続けて意見を述べた。

「僕も革命勢力に対しては、やはり日本というものを守っていかなきゃならないとは思います。だけど、僕らがめざすものは左翼に対する反動の運動じゃなくて、自分たち自らが国家主義なり、民族主義の理念を持って、革新運動を展開していかなきゃならないという考えです。民族主義思想自体に革新の原理があるという考えを僕は持ってます」

「資本主義については、どういうとらえかたをしてるんですか?」

今度は片瀬が大森にきいてみた。

「資本主義というのは、近代合理主義の経済的・政治的な形態の表われとしての政治体制・経済体制であって、民族的な秩序をもって革新していかなきゃならないという考えかたです。同じ民族の中で、莫大な金融資本にものをいわせた非人間的な過当競争社会を是正《ぜせい》して、基幹産業を国営にして、富《とみ》の偏在を是正し、いい意味での国家統制――国民に貧富のばらつきのないような均等な富の分配を実現することによって、日本という国家はもっと発展し、民族精神というのは昂揚していくんじゃないか、と。資本と資本の戦いの中で、国民が利子奴隷《どれい》になっちゃおしまいです。経済的な改革は必要だという考えです」

「国家社会主義ですね」

「そうです」

大森がわが意を得たりとばかりにうなずいた。

「東洋にも立派な社会主義がありますからね。北一輝の考えもそうだし、たとえば孟子《もうし》の『井田《せいでん》の法』というのもそうです」

「井田の法」というのは、田を井の字型に九画に分けて耕やし、真ん中の田の収穫は税として国家に納め、まわりの田は自分たちのものとする、という考えかただった。

「孟子が理想とした東洋的な社会主義思想というのは、『乏《とぼ》しきを憂《うれ》えず、等《ひと》しからざるを憂う』というものです。民族全体が貧乏しているときは、それでいいんです、貧乏でも。そうじゃなくて、共同社会の中にひと握りの富める部分がいて、あとは飢《う》えた大衆がいるというのは、最も否定すべき政治現象ですよ。社会主義の理想というのは、マルクスやレーニンなんかを借りてくる前に、東洋王道思想の中に流れてるわけですよ」

「僕も同感ですね。マルクス・レーニン主義も、資本主義や自由主義も外来思想であり、近代合理主義の産物で、しょせんは同じ原理だと思うんです。アトミズム――原子論的な個人主義から発展していったものです。そしてそれらはすべて帰納法的なんですね。価値の大前提は、個人個人にあるわけですよ、自由主義や共産主義というのは。まず個人があって、個人の自由なり、繁栄、幸福追求のために国家はこうあるべきだ、経済はこうあるべきだ、政治はこうあるべきだ――と帰納して考えていく。それではダメだと思うんですよ。まず民族全体というものが価値の根源としてあって、それから民族全体をよりよく発展させるためには、どういう政治体制でどういう経済体制であるべきかということを演繹的に考えていかなくちゃならないと思うんです。となると、それは政治的・経済的な具体的な現象として実現されていく場合には、一種の社会主義になるわけですね」

「国家社会主義ということは、すぐにナチスドイツの反動政治ということになってるけど、そうじゃないんですね。ヨーロッパの中にも、近代合理主義に対する懐疑がものすごく根強くある。とくにドイツなんかにはあって、マルクスとは別にゾンバルトとか社会主義者はいっぱいいるわけですから。ビスマルクだって、一種の国家社会主義ですよ」

「マルクスの頭の中でこねあげた唯物弁証法と階級史観による社会主義に反対するわけなんですね。ああいう社会主義、共産主義こそ、民族の血と肉というか、伝統――そういったものすべてを圧殺したうえで成り立つ、一種の空虚な人工的に変形した社会主義ですよ」

「僕らの唱えるのは、そうじゃない。民族の中にずっと理想としてある、本当の意味での素朴な社会主義なんだ。そういったものを現代政治のうえに展開していかなきゃならないんです」

片瀬は深い感銘を受けた。まさか同世代の学生にこれほどの意識を持ち、勉強している人間がいようとは思わなかった。しかも、国家社会主義的な考えかたまで、ほとんど自分と同じであることも、驚きだった。

一方、二人の新入生の話を黙って聞いていた山本之聞は、新入生とは思えないようなレベルの高いやりとりに、内心であきれ、感嘆の声を発していた。

〈いろんな新入生が入ってくるもんだなあ。この連中のように、すでに自分の確固とした思想ができあがっていて、強い信念のもとに入ってくるのもいれば、ただ漠然とした左翼への反発や心情的なものだけで入ってくるのもいる。実にマチマチだ〉

それはしようがないことだ、とも山本は思った。圧倒的に多数の日共・反日共学生に対抗するには、まず人数を集めることが先決であった。そのためにも、組織の間口《まぐち》を広くする必要があった。

そうした方針を反映してか、日学同には、どちらかといえば既成右翼そのものといった反共一本槍の学生から、自由主義者、ナチスかぶれ、あるいは国家社会主義者や新左翼に近いような考えかたの者までがいた。

〈まさに玉石混淆《ぎょくせきこんこう》だな〉

山本はなおさら日学同のリーダーとしてやっていくことの難しさを思い知るのだった。

## ●神田川グループ事件

大森や片瀬を新入生として戦列に迎えたこの年、昭和四十四（一九六九）年は、左右両方の学生政治党派にとって、低迷期といっていいような状況が生まれていた。全共闘運動は前年の昭和四十三年がピークで、昭和四十四年一月の東大安田講堂の陥落、八月の大学臨時措置法の制定によって、ほぼ終焉していた。

それと軌を一にするように、民族派のほうもいまひとつ盛りあがりに欠け、代わって内ゲバや内紛が激しくなった。

日学同で、〝神田川グループ〟と称された大量の除名騒動が起こるのは、片瀬が早稲田ハウスを初めて訪ねてから約半年後のことであった。

ある日、片瀬は新宿区弁天町の自宅に、予備校生の三井《みつい》（仮名）という男の訪問を受けた。男はついこの九月にできたばかりの日学同の高校生組織・全国高校生協議会（全高協）の幹部で、片瀬とも顔馴染みだった。

「もう僕らは日学同から脱退することが決まってるんですよ」

いきなり三井は話をきりだしてきた。

「どうして？」

「もう斉藤さんにはついていけないんです。僕らのグループはすでに三十人ほどのメンバーを確保していますが、これからもっと増えると思います。片瀬さんも日学同を脱退して僕らと一緒にやっていきませんか」

三井は片瀬を逆オルグに来たのだった。片瀬にはどうにも答えようがなかった。何が何だかわからなかった。三井たちのグループは、片瀬や日学同中央がまったく与《あずか》り知らないところで、いろんなことを画策《かくさく》しているようであった。

結局、三井は日学同の脱退と新組織の結成について、自分たちの決意と主旨をひととおり話し終えると、帰っていった。片瀬は狐《きつね》につままれたようにこれを見送るしかなかった。

だが、こうした三井たちの動きは、とうに日学同中央の察知するところとなっていた。日学同に対する悪質な分断策動として、日学同中央執行委員会によって彼ら主謀者が根こそぎ除名処分を受けるのは、それからまもなくのことだった。

片瀬がショックを受けたのは、その除名された主謀者の一人に、大森謙一郎の名があったことである。

〈何で彼が……〉

片瀬には不思議でならなかった。

〈彼にとって、日学同のやりかたは生ぬるく見えたのだろうか。大衆運動であっても、もっと先鋭的な活動をやっていかなきゃならんと考えたのかも知れないな。そんなところがほかの連中と一致したんだろうか。あの連中の中には極左に近いヤツもいたからな。彼は連中にかつぎだされたのかも知れない。ヘルメットをかぶってやらなきゃいかんとか、一揆的にやっていこうといった左翼小児病的なところは彼にはなかったからな……〉

片瀬はいろいろと思いをめぐらしてみたが、真相はわかるわけがなかった。

かくて日学同は内に外に大いなる試練を乗りきって、七〇年代を迎えることになる。

## ●委員長を解任された鈴木邦男

内紛は日学同だけではなかった。

昭和四十四（一九六九）年六月二十八日、東京・新宿駅の南口にほど近い「さがみ旅館」で、全国学協の中央執行委員会が開かれていた。

狭い畳の部屋には汚《きたな》いテーブルが並べられ、そのテーブルを囲んで、委員長の鈴木邦男、副委員長の井脇ノブ子、吉村和裕、書記長の安東巌、書記次長の松村賢治以下、中央執行委員にあたる全国九つのブロック学協の委員長が顔をそろえていた。隣の部屋には、都学協の田原康邦《たはらやすくに》と九州学協の小早川明徳《こばやかわあきのり》の二人が控えていたが、会議の一部始終は襖《ふすま》ごしにすべて筒抜けだった。部屋の重苦しい陰湿な様子が二人には手にとるように伝わってきた。

この席上、鈴木邦男の委員長解任が決定したのであった。

鈴木の解任に反対したのは、都学協委員長の坂本直規と関東学協委員長の伊藤邦典の二人だけで、あとは、全員が賛成の意を表わした。すでに全員が事前に、書記長の安東巌によって、どうして鈴木を切らなければならないか、その理由を懇々《こんこん》と説明されていたから、迷う者もなかった。すべて根まわしはできていたのである。

鈴木にとっては当然予想された結果であっただけに、それほど驚きもなかった。安東巌書記長とは、この五月四日に九段会館で行なわれた全国学協の結成大会の一週間後ぐらいから、何かにつけ対立するようになっていた。それからまもなく、中央執行委員会の名前で辞職勧告書も出されていた。

安東には、トップとしての鈴木の運動のとりくみかたに甘さを感じてならなかった。トップなら女の子とデートしたり、喫茶店で油を売ったりする暇はないはずだった。組織の金なら一銭だって無駄にはできないのに、鈴木は必要以上にタクシーを使ったりするように見うけられた。

〈全国学協はもっともっと伸びるはずなのに……。やっぱり鈴木ではダメだ〉
との思いが、結成大会後まもなくすると、安東の胸にはっきりと湧き出てくるようになったのである。

一方、鈴木は、それまで知らなかった安東の病的なまでの潔癖性と理想主義、そのすさまじいとしか形容しようのない性格を知ることになって、内心、辟易《へきえき》せざるを得なかった。

〈まるでマルチン・ルターか、ロベスピエールだな。自分に厳しいぶん、他人にはそれ以上に厳しい人なんだ。自分と少しでも考えが違ったり、自分についてこれない人間は許せないというわけだ〉

加えて鈴木に災《わざわ》いしたのは、日学同との関係だった。そもそも鈴木と安東との最初の対立は、日学同をめぐって起きたものだった。安東の目に鈴木は、日学同の斉藤英俊にとりこまれ、生学連を日学同に売り渡してきた男、としか映らなかった。安東には、各ブロック学協から全国学協へと至った道は、日学同とはまったく関係のないところで、長崎大学学生協議会を出発点として自分たちが始めたもの、という強い自負があった。

しかも皮肉なことに、鈴木がいままでの友情を断ち切って、日学同相手にゲバルトをふるうようになると、鈴木たち武闘派は生学連中央から、「信仰心がない」「路線が違う」として批判の対象になった。

全国学協の鈴木批判派もすかさずそれを逆手《さかて》にとって、

「これじゃあ、左翼暴力学生と変わらないじゃないか」

と鈴木たちの所業を生長の家の上層部に訴えることになった。

内部対立の深い溝はもはや埋められようもなかった。

かくて鈴木の解任は動かしがたい決定事項として周到に根まわしされたうえで、六月二十八日の中央執行委員会に持ちだされたのである。

この全国学協の委員長解任劇を、『やまと新聞』(昭和四十四年七月五日号)は、「〝全国学協〟指導部の内紛」として次のような記事を書いている。

《消息筋が二日明らかにしたところによると、全国学協執行部は、結成大会直後から委員長の鈴木邦男君(早大)と、書記長の安東巌君(長崎大)の間に運動方針や人事をめぐって意見の対立があり、このため、さる六月二十八、九の両日、東京・新宿の「さがみ旅館」で中央執行委員会が開かれ、役員改選が行なわれた。

これによって、委員長の鈴木君および副委員長の吉村和裕君(関西大)が失脚、新委員長に吉田良二君(道学協委員長＝北大四年)副委員長に井脇ノブ子さん(留任＝拓大大学院)と伊藤邦典君(関東学協委員長＝神奈川大二年)が選ばれた。(中略)……しかも、鈴木君、吉村君の追放があたかもクレムリンの内紛のように、非公開の席上、中執委だけによって実行されたことは、結成大会で承認された鈴木委員長、吉村副委員長の個人的メンツだけではなく、当日参加した千八百名の学生同志や多くの後援者を裏切ったのである》

安東の活動家としての力量は群を抜いており、その政治力にかかれば、鈴木を失脚させることなど、赤子《あかご》の手をひねるようなものであった。

それに対して、鈴木のわずかながらの反撃が試みられるのは、この年、十二月六日のことだった。同日、関東学協・都学協の結成一周年大会が麻布公会堂で開かれていた。この大会が半ばぐらいまで進んだところで壇上に駆けあがった男が鈴木だった。

鈴木は全国学協の現執行部の謀略について、その非をならす演説を滔々《とうとう》とぶち始めた。会場がざわめきだし、司会があわてて止めに入ったが無駄であった。

「鈴木先輩、やめてください」

伊藤邦典も駆け寄ったが、逆に突き飛ばされ、壇上から落とされる始末だった。

不当な謀略でパージされた鈴木の無念はとうてい他人に推《お》し量《はか》れるものではなかった。そのウップンがつもりつもっての〝殴り込み〟といってよかった。

〈自分の拠って立つところは生長の家しかない。ここを追いだされたらオレの活動家としての道は閉ざされてしまう〉

という切実な気持が、鈴木の中にはあった。

全国学協の委員長となり、失脚したこの年、鈴木は早大の教育学部三年になっていた。思えば学生生活は七年目になろうとしていた。早大政経学部を卒業後、そのまま早大の大学院に入り、さらに大学院二年のとき、

「教育学部の自治会がとれそうだから、鈴木さんも教育学部に移ってくださいよ」

という仲間の勧めに従い、教育学部に学士入学したのだった。学生運動を続けるために大学院に入り、教育学部に転入したのである。学生運動一筋に歩んできた七年間だった。

鈴木はなおも演説を続けた。

「……僕は少なくとも全国学協の全国大会において、参加した二千名の満場一致の支持で選ばれたはずではないか。解任されるにしても、再び全国大会での決議でなければ無効であることを、ここにはっきりと確認しておきたい。中央委員会決議というのは、そうした二千人の同志を無視したものである。二千人の同志の総意が、わずか十数名の幹部によって覆されるべきものなら、大会決議というものは貴重な労力と資金をさいてまでやる必要はないではないか……」

会場にいた学生は、誰も鈴木に面《めん》と向かって物をいえる立場にはなかった。

と、そのとき、壇上中央に進み出て、鈴木と対峙する男があった。

全国学協が翌年（昭和四十五年）五月に結成を予定する民族派全学連の準備委員長に就任したばかりの犬塚博英だった。

「鈴木さんのいまやっていることは、左翼の連中と同じじゃないですか。左翼がわれわれを攻撃してるのと同じことですよ。私自身は鈴木さんの解任が無効かどうかはわからないし、当時の執行部ではありませんから、どうこういえる立場にはないですけど、鈴木さんがいまやっていることは、日本を回復しようとする民族運動を妨害することじゃないですか。このこと自体、いままでのあなたの実績を傷つけることになるんじゃないですか。今日、ここに来ている若い連中は、誰も鈴木さんに対して尊敬の念は抱きませんよ」

犬塚はまくしたてた。のちに一水会の同志となる犬塚、伊藤邦典、田原康邦が、このとき鈴木とは心ならずも敵対しなければならなかったのである。

犬塚が安東の要請に応えて執行部入り（組織局長）し、東京での活動に専念するために長崎から上京するのは、鈴木の委員長解任後のことだった。それまではずっと長崎だったから、鈴木との人間的な接触もほとんどなかった。だからこそ、逆に鈴木に対してズバズバ物をいえたのかも知れない。

犬塚たち地方の学生活動家にとって、鈴木は憧《あこが》れの的《まと》だった。

この年三月、長崎・雲仙《うんぜん》において、「第一回全九州学生ゼミナール」が開かれたとき、講師の一人になったのが鈴木である。鈴木のアジ演説のような話を聞いて、九州の学生は誰もが興奮していた。立て板に水のように歯切れのいい（と感じられた）鈴木の話は、新鮮で洗練されていた。

〈ああ、オレもああいうふうな話ができるようになりたいなあ。やっぱりすごいなあ、東京の学生は……〉

と犬塚も心底《しんそこ》思ったものだった。

中には鈴木のファッションにまで憧れ、スポーツ刈りに黒シャツ黒ズボンスタイルを真似るような学生も現われたほどである。

それがいまは鈴木と対決する立場に置かれてしまっていた。犬塚にとって運命のいたずらとしかいいようがなかった。

結局、鈴木はそうした犬塚とのやりとり、他の学生とのもみあいの末、会場から追いだされることになったのである。これによって鈴木は、自分の拠って立つ基盤を完全に失い、民族派の活動ができなくなり、失意のままに仙台に帰郷せざるを得なくなった。

## ●怒りの都《みやこ》落ち

身辺を整理し、東京を引きあげようというとき、鈴木は大学入学以来、世話になり、民族派運動の指導も受けたある先輩を訪れた。別れのあいさつのためだった。

その先輩は静かな口調で鈴木をこう諭した。

「君の悔《くや》しい気持はわかるが、もう民族派の運動はできないのだから男らしくあきらめることだ。

それに何もこの運動だけが人生でもないだろう。会社に勤めてだって、立派に国のために働けるのだ。運動のことは忘れて、結婚して子どもをつくったらいい。そして自分のできなかったことや夢を子どもに託せばいいじゃないか……」

鈴木を心から心配し、善意からいってくれている言葉には違いなかった。だが、それは慰《なぐさ》めにはならず、鈴木の胸にグサッと突き刺さった。

〈こんチキショウ！ 何が〝男らしく〟だ。何が〝子どもに夢を託せ〟だ。オレはこのままでは絶対に死なんぞ。いまに見てろ！〉

鈴木の胸の内でムラムラと怒りが湧き起こり、復讐の念が燃えあがった。もとよりその先輩に対してのものではなかった。自分を民族主義運動から追放した者たちに対するそれである。

鈴木は先輩の前でその狂暴な感情を抑えるのに苦心したが、

「ありがとうございます。先輩もお元気で」

あくまで平静《へいせい》を装い、感謝の気持を述べた。が、泡だつ胸中では、

〈先輩、オレは一生、結婚したり、子どもをつくったりすることはないですよ。子どもをつくるということは自分の敗北を認めることです。自分のやりたいこと、自分の夢は、自分の生きているうちにやりとげてみせます〉

との誓いを自分にたてていた。

鈴木が東京をあとにするとき、上野駅には何人かの仲間が駆けつけてくれた。その中には日学同の斉藤英俊の姿もあった。

自分が不利な立場になるにもかかわらず、見送りに来てくれた仲間の友情が、鈴木には何よりうれしかった。わびしさと悔しさの中で、唯一、心あたたまるものとなった。冬の寒風が鈴木の身体を吹き抜けていく。

〈――都落ちだな〉

仙台行きの列車に乗りながら、そんなことを考えた。

昭和四十四（一九六九）年という年もまもなく暮れようとしていた。騒乱の六〇年代の終わりだった。鈴木にとって、七〇年代の幕開けが明るいものでないことは確実であった。

「鈴木先輩、お元気で」

列車に乗りこんだ鈴木に、後輩たちが口々に声をかけた。

鈴木はそれに手を振って応えた。

〈オレはこのままではすまさん！〉

焼きつくような思いをこめていた。

やがて列車は動きだした。かつてないほどの暗い望みのない帰郷であった。

七〇年代の幕開け――昭和四十五（一九七〇）年は、鈴木だけではなく、新左翼戦線にとっても民族派陣営にとっても、低調な年となった。運動はいまひとつ盛りあがらず、全般的に低迷期を迎えていた。

たとえば、日学同は、この年、九月十三日の『活動者会議議案書』の冒頭において、こう記さなければならなかった。

《はじめに、九月以降のわが同盟の活動を開始する前に、まず認識して欲しい事は、日本学生同盟という組織が結成以来の危機に立たされているという厳然たる事実である。この危機は分派活動によって引き起こされたものでもなければ、環境の変化という対外的原因によって招来したものでもない。原因は一つ、つまり同盟員一人一人の情熱の喪失であり、積極性の欠如にある。つまり、今年一月から八月の末まで同盟員個々人が、一体どれ位《くらい》の活動を果たしたのか。本気で全学連を打倒するつもりなのか。ヤルタ・ポツダム体制を克服するつもりなのか。その気持が本当に有るのか否《いな》か。もう一度、自分自身に問い直して欲しい》

こうした状況下、昭和四十五（一九七〇）年も師走《しわす》が間近に迫ったころ、眠れる民族派陣営を骨の髄《ずい》まで覚醒《かくせい》させるような大事件が勃発する。それは民族派陣営だけを襲った衝撃ではなかった。日本中、いや世界中を駆けめぐった衝撃といっても過言ではなかった。

東京・市ヶ谷の自衛隊駐屯地を舞台に、三島由紀夫、森田必勝を中心に五人の楯の会のメンバーによって起こされた事件だった。五人は自衛隊員に決起を呼びかけ、憲法改正を訴え、三島と森田は割腹自決をとげた。

世にいう〝三島事件〟である。

第二章

# 直接行動（一九七〇～一九七七年）

昭和45（1970）年10月19日、三島由紀夫（前列）は決起に備え、東京・半蔵門の東條写真館で楯の会メンバーと記念撮影。後列左より森田必勝、古賀浩靖、小川正洋、小賀正義

# 二　三島事件

## ●事件の衝撃

昭和四十五（一九七〇）年十一月二十五日、初冬を迎えた東京地方は快晴に恵まれ、正午の気温は一一・四度と発表された。

その衝撃的な事件の第一報がテレビやラジオに流れるのは、正午直前のことだった。

《十一時二十分ごろ、日本刀を持った男七名が東京・市ヶ谷の自衛隊駐屯地、東部方面総監部に乱入》

というもので、まだこの時点ではマスコミも、事件が三島由紀夫以下、五人の楯の会会員によってなされたものとは掌握していなかった。

山浦嘉久が初めてこの事件の一報に接したのは、午前中の仕事を終え、昼食のために、飯場《はんば》に引きあげてきたときのことである。この日、山浦は東京の三多摩地区で土方のアルバイトに励《はげ》んでいたのだ。

飯場に戻り、弁当を広げようとしたとき、電話を知らされ、受話器をとった山浦の耳に、そのニュースが飛びこんできた。

「えっ、三島由紀夫が自衛隊に……」

驚きのあまり、あとは言葉にならなかった。事件を一刻も早く山浦に知らせようと、後輩がかけてきてくれた電話だった。

山浦は急いで飯場にあるテレビのスイッチをいれた。映像が出ると、まわりの人間から「おっ」というどよめきの声があがった。

画面には三島由紀夫が現われていた。楯の会の制服に身を包み、鉢巻をしめた三島は、悲痛な面《おも》持《も》ちで拳《こぶし》を突きだし、バルコニー上で必死に何事かを叫んでいた。山浦の耳には、ニュースを伝えるアナウンサーの、「三島由紀夫が……」「楯の会会員」「東部方面総監部」「自衛隊員を集め……」「檄文《げきぶん》」といった言葉が断片的にしか入ってこなかった。

「……こりゃ、三島由紀夫は割腹するぞ」

山浦が思わず直感したことを口に出してしまうと、まわりからドッと失笑が起こった。

「アンちゃん、何をバカなこといってるんだい」

山浦と一緒に仕事をしている出稼ぎ労働者の一人が、笑いながらいった。

山浦はもはや呑気《のんき》に弁当など食べている気にはなれなかった。早退《はやび》けの旨を会社の人間に告げると、急いで帰り支度《じたく》を始めた。

「日本学生会議」の事務所がある御茶ノ水へ向かう電車に乗りながら、山浦は、

〈どうしてオレは三島が割腹するなんてことをとっさに考えたんだろ〉

と自分でも不思議に思った。まして、日ごろから、世間のいうように、楯の会を〝おもちゃの兵隊〟として、半ばバカにしていたはずではなかったか。

だが、三島が割腹自決するだろうという予感は、山浦の中でしだいに確信に変わり始めていた。

世に〝三島事件〟といわれる事件の全容がほぼ明らかになったのは、この日の夕方のことであった。テレビはもちろん、新聞各紙とも夕刊第一面で事件をいっせいに報じている。

《三島由紀夫が自衛隊に乱入　演説して割腹自決　市谷総監ら切られ負傷　動機自衛隊に不満》（朝日新聞）

《三島由紀夫が割腹自決　自衛隊の奮起《ふんき》叫んで市谷基地に乱入　楯の会員四人と共に　森田隊員も割腹　残る三隊員が首はねる》（毎日新聞）

《三島由紀夫、自衛隊で切腹　楯の会員率いて乱入　占拠一時間半総監に〝六項〟要求の末》（読売新聞）

自分の直感が適中したことを知ったとき、山浦は、

〈こりゃ、かなわねえ〉

と心底からうちのめされるような衝撃を味わった。
〈もはやオレたちがこれからいくら全精力を傾け、あらゆることをやったって、三島さんのやった以上のことはできねえ〉
ショックは大きく、一種の虚脱状態に陥ってしまった。

## ●「左翼は許せない」

山浦は民族派学生活動家の間では論客として知られる男だった。とくに彼が「日本学生会議」の議長として同組織を率いるようになって発刊し始めた機関紙『ジャスコ』（昭和四十三年九月創刊）は、その理論的水準の高さにおいて定評があり、新左翼陣営の一部からさえ評価を受けていた。

もともと日本学生会議の歴史は古く、昭和三十五（一九六〇）年、「日本青年連盟」（豊田一夫《とよたかずお》会長）の学生部として創設されたもので、その前身は昭和二十九（一九五四）年創立の「全国学生運動純正会」であった。こうした組織的背景もあって、日本学生会議はそれまでずっと既成右翼的な色彩が強く、その主張も、「安保《あんぽ》促進」「日韓条約賛成」「学内破壊活動反対」といった旧来の右翼そのものであった。

ところが、昭和四十二（一九六七）年、早大生の山浦嘉久がこの組織を受け継ぐや、民族解放、民族自立、Y《ヤルタ》・P《ポツダム》体制―米ソの戦略によって強制された戦後憲法秩序―打破を強くうちだして、従来の性格を一変させてしまった。まさしく既成右翼から新右翼への質的転換をとげたのである。

皇学館大学学長であり、平泉学派の田中卓によって最初に使われた用語といわれる、このY・P体制打破というのは、日学同や全国学協など、評論家の猪野健治が〝新右翼〟と命名した民族派学生組織の共通のスローガンであった。Y・P体制＝戦後体制が包含《ほうがん》するものは、憲法、安保はもとより、政党、新左翼、既成右翼、文化、風俗など戦後登場したいっさいであり、新右翼にとって、全否定の対象となるものだった。

かといって、むろん〝新右翼〟を自称する組織はなく、いずれも〝民族派〟〝新民族主義〟を名のって、ことさら〝右翼〟の呼称を嫌ったが、日本学生会議は、自らを、

「『詩』と『涙』の中に浪曼《ろまん》を求め、『土着』の中に『天皇』との恋闕《れんけつ》の情を感ずる正統派右翼である」

と高らかにうたいあげた。

さて、山浦嘉久が〝三島事件〟に対して、ほかの人間とはまた違った意味で大きなショックを受けたのには、理由があった。

山浦は長野の上田高校を卒業後、昭和四十（一九六五）年に早大政経学部に入学したが、その年の暮れに〝早大紛争〟にぶつかり、真っ先に反スト派の戦列に加わっている。といっても、山浦の場合、この早大紛争が契機となって民族派に目覚めたのではなく、思想的にはかなり早熟だった。

すでに中学生のころには、
〈大学に入ったら、右のほうの学生運動をやらなきゃいかん〉
という使命感に燃え、情熱をたぎらせているような子どもだった。

小学生のころから新聞が好きで、社会的な問題に対する関心も高かった。昭和二十（一九四五）年生まれの山浦や森田必勝の世代はまた、中学から高校にかけて、国の内外で次々と起こる大きな政治的社会的事件に遭遇した世代だった。

安保闘争、三井三池争議、社会党・浅沼稲次郎《あさぬまいねじろう》刺殺事件、韓国での李承晩《りしようばん》大統領の辞任、トルコのクーデター、ラオス内戦、アメリカのケネディ大統領の就任――という内外の事件は、すべて昭和三十五（一九六〇）年、山浦が中学三年の年に起こったものである。

その中学三年を終え、高校入学が決まったときのことだった。山浦は高校入学前の約一カ月の春休み期間を利用して、マルクスの『資本論』と北畠親房《きたばたけちかふさ》の『神皇正統記《じんのうしようとうき》』の読破にとりくんだ。左翼と右翼を知るための最も手っとり早い方法と思ったからだった。山浦の思想的早熟は推して知るべしであろう。

山浦の社会的関心への原点となったものは、傷痍《しようい》軍人の存在といってよかったかも知れない。山浦が彼らの存在を知るようになったのは小学二、三年のころだった。街で出会った彼らに父親がいくらかの献金をすることが、子ども心に不思議でならなかった。

そこから戦争という問題にいきあたるのはむしろ必然であった。

山浦が社会運動に関心を持っていく中で、最も嫌悪したのは、戦争を侵略戦争ときめつけ、〝戦争犯罪〟を云々する者たちであり、最も激しい憤《いきどお》りを感じたのは、戦争による死者たちをただ単に〝犬死に〟として切って捨てる連中に対してだった。それはこのうえない死者への冒瀆《ぼうとく》であった。その一事をもってしても、

〈左翼は許せない〉

という思いが、山浦にはあった。

だが、困ったことに、山浦の見る限り、そういう左翼の連中のほうが、真面目であり、人間的にも良質なのである。本当に世直ししようとしていることが実感として感じられたし、そこには生活感もあった。逆に反左翼を標榜し、右翼と称する連中のなんと愚劣《ぐれつ》なことか。どう見てもゴロツキか愚連隊にしか見えないのである。

実際、山浦の高校の先輩でも、優秀で尊敬できる人物が大学入学後、左翼の学生運動へ飛びこんでいるケースは多かった。

〈何で右はこんなにカスしかいねえんだろ。三井三池争議のときに、労働者を刺すような輩《やから》を右翼というのなら、いくら何でも程度が低すぎる。とにかくオレが東京へ行って学生運動をやるときは、左のそれを凌駕《りようが》するような右の運動をやらなきゃいかん〉

と山浦は真剣に考えた。

高校に入ると、福田恆存の『平和論のすすめ』に影響を受け、ますますそうした意向を強くしていた山浦には、もう一つの天《あま》の邪鬼《じゃく》的な性癖があって、それが右への志向を強くするのに作用していたようだ。

それは、物事の真理は多数の中にはなく、つねに少数派のほうにある——というある種の強烈なエリート意識だった。

〈これは個人的なコンプレックスの裏返しかも知れんな〉

と山浦自身、内心で苦笑いを浮かべるような性格のものだったのだが。

いずれにせよ、山浦は左翼以上の理論と力量を持った、きちんとした正統的な右の学生運動を推し進める必要性を痛感していたのである。

## ●山浦嘉久《やまうらよしひさ》と『ジャスコ』

そんな山浦が早大へ入って、すぐその年の暮れに早大紛争が勃発したことは、幸運といわねばならなかった。さっそく右の旗をあげるチャンスが到来したのである。

それまで山浦は、東大や慶大を中心とする「土曜会」というサークルに所属していたが、メンバーの一人であった早大の同期生・斉藤英俊同様、その良識派サロン的な組織の性格に飽き足らなさを感じていた。

それが早大紛争が起こったことによって、二人はたちまち水を得た魚のように、反スト派学生の中心メンバーとなって、その運動にのめりこんでいったのである。

山浦が「日本学生会議」を知るのは、そんな早大紛争のさなかだった。反スト派学生の拠点だった喫茶店「ジュリアン」に出入りしているうちに、そこで一人の先輩と知りあうのである。それが日本学生会議の早大生・影山照男であった。

影山は面倒見のいい親分肌の人物で、つきあっているうちに、山浦もしだいに親しみを覚えるようになった。そうした縁があって、山浦は日本学生会議に入ることになったのである。

そういう意味でいえば、日本学生会議への参加は決して慎重に選んだ結果でもなければ、組織の主張に引かれたからでもなかった。あくまで人の縁といってよかった。

しかも、日本学生会議は上部団体が前身を「殉国青年隊」とする豊田一夫の「日本青年連盟」で、山浦が最も毛嫌いしていた既成右翼団体の学生部の組織だった。

ところが、山浦が三年のときに責任者となるや、日本学生会議はその方向性をガラリと変えた。

論争しても、山浦は左翼学生に負けることはなかった。たとえば彼らがAという概念を持ちだしてきた場合、その矛盾をつくのは、山浦や日本学生会議のメンバーにとって造作《ぞうさ》もないことだった。

だが、いくら理論武装して左翼学生たちをうち負かしても、それはAに代わるBという概念をぶつけるという種類の論争ではなかった。彼らを凌駕して自派陣営に引っ張りこめないところに、山浦は限界を感じていた。

〈結局、何かに対する反措定《アンチテーゼ》をうちださなきゃダメなんだ〉

と山浦が痛感するのは、新宿西口のフォークソング集会を見たときである。

〈この連中をつき動かしているのは、大きな壁に対する破壊行動なんだ。反権力ということが一種のうさ晴らしになっているんだ〉

いってみれば、彼らは今日の管理社会という時代の予兆を、いち早く感じとっていたのかも知れない。

山浦が模索の果てに、戦後を米ソ二大国の世界支配＝ヤルタ体制として、《ヤルタ体制打倒》という主張を、『ジャスコ』紙上で明確にうちだしたのは、それからまもなくのことだった。

《ヤルタ体制打倒》とは、〝ヤルタ体制〟の日本版ともいえる〝ポツダム体制〟の打倒にもつながった。すなわち占領憲法を基幹とする〝反天皇・反民族・反国家的戦後状況〟の全否定である。

驚いたことに、山浦が掲げた《ヤルタ体制打倒》の主張を、最初に評価してくれたのは、早大の中核派の友人であった。

早大において、革マルと民青による学内支配が濃厚になってきたとき、社青同解放派、アナーキストグループ、中核派などで〝反戦連合〟をくみ、バリスト等で最後の反撃を試みたことがあった。そのとき、山浦たちも日本学生会議から応援部隊を繰りだし、中核派の学生とも親しくなったのだった。

ともあれ、山浦の主導する日本学生会議の機関紙『ジャスコ』は、昭和四十三（一九六八）年九月の創刊以来、毎月、営々と発刊され（昭和四十八年一月、『無窮』と改題）、その思想的営為は、理論的水準の高さ、民族派学生内での孤高の姿勢と相まって、半ば伝説的な存在となった。

## ●外務省突入事件

山浦は昭和四十四（一九六九）年三月、早大を卒業したが、就職せず、そのまま日本学生会議議長として活動に専念することになった。さらに、自らの思想的営為を血肉化し、いっさいの退路を断って、自立した民族派活動家として踏みだすべく、身体を張った行動にうってでた。

それは日本学生会議が単に頭でっかちの理論派集団ではなく、言行一致を重んじる正統派右翼の系譜をひく前衛組織であることをまざまざと見せつけた。

この年、各民族派学生団体が最大の闘争目標として掲げたのは、〝核拡散防止条約粉砕闘争〟であった。いずれも〝反ヤルタ・ポツダム体制〟の一環としてこの問題をとらえたのである。つまり核防条約は軍縮条約ではなく、現状維持条約であり、その狙《ねら》いは、強大な核戦力を背景にした米ソ二大国の世界支配＝ヤルタ・ポツダム体制の永久的な堅持《けんじ》にある――というとらえかただった。

とくにこの核防条約粉砕闘争に力をいれたのが、日本学生会議だった。

《核防条約は、独り《ひと》日本のみの問題ではない。核防条約が、ヤルタ・ポツダム体制の必然的最終段階であり、二大国の世界支配を二十一世紀まで定着させるものであるかぎり、戦後世界各地で行なわれた大国の横暴（ハンガリー、ポーランド、ベトナム、チェコ等）と密接に関連している。その様な横暴をこれ以上許してはならない。

核防条約粉砕闘争は、この意味で総ての抑圧され支配されてきた諸民族との連帯の布石となるであろうし、なさねばならない》

《我々は、核防条約粉砕のためならば、組織が壊滅し、各人の生命が失われる事も辞さない》

（『ジャスコ』昭和四十四年十一月二十日号）

山浦が日本学生会議のメンバー七人とともに決起したのは、昭和四十四（一九六九）年十一月四日のことだった。

同日午前十時五十分、山浦たち八人は、外務省七階の国際連合局軍縮室に突入、窓から《核防条約粉砕》のビラをまき、同趣旨の垂《た》れ幕《まく》をおろした。これによって全員が建造物侵入・暴力行為法違反などで逮捕されたのである。

山浦は三カ月前から準備していたこの行動を起こすことによって、いよいよ自分をあと戻りできないところに追いこむつもりだった。

就職に関して、山浦たちは恵まれた世代であった。世は高度経済成長の時代で、いくら学生運動に没頭した人間であろうと、企業側はおしなべて、

「若いうちにそれくらいの気概がなくてどうする」

と寛容なところを見せた。

いくらでも就職は可能だったのである。かくて左にしろ右にしろ、学生のうちに暴れるだけ暴れても、卒業してしまえば、大企業に就職というケースが大半だった。

山浦は民族派運動を学生時代だけの一過性《いっかせい》のものとして、中途半端に終わらせたくなかった。だが、そうは思っても、かつての同志が就職した話を聞くと、ややもすれば気持がふらついた。

〈いかん。そんならいっそ退路を断ってやろう。前科者になれば、迷いも消えるだろうし、前へ進むしかなくなるだろう〉

いわばヤクザ者が半端な気持を断ち切るために、刺青《いれずみ》を身体に彫るようなものだった。

それには核防条約はまたとないターゲットであった。山浦の中に、〝外務省突入〟の計画が生まれ、その決意を固めるまで、さほど時間はかからなかった。

こうして外務省突入事件を敢行し、その後も日本学生会議に専従の身として活動を続けていた山浦にとって、〝三島事件〟のショックははかり知れないものがあった。

事件後、しばらくは茫然自失《ぼうぜんじしつ》の状態から醒《さ》めやらなかった。やがて、ぼんやりと思いたったのは、

〈神の声を聞かない限り、とてもじゃないけどオレたちにあれ以上のことはできない〉

ということだった。

たまたま翌年の昭和四十六（一九七一）年、全共闘学生の教祖的な存在で、三島とは対極にある作家ともいえる高橋和巳《たかはしかずみ》が三十九歳の若さで病死したことに、山浦は不思議な因縁を感じた。

かつて高橋の『邪宗門《じゃしゅうもん》』を読んで感動したことを思いだした山浦は、同時に三島の『英霊の声』に思いを馳せた。山浦に閃くものがあった。

〈……はて、両方には何か共通点があるぞ。……何だろう？　……大本《おおもと》じゃないか！　これはどうも大本に日本の変革の原理が隠されているんじゃないか。出口王仁三郎《でぐちおにさぶろう》を勉強しなきゃいかん！〉

山浦はただちに大本教の総本山・亀岡へと向かった。

そこでの山浦の修行はそれから四、五年続くことになる――。

## ●駐屯地の正門で逮捕された阿部勉《あべつとむ》

「阿部さん、阿部さん！」

バタバタと階段をあわただしく駆けあがる音。続いて、自分の名を呼ぶ声とドアが激しくノック

される音に、阿部勉は泥のような眠りからようやく目覚めた。

もう昼過ぎだった。頭が重かったのは、昨夜の遅くまでの飲酒のせいだった。酒に酔い、着替えもせずに、外出した着物姿のままで寝てしまったらしい。

〈毎度のことだ〉

と阿部は苦笑いを浮かべながら、来訪者に、

「――ハイ」

と返事をして思いきりよく起きあがった。

昨夜は菊池洋一《きくちよういち》とともに飯田橋の「手相酒場」で飲み、一緒にこの高田馬場のアパートに帰ってきて、部屋でまた飲んだのだった。阿部のアパートに泊まった菊池は、朝のうちに帰っていた。

ドアを開けると、一階で食堂をやっている大家のおばさんが血相を変えて立っていた。そのただならぬ様子に、阿部は緊張した。

「どうしたんですか？」

「阿部さん、三島先生が大変だよ」

阿部はいっぺんに目が覚めた。

おばさんは、阿部が楯の会会員であることも知っていたし、かつて三島由紀夫がこのアパートを訪れたことがあり、そのとき本人とも顔をあわせているのだ。阿部の部屋が早大尚史会の事務所に

もなっていて、ここでの勉強会に、三島も顔を出したことがあったからだった。

急いで部屋のテレビをつけると、画面は三島が自衛隊の市ヶ谷駐屯地に乱入した云々と伝えている。

〈先生――〉

阿部に形容しがたい衝撃が襲った。頭が空白になり、顔から血の気が引いた。そのまま駆けだすと下駄をつっかけ、表へ出てタクシーを拾った。

高田馬場から乗ったタクシーは、市ヶ谷駐屯地へ行く途中の合羽坂《かっぱざか》で渋滞となり、動けなくなった。阿部はいてもたってもいられなかった。車から降りると一目散《いちもくさん》に駆けだした。阿部には何も目に入らない。空は晴れあがっているのに、世界がまるで灰色になってしまったようだった。

阿部は走る。途中で下駄が割れると、裸足《はだし》になって走った。

市ヶ谷駐屯地に着くと、現場は騒然として大勢の野次馬が集まっていたが、阿部にはそれも目に入らなかった。駐屯地の正門に駆け寄ると、半開きになった鉄扉《てっぴ》に手をかけ、中にいた自衛隊員に、

「三島先生、死んだのか？」

と訊ねた。

そのとたん、阿部はうしろから屈強な男たち数人に羽《は》がい締《じ》めにされ、さらには拳銃まで突きつ

けられた。警視庁の第八機動隊の面々だった。不思議に恐怖は感じなかった。

〈オレもここで撃たれて死ななきゃならんのかな〉

という思いが頭をかすめたほどである。

「何か武器を持ってるかも知れん。調べろ」

上司から命じられた機動隊員が、阿部の身体を隅々《すみずみ》までボディチェックしたが、もとより何も出てくるはずはなかった。

「よし、乗れ」

と護送車に乗せられ、連れていかれた先は、桜田門の警視庁だった。取り調べは何もなく、柔道室に引っ張っていかれ、だだっ広い青畳の部屋に、阿部一人が残された。

そのうちに公安刑事がやって来て、

「三島先生は亡くなった。君もお祈りしたまえ」

と告げた。

「……」

やはり、という思いが強かった。阿部はそのままひざまずき、畳に手をついて、市ヶ谷台の方向に深々と頭を下げた。

## ●何も知らなかった伊藤邦典《いとうくにのり》

伊藤邦典はその日、何も知らずに横浜の自分のアパートで過ごしていた。昼過ぎになっても、テレビもつけなかったから、事件のことはずっと知らなかった。

楯の会の一期生とはいえ、そのころの伊藤は全国学協の中央書記局員・新聞局長として学協のほうの活動が忙しく、楯の会の例会もとかく休みがちであった。もう一年ばかり原宿の全国学協本部事務所で寝泊まりする日々が続いており、ほとんど大学（神奈川大四年）へも行っていなかった。この日、自分の部屋にいるのが珍しいくらいだった。

昼をだいぶまわったとき、公安刑事が伊藤の部屋を訪ねてきた。

公安の様子は、はじめからおかしかった。ねちねちと変なことを聞いてくるのだ。

「もし仮に楯の会がこれから武装蜂起するようなことがあった場合、あなたは参加するんですか？」

「……ハア？」

「やはり楯の会はクーデターというようなことを考えていたんですね」

「……」

伊藤はようやく何かあったことに気がついた。

公安のほうも、まさか伊藤が事件を知らないでいるとは思ってもいなかったから、伊藤の態度に不可解そうな様子を見せている。

「どうもさっきからおかしなことをいいますね。いったい何があったんですか？」

伊藤は逆に公安にきいてみた。

その様子はとてもとぼけているとは思えなかったから、

「本当に何も知らないんですか？」

と今度は公安のほうが呆気《あっけ》にとられてしまった。

伊藤はそこで初めて公安の口から事件のことを聞き及ぶに至るのである。伊藤は立ちあがった。さすがに顔色が変わっていた。月末で金もなかったので、ほうぼうの友人から金を借りまくってから、原宿の学協本部へと向かった。

本部へ着くと、いろいろと情報も入ってきた。この日の市ヶ谷会館での例会には一期生、二期生は誰も行っておらず、三期生以下の会員ばかりであったこと、三島由紀夫隊長以下、事件の当事者五人のうち、二人は自分が楯の会に引っ張った古賀浩靖《ふるこが》、小賀正義《チビこが》当人であったこと――などだ。

伊藤は呆然としているわけにはいかなかった。まず、あっちこっちからレインコートを調達することを手始めに、事後処理に奔走しなければならなかった。

レインコートをかき集めたのは、市ヶ谷会館から四谷署に連行された会員たちの身柄をもらいうけにいく際、ハデな楯の会の制服のままでは人目につくだろうと思ったからだった。

伊藤は事件から数日間は、事後処理に忙殺され、ショックを受けている暇もなかった。それほど何が何だかわからぬままに、バタバタと動きまわったような感があった。

本当のショックが伊藤を襲ったのは、それから一カ月後、まもなく昭和四十五（一九七〇）年が暮れようとするころだった。

久しぶりに自分の部屋に一人、落ち着いた夜、たまらなく胸にこみあげてくるものがあった。涙が堰《せき》を切ったようにあふれてきた。伊藤は声をあげ、泣きに泣いた。

## ●残された、楯の会第二班班長・倉持清《くらもちきよし》

楯の会の第二班班長で早大政経学部四年の倉持清は、その日、東京・北千住《きたせんじゅ》の自宅で家族と一緒に昼食を食べていた。誰かがテレビのスイッチをいれた。昼のニュースの時間だった。とたんに画面に三島由紀夫の姿が映しだされた。

〈え？〉

倉持は箸《はし》を止めた。

アナウンサーが、「今日、午前十一時二十分ごろ、作家の三島由紀夫が楯の会会員とともに自衛隊の市ヶ谷駐屯地に乱入――」と伝えている。家族の者が驚きの声を放ったが、倉持の耳には「三

島由紀夫」「楯の会」「乱入」という言葉の断片しか入ってこなかった。

〈……何で――〉

倉持は何か信じられないものを見るような思いがした。

〈何でオレがここでメシ食ってるんだ?〉

決起した三島や楯の会会員が向こう側にいて、自分がそこにいないということが不思議でならなかった。

〈オレはまた夢を見ているのだろうか〉

倉持は十一月になって、三度も同じ夢を見ていた。それは決まって、テレビを見ていると、《三島由紀夫死す》というニュースが流れるという夢だった。

だが、これは夢ではなかった。現実すぎるほど現実であることを、倉持は誰よりも知っていた。その現実から除外されているのが自分だった。倉持には、自分が決起からはずされた意味がどうしてものみこめなかった。同時に、自分の見た三度の夢が、正夢《まさゆめ》だったことを思い知った。

〈そうか、先生は死んでしまったんだな〉

テレビではまだ三島自決のニュースを伝えていなかったが、倉持はすでに三島の死を確信していた。

〈先生――〉

このとき、倉持の耳に、三島由紀夫の声がまざまざとよみがえってきた。あれは五日前の班長会議だった。毎週一回、九段のホテルグランドパレスで行なわれる恒例の会議の席上であった。

「人間には〝死にたい派〟と〝生き残り派〟とがいる」

三島が、森田必勝、倉持清、伊藤好雄、小賀正義、福田俊作《ふくだしゆんさく》、小川正洋など、八人の班長を前にして、いつものようにやや甲高《かんだか》い声で話し始めた。

「何かギリギリの行動を起こして死ぬということには意味があるし、逆に生き残って、生涯、志を貫き通すということも重要だ。死ぬヤツだけではなく、そういう人間もいなきゃならないんだ」

続いて三島は、八人の班長一人一人を名ざして、

「おまえは死んでいくタイプだ」

「おまえは生き抜いて生涯、志を貫くタイプだ」

と色分けしていった。

会議がひと通り終わり、雑談に入っていたときのことである。雑談になると、三島はよく冗談をいって皆を笑わせたが、この日は冗談とも真面目ともつかなかった。

〝生き残り派〟と名ざしを受けて、倉持は少しムキになって抗弁したような記憶があった。

「いや、先生、自分はいつだって斬り死にの覚悟はできてます」

と応えていたのだ。

それは誰の気持も同じであるはずだった。義のためにともに起《た》ちあがり、隊長の三島とともに斬り死にする——。

〈そうだ。だいいちそれをわれわれに教えてくれたのは、先生じゃなかったんですか。そのためにこそ、班長は全員が先生から日本刀を一振りもらっていたんですよ。そして班長と副班長が毎週、剣道と居合《いあい》の稽古にうちこんでいたのも、そのためではなかったですか〉

倉持の回想は続く。班長に刀を渡すとき、三島はこうもいったのだ。

「本当は八十人の会員全員に日本刀をあげたいんだが、そういうわけにもいかん。とりあえず班長にだけは刀を渡すから、万一のときには、おまえら、先頭に立って斬り死にしろ。あとの連中は木刀でも何でもいい」

だが、結局は三島は、森田必勝以下、四人の会員だけを引き連れて最後の行動に出たのだった。

〈……あのとき、先生は〝生き残り派〟とわれわれをきめつけることで、暗《あん》に今日の決起からはずすことをいい残そうとしていたのかも知れないなあ。生き残ることも重要である、と〉

倉持には改めて思いあたることがあった。

三島は抗弁する倉持に対して、

「いや、〝生き残り派〟でいいんだ」

と強い言葉を返してきたものだった。

## ●瑤子《ようこ》夫人から渡された遺書

……事件の報に呆然として、考えごとを続ける倉持に、家人が電話を告げた。出てみると、すぐ近くに住む同じ楯の会会員の同期生だった。彼は、

「いまからすぐ市ヶ谷に行ってみよう。車でそっちへ行くよ」

といい、まもなく車で迎えにきた。

市ヶ谷の現場は予想通りの混乱ぶりだった。そこに誰彼となく会員たちの顔を見つけ、倉持たち一行は、四谷にある一期生の下山芳行《しもやまよしゆき》の家に移動することにした。そこで情報を集め、善後策を練ることが、残された者たちの役目だった。

この日、三島と行動をともにしたのは、学生長で第一班班長の森田必勝、第四班副班長の古賀浩靖、第四班班長の小賀正義、第七班班長の小川正洋の四人で、そのほかの班長、副班長、一期生、二期生は、この日の例会からすべてはずされていることも、倉持は初めて知ったのである。

〈そうか、先生はもう三カ月前のあのときから、われわれを今度の決起から遠ざける作業をしていたんだ――〉

あれは八月のことだったろうか――。

「来月から三カ月間は、例会の準備はオレがやろう」

と三島が倉持にいった。

毎月一回、市ヶ谷会館で行なわれる楯の会の例会の準備は、倉持の仕事だった。三島からその月の開催日を聞き、その案内の葉書――召集令状と呼んでいた――を刷り、全員に配付するという根気のいる仕事である。それを九、十、十一月の三カ月間は、三島自身がやるというのだ。

「秘密保持がどこまでやれるか、その訓練をやろうと思う」

と三島はいった。

つまり、全会員はこの三カ月のうち二カ月だけ召集され、一回を休みとする。どの月とどの月に召集されるかは、召集令状が来ても会員同士は秘密にすること――というものだった。

何のことはない、あとでわかったのは、一期生や二期生、班長や副班長という三島に近い古参会員は、すべて九月と十月に終えており、十一月のこの日の例会には、若い会員たちしか集まっていなかった。

〈もし班長、副班長が集まっていたら、当然、指揮系統が発動される――。まして現場のすぐ近くだ。オレたちがあとに続く何らかの行動を起こしていたのは、目に見えている。先生はそれを避《さ》けようとしていたのか〉

すべては周到に用意された計画だったのだ。

……夕方、倉持はこっそりと三島家を訪れた。

「貴兄あての三島の遺書があります。お渡しいたします」

という三島未亡人からの連絡があったからだった。

東京・南馬込《みなみまごめ》にあり、ロココ風と称される三島邸の正門は、マスコミ陣や警察官、三島ファンとおぼしき人たちでごった返していた。

倉持は裏門から入り、一室で瑤子夫人と会い、彼女から一通の封筒を手渡された。表書きに「倉持清大兄」とあり、裏に「三島由紀夫」と自署があった。倉持は、その場で封書を開いた。

まづ第一に、貴兄から、めでたい仲人《なこうど》の依頼を受けて快諾しつゝ、果たせなかつたことをお詫《わ》びせねばなりません。

貴兄の考へもよくわかり、貴兄が小生を信倚《しんい》してくれる気持には、感謝の他はありませんでした。それについて、しかし、小生は班長会議の席上、貴兄を面詰《めんきつ》するやうな語調で、激しいことを言つたのを憶えていてくれるでせうか？

貴兄は、小生が仲人であれば、すべてを小生に一任したわけであるから、貴兄を就職と結婚の祝福の道へ導くことも、蹶起《けつき》と死の破滅の道へ導くことも、いづれについても文句はない、といふ決意を披瀝《ひれき》されたわけでした。

しかし小生の立場としては、さうは行きません。断じてさうは行きません。一旦《いったん》仲人を引き受けた以上、貴兄に対すると同様、貴兄の許婚者《いいなずけ》に対しても責任を負うたのであるから、許婚者を裏切つて貴兄だけを行動させることは、すでに不可能になりました。さうすることは、小生自身の名を恥かしめることになるでせう。

さればこそ、この気持をぜひわかつてもらひたくて、小生は激しい言葉を使つたわけでした。

小生の小さな蹶起は、それこそ考へに考へた末であり、あらゆる条件を参酌《さんしやく》して、唯一の活路を見出したものでした。活路は同時に明確な死を予定してゐました。あれほど左翼学生の行動責任のなさを弾劾してきた小生としては、とるべき道は一つでした。

それだけに人選は厳密を極め、ごくごく小人数で、できるだけ犠牲を少なくすることを考えるほかはありませんでした。

小生としても楯の会全員と共に義《ぎ》のために起つことをどんなに念願し、どんなに夢みたことでせう。しかし、状況はそれを不可能にしていましたし、さうなつた以上、非参加者には何も知らせぬことが情である、と考へたのです。小生は決して貴兄らを裏切つたとは思つてをりません。蹶起した者の思想をよく理解し、後世に伝へてくれる者は、実に楯の会の諸君しかいないのです。今でも諸君は、渝《かわ》らぬ同志であると信じます。

どうか小生の気持を汲《く》んで、今後、就職し、結婚し、汪洋《おうよう》たる人生の波を抜手《ぬきて》を切つて進みながら、貴兄が真の理想を忘れずに成長されることを念願します。

さて以下の頁は、楯の会会員諸兄への小生の言葉です。蹶起と共に、楯の会は解散されますが、今まで労苦を共にしてきた諸君への小生の気持を、ぜひ貴兄から伝へてもらひたいのです。

昭和四十五年十一月　　三島由紀夫

倉持清大兄

——楯の会が、東京・日暮里《にっぽり》にある神道禊《しんとうみそぎ》大教会において、「解散宣言」を行なったのは、昭和四十六（一九七一）年二月二十八日のことだった。

「楯の会は、昭和四十五年十一月二十五日付をもって解散した」という解散宣言を読みあげたのが、倉持清であった。

## ●決行二カ月前、別れを告げて

山本之聞が事件の第一報をラジオで聞いたのは、早稲田ハウスの日学同本部事務所にいたときのことである。

《三島由紀夫を名のる暴漢が自衛隊市ヶ谷駐屯地に押しいった模様》

というきわめて曖昧な情報だった。

これには事務所にいた連中も笑いだしてしまった。

「三島さんも暴漢に名を騙《かた》られちゃ、かわいそうだ」

などと誰かがいっている。山本にしても、まさか三島当人とは思いもよらない。

だが、そのうちにラジオが再びニュースを流しだした。今度は「三島由紀夫を名のる暴漢」が「三島由紀夫」に変わっていた。

「いったいどうなってんだろ」

「どうも信じられないな」

事務所にいた宮崎正弘も怪訝《けげん》そうに首をかしげている。

「直接、三島さんの家に電話してみよう」

と山本が南馬込の三島家に電話をかけると、お手伝いさんが出て、

「先生は出かけてますけども、そんなことはありません。何かの間違いですよ」

と笑い声をあげている。

「そうでしょうね」

と山本も納得して受話器を置き、

「ニセ者だ」

とみんなに告げたから、また笑いが起こった。

ところが、昼過ぎになると、テレビやラジオがいよいよ具体的なニュースを流しだした。三島に加え、楯の会の学生もいるというのだ。もう笑っている人間は一人もいなかった。

「これはひょっとしたら本物じゃないか」

誰もが興奮しだしていた。

「オレは市ヶ谷駐屯地へ行ってみるよ」

と山本がいい、早大の後輩が一人、それに従った。

タクシーに乗ると、カーラジオはよりくわしいことを伝えだした。

〈楯の会学生数名っていうのはいったい誰だろう？　もしかしたら……〉

山本の胸はしだいに高なり、緊張感でいっぱいになった。

現場に着くと、機動隊の車や報道陣、野次馬などで黒山の人だかりだった。ふと正門付近を見ると、やはり息せききって駆けつけたらしい紺絣《こんがすり》の着流し姿の阿部勉の顔が見えた。顔面蒼白である。

山本は日学同に専念することで楯の会を離れたが、阿部と同じ一期生には違いなかった。事件を知り、いてもたってもいられなくなって現場に来た気持に変わりはなかった。すでに山本の顔からも血の気が失《う》せていた。

現場の混乱に加え、学生服姿の山本はとくに警察官から警戒され、正門に近づくことさえかなわなかった。

早稲田ハウスに戻った山本は、その夜、千々《ちぢ》に乱れた心を落ち着かせるために、早大の同期の武井宗行とともに座禅を組んだ。それでも事件のことがしばらくは頭から離れず、思い浮かんでくるのは、三島由紀夫と森田必勝のことだった。

森田とのさまざまな思い出がよみがえってくる。

〈あれはいつだったか、冬の晩だったなあ――〉

同県人で気があった二人は、互いに下宿を行き来しあっては、よく酒を飲んだものだった。山本の下宿で飲み明かしたときのことだ。二人とも酔いつぶれ、窓を開けっ放しで寝てしまい、起きたときには二人して頭が雪で真っ白だった。

〈下宿のおばさんがいつもそれを話題にしちゃ、笑ったっけなあ――〉

山本は懐かしさがこみあげてきて、不覚にも落涙しそうになった。

三島由紀夫の他人に対する心づかい、やさしさというのも、類《たぐ》い稀《まれ》だった、と山本はいまさらながら思いださずにはいられなかった。

〈あれはオレごときのためにわざわざ別れの言葉をかけてくれたんだな〉

いまとなって、思いあたることがあった。

二カ月前の九月、三島から突然電話をもらい、京橋のドイツ料理屋で二人だけで会ったことがあったのだ。別に三島は用事があるわけではなかった。もうすでに決行を決めていた三島は、関係者やゆかりの人たちにそれとなく別れを告げていたのである。

山本はドイツ料理をご馳走《ちそう》になりながら、近況を報告し、一時間ほどいろんな話をしたものだ。

〈あんな忙しい人がオレクラスにまで時間をさいて、別れをいってくれるんだからな。三島さんという人は本当にやさしい人だった〉

と山本はつくづく思うのだ。

山本が一番ありがたかったのは、そのとき、富士学校での初めての体験入隊の話が出て、

「おまえら、本当によくやってくれたなあ。体力もあったしなあ」

と早大国防部から一期生として参加した山本、武井、石津、大石らに触れ、

「何もないんだよ、おまえらとのわだかまりは」

といってくれたことだった。

森田必勝以下、全日本学生国防会議の森田グループの何人かが、楯の会専念のために日学同から離れることになって、除名騒動があったことを、三島も知っていたのだ。

〈あの言葉はありがたかった〉

山本は心から頭が下がる思いだった。

## ●事件当夜、片瀬裕《かたせゆたか》の霊体験

国士舘大二年の片瀬裕は、この日は朝の一時限目から大学の授業に出ていた。講義科目は「憲法」で、東大名誉教授でもある神川彦松《かみかわひこまつ》教授の授業だった。神川は日本の戦後憲法を占領憲法として否定し、改憲派の論客として知られていた。この日、三島が憲法改正を訴え、憲法に身体をぶつけて死んだことを思いあわせて、のちに片瀬は暗合《あんごう》めいたものを感ぜずにはいられなかった。

午前十時四十分に講義が終わり、梅ヶ丘から新宿・牛込《うしごめ》の自宅に帰る途中、片瀬は新宿駅西口の電光掲示板で初めて事件を知った。

《三島由紀夫と名のる男が自衛隊市ヶ谷駐屯地へ乱入》とあった。

急いで自宅へ帰ってテレビをつけると、もう三島由紀夫と森田必勝が割腹自決したことを報じていた。

それから早稲田ハウスへ行ってみると、すでに大勢の学生が集まっていた。日学同同盟員といっても、日ごろは事務所へ顔を出したこともないような連中まで押しかけてきており、みな興奮しきっていた。一種のパニック状態である。

言葉にいい表わせないほどの驚愕《きようがく》と感動を、誰もが自分で扱いかねている様子だった。それは片瀬とて同じであった。

そのうちに、市ヶ谷から帰ってきた山本之聞ら数人とともに、牛込警察署へ向かうことになった。三島と森田の遺体が一時、同警察署に収容されると聞いて、手をあわせ、焼香をするためだった。

この夜、数名の学生とともに早稲田ハウスに泊まった片瀬は、夜中に不思議な体験をした。片瀬が寝たのは、押し入れの上段であったが、そこはかつて森田必勝愛用の寝台でもあった。

片瀬は夜中、ザッザッザッザッという音で目が覚めた。それはなかなかやまなかった。夜の静寂を破って、ザッザッザッと規則的なリズムで聞こえてくる音。

〈あれは軍靴《ぐんか》の音だ〉

それはまさに小走りに階段を駆けのぼってくる軍靴の音であった。片瀬は肌に粟《あわ》だつものを感じた。

〈森田さんの霊が帰ってきたんだ〉

片瀬はすぐそばに寝ている宮崎正弘を起こした。

「宮崎さん、軍靴の音が聞こえますよ」

起こされた宮崎は怪訝そうにまじまじと片瀬の顔を見た。〈こいつ、狂ったんじゃないか〉という顔だった。

結局、音の正体は、壊れている風呂場の水道管から水がしたたり落ちてベニヤ板にあたる音であるとは、のちにわかったことであった。

だが、そうは知らない片瀬は、軍靴の音を聞き、一種の霊気にうたれた状態になった。眠れぬままに、闇の中に目をこらしていると、障子に貼ってある黒いラシャ紙が目についた。それはつい先日の早大祭で、早大国防部が「大満州国の理想」というテーマで研究発表した際、掲示したものだった。畳二畳分大の黒いラシャ紙に、白い墨で満州の「建国宣言」が書かれてあった。片瀬がそれをジッと凝視《ぎょうし》していると、闇の中にその「建国宣言」の白い文字が薄ぼんやりと見えてきた。さらに目をこらすと、その上に燐が燃えるような青い紫がかった光芒が放たれたかと思うと、人の横顔のようなものが映ってきた。

それは森田必勝の顔ではなく、憂いに沈んだような三島由紀夫の顔だった。

もっとハッキリ見ようと、目をグッとこらすと、心臓の鼓動が激しくなり、憑《つ》き物《もの》がおちたようになってわれにかえった。再び凝視すると、三島の顔は輪郭がだんだん鮮明になってくる。が、それにつれてまた心臓が波打ち、苦しくなるのだった。

片瀬に霊的体質があるわけではなかった。事件の衝撃がいつまでも尾を引いた結果といってよかった。

## ●森田必勝への反発

山本之聞にとって、三島由紀夫の割腹自決以上にショックだったのは、森田必勝がともに行動を起こし、腹を切ったという事実だった。

よくやったなあ、そんな勇気があったのか、オレだったらとてもできないなあ——というさまざまな思いが交錯し、ただただ驚き、感嘆し、頭を垂れるしかなかった。

その夜、早稲田の「ジュリアン」の近くの、いつも幹部会を行なう神社の集会所に、日学同の主だったメンバーが集まった。矢野潤、斉藤英俊、宮崎正弘、山本之聞、高柳光明、新委員長に就任したばかりの玉川博己《たまがわひろみ》（慶大三年）、新書記長の三谷哲央《みたにてつお》（明大二年）などだった。

この席上、早くも三島由紀夫、森田必勝の追悼集会を行なうという話が持ちあがり、三島に近い大勢の文化人に発起人になってもらうということまで具体化した。

追悼集会の話に気色《けしき》ばんだのは、山本や玉川博己だった。耳を疑わずにはいられなかった。時期が時期である。

人が命を抛《なげう》って鬼神《きじん》を哭《な》かしむるような行動にうってでたその日の夜に、そのような発想が生まれるとはいったいどういう神経なのか——という気持からの反発であった。

その反発は、人の情からいえば、きわめて学生らしいまっとうな心根《こころね》といえたが、政治運動あるいは政治組織の本質を知る者からいえば、子どもじみたセンチメンタリズムにすぎなかった。少なくとも矢野、斉藤、宮崎には、三島、森田の自刃は、日学同運動を一気に飛躍させる絶好のチャンス到来との認識があった。この政治的好機を逃《のが》す手はなかった。

とくに宮崎などは、事件の衝撃にうちのめされ、早稲田ハウスでなすすべもなく右往左往している学生たちを尻目に、昼のうちから追悼集会会場確保のために電話をかけまくり、ようやく池袋の豊島公会堂を押さえたほどである。

そういう宮崎にしてみれば、山本や玉川の反発のほうが意外で、

〈いったい何をいってるんだろう〉

と不思議そうに山本たちを見やるのだった。

## ●追悼の夕べは超満員

日学同が中心となり、各界の文化人、学者四十三人を発起人（総代・林房雄）として、「三島由紀夫氏追悼の夕べ」が池袋の豊島公会堂で開催されたのは、事件より十六日目、十二月十一日のことである。

当日は午後六時の開会にもかかわらず、午後一時ごろから参会者の行列ができ始め、開場の午後五時には五千人を超えていた。会場周辺は身動きもできないほどで、急遽公会堂裏の集会場を第二

会場、公会堂前の中池袋公園を第三会場としなければならなかった。

五時の開場と同時に定員を超える約千五百人が公会堂に入場、たちまち会場内は一階、二階とも超満員となり、残りの約三千五百人は第二会場、第三会場へと流れていった。

会場内に荘重なベートーベンの『英雄』第二楽章が流れ、外の人たちは中池袋公園に特設されたスピーカーに耳を傾けた。正面壇上には無数の白と黄の菊で囲まれた三島由紀夫の遺影が飾られ、まばゆいばかりのライトに浮かびあがっていた。

外の第二、第三会場にも、三島、森田必勝の遺影が飾られ、古式に基づいた神式の祭壇が設けられた。

午後六時、司会の藤島泰輔《ふじしまたいすけ》、川内康範《かわうちこうはん》が「追悼の夕べ」開会を告げた。あいさつに立ったのは、作家の林房雄、藤島泰輔、北条誠《ほうじょうまこと》、民社党の麻生良方《あそうよしかた》、「アマンド」社長の滝原健之《たきはらけんじ》、日本空手協会首席師範の中山正敏《なかやままさとし》、作家の水上勉《みずかみつとむ》（川内康範・代読）、歌手の仲宗根美樹《なかそねみき》らで、作曲家の黛敏郎《まゆずみとしろう》が閉会の辞を述べた。

三島が生前、とくに愛好し、映画『憂国』のバック・ミュージックにもなったワグナーの楽劇『トリスタンとイゾルデ』のメロディが静かに流れ始めた。その中を、参会者は菊の花を一本ずつ遺影に捧げ、故人の冥福を祈った。閉会は午後十時であった。

この「追悼の夕べ」は翌年から「憂国忌」と命名されて、毎年命日の十一月二十五日に開催されることになり、昭和六十三（一九八八）年には十九回を数えるところとなった。

だが、その間、「憂国忌」に参会する楯の会関係者はただの一人もなかった。「憂国忌」を主催する日学同が、いかに悪罵《あくば》を投げつけて森田必勝を除名したか、そのいきさつを知っているからだった。

〈お祭りをやるのもよし。だが、その前に、森田に対してひと言、詫《わ》びるのが筋ではなかったか〉

との思いは、関係者に共通のものだった。

## ●初公判でのトラブル

昭和四十六（一九七一）年三月二十三日、前日までの陽気とはうって変わって肌寒い小雨が降っていた。東京・霞が関の東京地裁は早朝からあわただしい空気に包まれた。

この日、午前十時から、〝三島事件〟の初公判が開かれようとしていたのである。

東京地裁前には、四十二枚の傍聴券を求めて、すでに朝七時の段階で、四百人を超える長蛇の列ができていた。その先端には、いずれも日の丸の鉢巻、「正当裁判要求」のタスキ掛け、黒い詰《つ》め襟《えり》の学生服に身を包んだ約二百人の姿があった。

全国学協、及びそのOB組織として結成されたばかりの日青協（日本青年協議会）の面々だった。前夜からの泊まりこみである。

午前八時からの傍聴券抽選のための整理券配布を待つ間、一行は『学徒出陣の歌』『昭和維新の歌』を合唱。さらには、

「三島裁判、勝利ーッ！」

「われわれは闘うぞ！」

とシュプレヒコールで気勢をあげた。

午前七時半になると、「三島由紀夫研究会」の腕章をつけた日学同約五十人が登場、二メートル四方の大きな三島由紀夫の遺影を地裁の壁に掲げようとした。すかさず全国学協側から、

「売名行為はやめろ！」

「森田さんを除名したおまえたちに何の権利があるんだ。帰れーッ！」

と罵声が飛び、こぜりあいから激しい殴りあいとなった。

両派いり乱れての乱闘は、まもなく地裁の職員が中に入り、約十分でおさまった。

午前八時、ようやく傍聴券の抽選が始まった。地裁中庭《なかにわ》に設けられた三つのダンボール箱に次々と手が伸びる。「櫛淵《くしぶち》」という裁判長の姓の判が押されていれば、当たり券である。当たり券を引いた学生が飛びあがった。

人海戦術をとった全国学協はさすがに強かった。

「ただいま十六人」

「また一人、十七人目だ」

次々と当選数が報告され、一団から拍手と歓声が湧いた。結局、最終的には、一般傍聴四十二名中の約半数にあたる二十人分を手にいれることができたのである。

ただちに場所を地裁正面玄関前の広場に移し、みぞれまじりの小雨の中で、二十人の代表傍聴団の選出と、その激励壮行会が開かれた。傍聴券は、地方上京組、全国学協、日青協と均等に配分された。

全国学協書記長の犬塚博英が、残留組を代表して入廷組への激励に立った。

「傍聴する人はここに結集した二百人の代表のみならず、全国の憂国青年の代表である。われわれ残留組もたとえ法廷外であろうと意を同じくし、ひたすら正当裁判実施を祈念する。法廷内外の共闘、さらに三志士との血盟の共闘体制で現憲法を裁《さば》こう」

これに対して、入廷組を代表して、日青協委員長の吉村和裕が、

「公判内容の一言一句も聞きもらさず傍聴し、詳細を同志に報告する。傍聴する二十人それぞれが憂国の青年を代表して公判を見守る」

と決意を述べた。

そのかたわらでは大きな日の丸の旗、全国学協旗がはためき、関西勢が羽織袴《はおりはかま》のスタイルで《非理法権天《ひりほうけんてん》》のノボリを振っていた。

スクラムを組んでの大合唱、シュプレヒコールなどがひとしきり続き、代表傍聴団に対する激励壮行会が終わった。入廷組を送りだすと、約百八十人の残留組は地裁正面玄関のコンクリートの上に靴を脱いで正座し、皇居を遥拝《ようはい》、三島、森田の辞世の句を拝唱した。彼らは公判が終了するまでの約一時間、正座のまま祈り続けた。

## ●裁判闘争に敗北して

全国学協が昭和四十五（一九七〇）年十一月二十五日の事件で受けた衝撃も、ひと通りのものではなかった。とくに決起した五人のうちの二人——古賀浩靖、小賀正義が、学協のメンバーであったことが、なおさら他人事の事件ではなくしてしまったのである。

事件が報道された直後から、原宿の本部事務所には、情報不足の地方会員からの問いあわせがあいつぎ、電話回線がパンク寸前になった。

矢も楯もたまらず、地方から上京してくるケースもあった。中には興奮のあまり、「三島先生のあとに続かなきゃいけない」と刃物を持って飛びだしてくる者もいて、地方からの連絡を受けて、本部駐在の人間が心あたりを捜さなければならないハメになった。

そうした対応に追われて、本部の者は一週間ぐらい眠れない日が続いたほどである。

ともあれ、〝三島事件〟（彼らは〝11・25義挙〟と命名）は沈滞化していた全国学協の運動が一挙に昂揚する起爆剤となった。さらに、ＯＢを結集して十一月三日に産声《うぶごえ》をあげたばかりの日本青年協議会（日青協）も、期せずして組織に魂をいれられる形となったのである。

全国学協、日青協は事件後、ただちに「11・25義挙正当裁判要求闘争委員会」を結成した。

「おそらく司法当局は、今度の義挙を単なる刑事事件として裁くだろうけれど、その根底には、憲法と刺し違えた三島、森田両人の悲痛な訴えがある。この裁判は刑事罰として裁くのではなく、思想を裁く、思想裁判として展開しなければいけない。それこそが正当なる裁判である」

という見解だった。そして、

「〝11・25義挙〟の本質たる《憲法改正》を法廷の争点とし、占領憲法そのもの、及び現在の憲法体制総体を告発する点こそが今回の裁判闘争の闘争たるゆえんであり、われわれの総力をあげて闘う前提であり、帰結でもある」

として徹底的に裁判闘争を闘う方針をうちだしたのである。

まず正当裁判を要求する署名運動を全国的に展開して、三万人にも及ぶ署名を集めたのを手始めに、弁護団や被告の古賀浩靖、小賀正義、小川正洋にも会見。弁護団に対しては集まった署名を持参して、刑の長短より義挙の正当性と憲法論を展開するよう要請したのだった。また裁判官には上申書を提出した。

なおかつ十八回の裁判の中心的傍聴者として、三被告と一体化する形で、精神的支援を貫いた。

だが、裁判の回を重ねるごとに闘いのマンネリ化は避けがたく、地裁前に結集し、傍聴する人数が徐々に減っていったのは否《いな》めなかった。

それ以上に、被告の三人に学協の意志が通じなかったことも完全燃焼できない一因にあげられたが、それはどうしようもないことであった。三人のうち、古賀、小賀の二人が学協に属していたとはいっても、あくまで楯の会の一員として行動したのであって、学協の一員として行動したのではなかったからだ。学協側から彼らに対して、強い要請や要求をできるものではなかったし、何よりも行動者に対する負い目があった。

法廷闘争と支援部隊の足並みはそろっていなかったといえる。

それどころか三島家の周辺から伝わってくる話では、地裁前でトラブルを起こしたりする民族派学生に対して、ありがた迷惑の感情を抱いている——というのだった。

かくて昭和四十七(一九七二)年四月二十七日、三被告に下された判決は、嘱託殺人、監禁致傷、暴力行為、傷害、職務強要による、それぞれ懲役四年(求刑同五年)というものであった。判決は事実認定に限られ、自衛隊違憲論などには触れてもいなかった。

一年有余、十八回に及ぶ公判は、こうして幕を閉じた。全国学協にとって、決して後味《あとあじ》のいい裁判ではなかった。あとに残ったのは、空虚な倦怠感《けんたいかん》だけといってよかった。

その倦怠感は尾をひいた。明確な敵と運動目標の喪失から、運動の低迷状況を招くに至ったのである。

そこから全国学協は組織的に複雑な展開を見せていくことになる。同年七月、第四回全国大会において、従来の全国学生自治体連絡協議会（全国学協）から全国学生協議会連合（略称は同じ全国学協）と改称。その直後に、内部で路線論争が生じるのである。

それは、天皇信仰を原点とした憲法打倒の運動を組織の基本性格とするか、民族解放・反米帝路線を組織の基本性格にするか——の論争・対立であった。端的にいえば、あくまで生長の家信仰に基づいた生長の家路線をとるのか、それとも生長の家の影響下から離れて自立路線をとるのか——の対立だった。

一年にわたって激越な論争が展開されたのち、全国学協、日青協は分裂。昭和四十八（一九七三）年九月には、全国学協中執グループは上部団体・日青協と訣別し、二カ月後、新たなOBが「草莽社《そうもうしゃ》」をつくってその上部団体となった。

一方、日青協は、昭和四十八年十一月二日から三日間、比叡山《ひえいざん》・延暦寺《えんりやくじ》会館に、全国から約百人の代表を集め、「日本青年協議会総路線決定第一回全国会議」（第一回全国大会）を開催、組織の再建をはかった。

またその学生戦線として、翌年三月、「反憲法学生委員会全国連合」（反憲学連）を結成した。そして日青協（委員長・衛藤晟一、書記長・椛島有三）は機関誌『祖国と青年』を、反憲学連（委員長・宮崎正治《みやざきまさはる》＝早大）は機関紙『先駆者』（『全国学生新聞』を改称）を発行、「谷口雅春の天皇信仰」を運動理念として「反憲法を主軸とする闘い」を推進する〝反憲総路線〟を明確にうちだした。

## 二　一水会《いっすいかい》の誕生

### ●鈴木邦男、サンケイ新聞に入社

全国学協委員長の座を解任され、東京を追われた鈴木邦男にとって、仙台で迎える新年が輝かしいものでなかったのは当然だった。

昭和四十五（一九七〇）年、七〇年代の幕開けである。思えばかつて七〇年闘争を呼号《こごう》して、この年に目標をおいて闘ってきた日々があった。そんな時代が嘘のように、いまや民族派学生活動家としての生命を絶たれたにも等しい立場に変わっていた。

それでも仙台に帰った当初、しばらくはあきらめがつかなくて、

〈いっそ四国あたりの大学に入って、もう一度最初から学生運動をやり直そうか〉

と真剣に考えたこともあった。

だが、思い直して、捲土重来《けんどちょうらい》を期すためにも、この際、じっくりと力を蓄《たくわ》えるべきだ、という結論に達したのである。

〈必ず、オレの出番はもう一度来る〉

と信じることにつとめた。

が、そうはいっても、まだ若く、血気盛んな時分だったから、そう簡単にわりきれるものではなかった。ときとして敗北感が胸をよぎって、暗い絶望の淵に沈みこんでしまうこともあった。

そんなとき、鈴木は一冊の本に出合った。中江兆民《なかえちようみん》の『一年有半』という本だった。そこには余命一年半と宣告されながら、必死に本を読み、勉強し、原稿書きにとりくむ兆民の姿が書かれていた。

鈴木はいやでも現在の自分が置かれた状況と重ねあわせずにはいられなかった。

〈こういう絶望的な状況の中でも、人間というのは勉強しなくちゃならないんだな。オレにしたって、運動をやりたくても、そういう場が閉ざされてやれない状況にある。もしかしたら、このまま一生、仙台で悶々《もんもん》として終わるかも知れない。だけど、中江兆民はもっとひどい絶望状況に置かれてたんだ。あと一年半の命だなんていわれたら、誰だって自棄《やけ》になって終わりだろう。それをひたすら勉強に励むんだからスゲエもんだ〉

心からの感動があった。鈴木の中で迷いが消え、曲がりなりにも腰をすえて勉強にとりくむ気持になったのは、このときからだったといっていい。

実際、この時代ほど、読書にうちこんだ時期はなかったかも知れない。自動車の運転免許をとり、本屋のアルバイトに通いながら、河出書房の『世界の大思想』（全四十五巻）や筑摩書房の『近代日本思想大系』（全三十六巻）などの読書に励んだのである。

そうした中で、就職の話が持ちあがったのは、仙台へ来て半年ほどたってからのことだった。鈴木の行く末を案じた親や周辺の人の奔走があって、縁故関係からサンケイ新聞社への就職が可能となったのである。

入社試験もなく、鈴木と仙台で面接したサンケイ新聞社幹部の、

「早大の政経出て、仙台でブラブラしていることはないだろう」

というひと言で、話が決まったのである。

鈴木は昭和四十五（一九七〇）年六月に上京、中途入社したサンケイ新聞社での配属先は、販売局の開発センターだった。

入社後すぐに一カ月の研修期間があり、その内容は、足立区内の某サンケイ新聞販売店に住みこんで、新聞配達から集金、拡張までの現場の仕事にとりくむというものであった。

ここでの体験は、サンケイの社員となるうえでも人生のうえでも、得がたいものであった。

一カ月の研修を終え、大手町の本社に戻った鈴木は、下宿先を高田馬場の阿部勉のアパートに求めた。上京後、友人の住まいを転々としていたとき、たまたま阿部勉と会い、事情を察した阿部から、

「そんなことならオレのアパートに来たらいいじゃないですか。六畳二間ありますから、一間、使ってください」

と勧められ、そのまま居候《いそうろう》の身となったのである。

この当時、阿部のアパートは早大尚史会の事務所ともなっており、阿部は早大の同期生で、楯の会三期生でもあった尚史会会員の福田俊作と一緒に住んでいた。かくて阿部、福田、鈴木という男だけの奇妙な三人暮らしが始まったのである。

昭和二十一（一九四六）年生まれの阿部勉は鈴木より三歳下で、昭和四十（一九六五）年に早大法学部に入学し、やがて日学同早大支部である早大国防部の発足に参画したが、のちに楯の会一期生となることによって、日学同を離れた。

鈴木とは旧知の間柄《あいだがら》であったが、とくに親しくなったのは、前年の昭和四十四（一九六九）年、鈴木が全国学協をパージされてからのことだった。

二人を結びつけたのは、民族派学生の間では名物男的な存在だった長谷裕次郎《はせゆうじろう》である。長谷は自称・青山学院大生のニセ学生だったが、全国学協のシンパとして、活動家のような形で、大会や集会には必ず顔を出していた。前年には、青学大の闘争で全共闘のリンチにあい、大怪我をしていた。

この長谷によって正式に引きあわされた鈴木と阿部は、同じ秋田の出身（阿部は角館《かくのだて》、鈴木は幼少から横手、秋田、湯沢と転々）だったこともあり、たちまちうちとけた。秋田弁で肩の力を抜いた会話ができたのである。

高田馬場の阿部のアパートに居候しながら、大手町へ通う鈴木のネクタイ姿も、二カ月、三カ月たつうちに、ようやく板についてきた。職場も、販売局の開発センターから計算課に移り、朝から晩まで算盤《そろばん》をはじく仕事になっていた。算盤は小学生のとき、少しやった程度だったから、七級の本を買ってきて、朝、会社へ行く前に練習をしたものだった。

「おっ、算盤ですか」

阿部が算盤をはじいている鈴木を見ては、からかった。

といっても、同じ住人でありながら、自由人である阿部や福田と、サラリーマンの鈴木とはめったにかちあうこともなかった。夜の遅い阿部や福田は、鈴木が出かけるときはたいてい寝ていたし、夜、尚史会の集まりがあるときなどは、鈴木のほうで席をはずした。

このとき、阿部と福田は六年目の大学生活を迎えていたのだが、二人が日ごろどんな暮らしかたをしているのか、カタギの鈴木には皆目《かいもく》わからなかった。互いの生活に干渉しないのを原則としていたし、改まって深い話をしたこともなかった。

休みの日など、鈴木も阿部も柱にもたれてすわったまま、ほとんど話もせずにボーッとしていることもあった。そこにはまったく肩のこらない自然体のつきあいがあったのだ。

むろん阿部や福田は、このころ、早大尚史会、楯の会の活動に専念する日々を送っており、いくら鈴木といえども、語れない楯の会会員としての機密もあった。

活動から遠ざかり、サラリーマンの生活に埋没しつつあった鈴木には、そんな二人が羨《うらや》ましかったのも事実である。もっとも鈴木の楯の会に対する見方は、世間のそれと同様、〝三島のお遊び〟であり、〝おもちゃの兵隊〟であるというものだったのだが。

それだけに十一月二十五日、突然の嵐のように〝三島事件〟が起こったときの鈴木のショックは、何とも形容しがたかった。自分の存在が根本から覆されたも同様だった。

## ●「こんなことしてる場合じゃない」

その日、ニュースが飛びこんできたのは、いつものように会社で算盤をはじいていたときだった。鈴木はすぐにテレビのある地下食堂へと飛んでいった。

テレビは三島由紀夫と森田必勝が割腹して果てたことを伝えていた。鈴木は愕然《がくぜん》として息をのんだ。頭ががらんどうになってしまったようだった。

「見えねえぞ！」

テレビの真ん前に立つ鈴木に、後ろから怒鳴り声が飛んだが、鈴木の耳には入らなかった。

〈……あの森田が――〉

三島の死より、森田の死んだことに強い衝撃を受けたのだ。

呆然と夢遊病者のように職場に戻った鈴木に、仕事など手につくはずもなかった。そこへ突然、一人の男が飛びこんできた。

長谷裕次郎だった。

「仕事なんかしている場合じゃないでしょうが」

興奮して怒ったような口調で、鈴木にいった。長谷はヤクザっぽい男だったが、全国学協の中では、とくに鈴木シンパだった。

〈そうだ、こんなことしてる場合じゃない〉

鈴木は長谷の言葉で、われに返ったように上司である計算課長のもとへ行って、

「こういうときだから帰らせてもらいます」

と早退する旨を告げた。

鈴木の経歴をまるで知らない初老の計算課長は、鈴木の申し出に啞然として目をしばたたかせた。鈴木は半ば強引に長谷とともに会社をあとにした。さりとて何もやることはなかった。いまさら市ヶ谷へ駆けつけてもどうなるものでもなかった。

この日、鈴木は長谷とともにそこかしこをむやみやたらと歩いたような気がした。それでも胸の火照りを静めることはできなかったし、何かとり返しのつかないことをしたあとの悔恨《かいこん》にも似た感

情があった。それが森田に対する負い目の感情であるとは、のちに気づくことだった。

その晩、高田馬場のアパートには阿部も福田も帰ってこなかった。

事件を知って市ヶ谷駐屯地へ駆けつけた阿部はただちに第八機動隊に捕まり、警視庁に引っ張られたが、その後、愛宕《あたご》署に身柄を移された。同署で取り調べを受けたあとで、二十六日に日付が変わった深夜、中辻和彦と渡辺規矩郎とに身柄受取人として迎えてもらい、ようやく釈放されたのだった。二十六日夜、阿部のアパートには、楯の会の尚史会グループが集まり、大勢の人間で部屋がいっぱいになった。

部屋には祭壇がこしらえられ、三島と森田の遺影が飾られ、菊の花が添えられていた。

鈴木もこの夜、遺影に手をあわせ、両人の冥福を祈った。鈴木の中で何かが確実に変わったのは、このときからだった。

## ●全国学協書記長・犬塚博英の憂鬱《ゆううつ》

昭和四十七（一九七二）年四月二十七日、三島・楯の会裁判は終わった。あとに残ったのは、被告三人に対する懲役四年という判決だった。

〈敗《ま》けた――〉

この裁判を〝11・25義挙正当裁判要求闘争〟として闘い抜いてきた全国学協・日青協の面々に

は、一様にわりきれなさが残った。とりわけ、全国学協書記長としてみんなを引っ張り、この闘争に全力投球してきた犬塚博英にとって、その敗北感、虚脱感は大きかった。

〈オレたちは敗けたんだ……〉

犬塚は地裁前に呆然と立ちつくしていた。

〈いったいこの闘争はオレたちに何を残したというんだろう〉

苦い敗北感だけがジリジリと胸を焦《こ》がしていった。

一年前、三島裁判が始まった年、犬塚は長崎大学四年生になろうとしていた。赤貧《せきひん》の中から大学に上げてもらいながら、必ずしも親を喜ばせるような学生生活とはいえなかった犬塚にとって、せめて留年せずに四年間で卒業するだけでも、親孝行と思っていた。

が、二年のときから長崎を離れ、原宿の学協本部に住みこみながら東京での活動に専従していた犬塚には、大学の単位をとる暇はなかった。

そこで四年になって、ときどき長崎へ帰っては、大学で卒業のために必要最小限の単位をとらなければならないことになった。東京と長崎を往復しながら裁判闘争を闘うという生活を強いられたのである。

そうした中で、全国学協指導部との間に亀裂が生じ始めていた。

犬塚は長崎と東京を往復する途中に、関西へ立ち寄る機会が多くなった。もともと関西派とは気脈が通じるところがあった。

同じ全国学協の同志とはいっても、関西と関東には、風土や気質の違いからくるものなのか、運動スタイルに明らかな違いがあった。たとえば、三島裁判の第一回公判のときも、関西勢は羽織袴で、楠木正成《くすのきまさしげ》の使った《非理法権天》というノボリを持って登場した。一方、東京勢は、ときにヘルメットをかぶることもあって、新左翼の裏返しのスタイルに近かった。

関西派からすれば、東京勢の実践する〝民族派運動〟など、きどったものにしか映らなかった。彼らには体育会的な体質が色濃くあって、既成右翼に対してもそう感情的な隔《へだ》たりはなかった。どちらかというと犬塚も、そうした関西流の素朴な尊王観、直情的な体質に、より共感を持った。

そんな犬塚が関西グループと親しくなっていく過程で、彼らから紹介されたのが、奈良在住の坪《つぼ》井一夫《いかずお》である。坪井は戦前、黒龍会、洗心塾に関係し、戦後は関西戦中派の会常任世話人、三曜会相談役、愛国戦線同盟相談役、関西愛国有志クラブ常任世話人・事務局長などを歴任した関西右翼の実力者だった。

学協関西勢は、この坪井から多大な影響を受け、資金的な援助も受けていた。関西を行き来する機会が多くなるとともに、犬塚もまた、坪井の影響を受けるようになったのである。

ちなみに犬塚の生涯の師ともなる中村武彦《なかむらたけひこ》との出会いは、この坪井を通してのものだった。中村と坪井は非常に懇意にしており、坪井は兄貴分的な存在の中村を、学協の集会や講演にも引っ張りだしてくれたのである。

坪井は学協の関西グループに対して何かと肩入れをしてくれ、犬塚が準備委員長となった民族派全学連の準備会発足結成大会においても、自ら会場に来てくれたものだ。そのときも、紋付袴《もんつきはかま》、髭《ひげ》をはやした壮士風の、いかにも古色蒼然《こしょくそうぜん》とした右翼のスタイルで、一部の学協メンバーには顰蹙《ひんしゅく》を買ったようだった。

そうした既成右翼と犬塚とのつきあいが、東京の全国学協指導部からしだいに疎《うと》まれだしたのは確かである。もともと既成右翼と一線を画《かく》さない関西グループと、それとは純然と区別して、あくまで良識派の枠をはずしてはならないとする東京勢との間には確執が存在していた。

とくに既成右翼を拒否する姿勢が強かったのは、生学連出身で、生長の家を基盤に、教団と不即不離の関係を持った運動を推し進めようとする者たちだった。

そうなると、生長の家が主流を占める全国学協指導部の中で、関西派に近い立場となった犬塚が、浮きあがった存在になるのは当然だった。

しかも犬塚には、任侠《にんきょう》右翼といわれる日本青年社の総隊長・衛藤豊久《えとうとよひさ》との交流もあった。犬塚と衛藤の接点は、昭和四十四（一九六九）年十二月六日、麻布公会堂で行なわれた関東学協・都学協結成一周年大会において生まれたものだった。

この大会では、委員長不当解任を訴えて、鈴木が飛び入り演説するというハプニングが起きる一方で、日学同十数人が乱入するという、内と外による大会妨害が行なわれた。

とくに殴り込んできた日学同と、大会防衛にあたった全国学協との間で乱闘騒ぎとなり、都学協委員長の米良紘一郎《めらこういちろう》が大怪我を負う事件となった。

このとき、会場にいて、両者の仲裁に入ったのが、衛藤豊久であった。

衛藤を総隊長とする日本青年社が結成されたのは、奇《く》しくも全国学協結成と同じ年のことで、数多い任侠右翼の中でも、同団体が七〇年安保に向けた近代的組織づくりの先鞭《せんべん》をつけたのだった。

衛藤は持ち前の鋭《するど》い感覚で、いわゆる民族派学生運動に対しては、以前から並々ならぬ関心を抱いていた。この日の関東学協・都学協の大会へ顔を出したのも、日学同と全国学協の間に不穏な動きがあるのを察してのことだった。

麻布十番に住んでいた衛藤は、自分の住む目と鼻の先で行なわれる内ゲバを見逃すことができなかったのだ。

そうしたいきさつから、大会のあとで、全国学協側から衛藤のもとにあいさつに出向いたのが、犬塚だった。そのときから二人の個人的な交流が始まったのである。

それはともかく、全国学協と日学同の内ゲバは、間に立つ人があって、話しあいが持たれ、昭和四十五（一九七〇）年五月の全国学協第二回全国大会の前に一応の決着がついた。しかし、その決着のつけかたに不満を持つ学生は少なくなく、学協内部にしこりを残したままだった。

日学同と全国学協という、民族派学生組織のヘゲモニー争いは、生長の家のような上部団体を持たない日学同のほうが、何でもできたぶんだけ強かった。全国学協側にしてみれば、いつも痛かったのは、日学同が自分たちの頭越しに直接生長の家に矛先《ほこさき》を向けてくることだった。

《生長の家という宗教団体が全国学協のような連中を抱えていいのか》

という全国学協攻撃のビラを生長の家本部前で配ったり、谷口雅春総裁邸をデモで包囲するという形で、学協とすれば最も弱いところを突いてくるやりかたなのだ。

結局、間に立った人間から、生長の家の上層部にまで話がゆき、そこから争いをやめるようにとの強い要請が全国学協に届くことになった。

資金的にも人員的にも生長の家に依存している度合いの高い全国学協にすれば、上のレベルの決着をそのままのまざるを得なかった。その結果、かなり日学同に譲歩した形となったのである。

そのしこりは、

「オレたちの民族派運動は、生長の家の教化運動の一環としてやっているものじゃないんだ。この際、生長の家との関係を断つべきだ」

と主張する者まで出てくることで、顕著になった。

犬塚にしても、日学同との争いが、どちらが正しいかは別にしても、生長の家の意のままに、相手に屈し、妥協しなければならないのは、どうにも納得がいかなかった。

〈生長の家を後生大事《ごしょう》にして、生長の家からいわれたら、一も二もなく相手のいうがままにならなければならないなんてことがあるか。だいたい学協の指導部にいながら、生長の家と二股かけているような輩など、優柔不断以外の何ものでもない〉

と思わざるを得なかった。

犬塚は生学連出身者に対してはとくに不信感がぬぐいきれなかった。犬塚の見るところ、彼らはとかく口先だけで、本気で闘おうとしない人間が多かった。

たとえば、長崎で活動していたころ、反帝学評や中核派にリンチを受けると、すぐに警察に駆けこんで被害届を出すような者は、決まって生学連の学生だった。

〈いくら敵とはいっても、官憲の学内導入の口実をつくるようなヤツがいるだろうか〉

犬塚は心底、情けなかった。やられたらやり返せばいい、というのが、犬塚たちの論理のはずだった。

そうした生長の家に対する位置づけをめぐって、学協内部での対立が一挙に表面化しようとしていた矢先に起こったのが、〝三島事件〟であった。それによって内紛どころではなくなり、組織をあげての裁判闘争にとりくむことになったのである。

しかし、その底にしこりが残っていたのは確かだった。

裁判闘争を闘っていく過程で、犬塚が徐々に学協指導部と反目しあうようになるのは、単に関西グループや既成右翼とつきあい、〝正統民族派路線〟を主張するようになったからだけではなかった。その遠因は、すでに〝三島事件〟の以前から準備されていたのである。

〝11・25義挙裁判闘争〟を闘いながらも、犬塚の胸には鬱然《うつぜん》としたものがくすぶり続け、心は全国学協指導部から離れていきつつあった。

そんな時期に、犬塚は鈴木邦男とバッタリ会った。東京・調布の生長の家飛田給《とびたきゅう》道場での講習会の席上だった。昭和四十六（一九七一）年十二月の暮れも間近いころで、およそ二年ぶりの再会である。

## ●犬塚博英、長崎に帰る

犬塚は懐かしかった。二年前の十二月、麻布公会堂で行なわれた関東学協・都学協結成一周年大会の壇上で激しくやりあったことが、つい昨日の出来事のように思いだされた。

むろん二人の間で、そんなわだかまりはとっくに消えていた。

犬塚には、逆境の中で試練を乗り越えてきた鈴木がまたひとまわり人間が大きくなったように感じられてならなかった。

皮肉なもので、今度は自分が組織から疎まれだし、かつての鈴木と似た立場に置かれていた。その過程で、ある種の組織エゴも見えてきていたし、鈴木がかつていわんとしたことも理解できるようになっていた。

一方、鈴木とて、犬塚に対しては胸に含むものは何一つなく、その再会を心から喜んだ。思えば鈴木の委員長解任問題では、当時の学協執行部で最も筋の通った誠実な対応を見せてくれたのが、犬塚だった。その後輩に対して、感謝こそすれ、恨みに思うことなど何もなかった。

昭和四十四（一九六九）年六月、鈴木が一カ月ほど前に就任したばかりの全国学協委員長の座を解任されたとき、犬塚はまだ長崎大学の一《いち》活動家にすぎなかった。事情をまるで知らない犬塚にとって、民族派学生のスターであり、自分たちの憧れである鈴木が、ものの一カ月もしないうちに委員長を降ろされるとは、どう考えても不可解だったし、そんな馬鹿げた事態を生んだ執行部に対して憤懣《ふんまん》やるかたなかった。

〈地方でわれわれがこんなに一生懸命闘っているのに、東京はいったい何してるんだ？〉

犬塚は怒りを抑えがたく、大学の先輩であり、今度の解任劇の主謀者ともいえる安東巌に直談判《じかだんぱん》に及んだ。

「全国学協が結成され、役員も決まったのに、それから一カ月もたたないうちに、委員長や副委員長が替わるなんてことは、地方にいるわれわれにはどうにも納得できません。これはいったいどういうことですか？」

全国の会員の声を代表する質問だった。

すると、安東は一通の手紙を犬塚に差しだした。それは、委員長の鈴木とともに副委員長の座を追われたはずの吉村和裕が安東あてに出した手紙だった。

それには、今回、自分（吉村）は親の死によって学業を放棄せざるを得なくなり、家計を助けるため、心ならずもしばらく学協の活動からも離れることになるが、心はつねに一緒であり、一家再建のメドがついたら必ず戦線に復帰したい——というようなことが書かれてあった。

つまり、吉村の場合、今回の処分は解任ではなく、家庭の事情により自ら身を引いた結果であるというのだ。また解任劇にも触れて、組織は結成初期の段階にこそ、泣いて馬謖《ばしょく》を斬るという決断が必要であり、その気概で禍根《かこん》を断つべきだ、とむしろ鈴木処分を強硬に主張しているのである。

この吉村書簡は、いわば鈴木解任を正当化する安東の切り札とも呼ぶべきものだった。鈴木処分が、決していわれているような内部の権力闘争から起こった政治的謀略劇ではなく、吉村に代表されるような執行部の鈴木批判が高まった結果、その総意に基づいて行なわれたものであることを証明するまたとないものとなったのである。

実際、当時、鈴木の人柄をまるで知らない犬塚たちにすれば、「鈴木の解任は、金銭の使いこみ、及び女性問題によるもの」という執行部のいい分を信じるしかなかった。

〈だけど、それにしても、一カ月で辞めさせなきゃならないような人間を、そもそも委員長にする

こと自体がおかしいじゃないか〉

という疑問はなお残ったが、犬塚は、

「わかりました。もうすんだことはしょうがないですから」

と自分に納得させるしかなかった。

だが、鈴木にすれば、そんなバカげた理由によって、学生生活のすべてを賭けて情熱を燃やしてきた民族派運動を奪われたのでは、たまったものではなかった。鈴木は怒り、一人、悔し涙を流した。そうした思いが爆発して、同年十二月六日の麻布公会堂での行動となったのである。

だが、それを真正面から受けとめたのは、鈴木追放の中心的役割を担った面々ではなく、鈴木解任後に執行部入りした犬塚だけだった。

たとえば、鈴木シンパのある学生など、不当な鈴木処分はもとより、麻布公会堂での鈴木に対してとった学協の態度に憤慨し、全国学協本部へ肉切り包丁を持って押しかけてきた。それには誰もが震《ふる》えあがり、逃げ隠れするしかない中で、恐れず対峙したのが犬塚である。

鈴木がそんな犬塚を信頼したのはいうまでもなかった。鈴木は犬塚との話しあいの場を持った。

「オレもここまでやった以上、地位の復権なんか望んでもムダだということはわかってるし、そんな女々《めめ》しい男じゃないつもりだ。ただ、男として、金を使いこんだとか、女がどうしたとか、そういう身に覚えのない不名誉な理由で処分されたことが、オレには我慢ならない。そのことをわかってもらいたい」

「わかりました。それに関しては、自分なりに真相を調査して、それが不当であったとすれば、鈴木さんの名誉回復には全責任を持って応じます」

と犬塚は鈴木に答え、その約束を果たすべく、すぐに調査にとりかかったのだった。

その結果、金の使いこみにしろ、女性問題にしろ、確かな裏づけはほとんどとれなかった。デマとみてよかった。

犬塚はさっそくこの問題を、中央執行委員会にかけることにした。昭和四十五（一九七〇）年五月四日に迫る全国学協結成一周年大会の直前のことである。

「鈴木前委員長の問題に関して申し述べたい。私の調査したところ、その解任理由としてあげられているような事実を見いだすことはできませんでした。むろん、だからといって、処分の是非を知らないわれわれの立場としては、その後の鈴木さんのとった行動――学協に対して大会妨害をしてきたことについては、鈴木さんにいくら正当性があったとしても、許すことはできません。ただ、処分に関して鈴木さんの名誉を不当に傷つける事実があったということだけは、きちんと自己批判し、会員の前で発表するべきです」

と犬塚は、鈴木に対して、地位の復権こそ認められないが、その処分の不当性は認めるという、かなり思いきった折衷《せっちゅう》案を用意した。

だが、当然のことではあるが、それは中央執行委員会に通るはずもなかった。

これにはさすがの犬塚も失望し、つむじを曲げるところとなった。直情的なところが多分にあった犬塚は、大会が終わるや否《いな》や、

「オレはもう知らん」

とすぐに荷物をまとめて長崎に帰ってしまった。

この事態にあわてた東京勢は、長崎まで迎えにいき、なんとか犬塚をなだめて本部に連れ戻したといういきさつもあった。

それほど当時の犬塚は組織でも重要視されており、トラブルがあったときなど、犬塚抜きには解決できないというような空気が流れていた。

が、それから一年以上の時が流れ、風向きはまったく変わったものになっていた。書記長という要職にはあっても、組織の中で、すでに犬塚は浮きあがった存在であり、もはや犬塚がいなければ物事が何も決まらないという雰囲気はみじんもなかった。

## ●鈴木と犬塚の再会

……そんなとき、鈴木と久しぶりに再会した犬塚は、鈴木から、

「久しぶり。相変わらず頑張ってるんだなあ」

とにこやかに声をかけられ、心底、うれしかった。

「頑張ってるんだなあ」とは、どうやら犬塚たちの闘っている裁判闘争をさしてのことのようだったが、もうそのころは鈴木のいうほどの内実《ないじつ》ではなかっただけに、犬塚は気恥ずかしかった。

この夜、犬塚は鈴木とともに食事をし、お茶を飲みながら大いに語りあった。また鈴木から初めて四宮正貴《しのみやまさき》を紹介されたのも、この日だった。

四宮はのちに鈴木、犬塚らとともに新右翼の論客といわれ、一水会の同志となる人物だが、このころは母校の二松学舎大学の職員だった。四宮が生長の家の信徒となったのは、昭和三十五（一九六〇）年、中学二年のときで、谷口雅春の『生命の実相』を読んで深い感銘を受けたからだった。大学時代は生学連で活動をしていた。

四宮には政治的に早熟なところがあり、すでに小学六年のとき、三池争議に疑問を持ち、愛国党本部の赤尾敏《あかおびん》に電話をかけ、こんなやりとりをかわしているのだ。

「ああいう三池争議はおかしいから、ストライキをやらせないほうがいいと僕は思うのですが」

「君はいくつだ？」

「小学校六年です」

「君は偉い。……だけどね、ああいう労働組合そのものを否定してはいけないんだよ」

と、子どものころから、赤尾敏をさえ驚かすような愛国的な少年であったわけだ。

ともあれ、この日の出会いをきっかけに、犬塚は鈴木、四宮と深い親交を重ねるようになってい
く。とくに鈴木とは手紙のやりとりまでするようになった。
犬塚は大学卒業まであと三カ月というこの段階になって、いままであまり考えたこともなかった
卒業後の進路について、あれこれと迷うようになっていた。二、三年のときのブランクで大幅に不
足していた単位も、この時期ようやくメドがついたのだった。
犬塚の気持としては、とにかく卒業後も民族派運動を一筋にやっていきたいという思いが強かっ
た。しかし、見渡したところ、学生運動あがりの人間が、そのまま職業的に運動に従事している者
など、ほとんどいなかった。実際、どうすればこの運動で生活の糧《かて》を得ることができるのかわから
なかった。ただ、就職より政治活動を志したい気持は、犬塚の胸の内でかなり強かった。
そうした思いを、犬塚は長崎から鈴木にあてて手紙に書いた。
それに対して、鈴木は、自分も学生のときにそういう悩みを持っていたし、いまも同じような気
持を持ちながらサラリーマン生活を送っている――という内容を綿々《めんめん》と書いた返書をくれたものだ
った。
犬塚は、かつてのトラブルの渦中で、鈴木の人柄もかなりわかるようになっていたが、改めてそ
のやさしさに触れ、心温《あたた》まる思いがあった。
逆にそのころ、学協指導部――とくに犬塚の大学の先輩でもある安東、椛島が犬塚に対してどの

ような評価を下していたかといえば、聞こえてくる噂は芳《かんば》しいものではなかった。

「ヤツは鈴木同様、日学同とも親しくしているし、既成右翼や任俠右翼とのつきあいも目につく。わが学協に対してロイヤリティを持っているとはいいにくい。だが、ヤツをこのまま東京に置いとけば、吉田良二の次は必然的に彼を委員長にせざるを得ない。そうなると、書記長の現在でさえ、そういう状況なんだから、委員長になったらどっちの方向へ持っていくかわからない。とにかく彼をもう一度長崎に帰して、長崎から犬塚の補充を連れてこよう」

という案が、安東、椛島の間で協議されているというような噂が伝わってきていた。

犬塚は開き直った。四年になって、単位取得のためという名目で長崎に帰るようになったのも、本質的なところではそうした指導部に対する腹立ちからでもあった。

そして昭和四十七（一九七二）年四月二十七日、三島・楯の会裁判が終わり、犬塚たちが全身全霊をこめてうちこんできた〝11・25義挙正当裁判闘争〟がついに実を結ばず、敗北に終わったとき、犬塚のいらだちは一挙に爆発した。

## ●爆発した怒り

この日、犬塚は言葉を失い、呆然と地裁前に立ちつくしていた。

〈いったいオレたちの闘争は何だったのだ〉

犬塚にすれば、自分の大学四年間のすべてを賭けた闘争といってもよかった。それが一片《いっぺん》だに報われることなく、厚い権力の壁の前に、敗れたのだ。

何ともいえない虚脱感に襲われている犬塚や仲間たちの前で、総括が始まり、全国学協の指導部があいさつに立った。

「われわれの闘争はこれで終わったわけではない。今後ともどんな険《けわ》しい道であろうとも、三島、森田両烈士の遺志を継いで、われわれは闘いを継続していかなきゃならない――」

最初にあいさつに立ったのは、犬塚の大学の先輩にあたる人物だった。

犬塚は我慢ならなかった。

「やめろ！　そんなきれいごとをいうのは」

思わず叫んでいた。いままで胸の内でくすぶり続けていたものが、一挙に噴出した感があった。

「そんな額面《がくめん》通りの総括はもういい。オレたちは敗北したんだ、徹底的に。それをはっきり認識したうえでの総括の中にしか、オレたちの進むべき道はもうないんだ。そうじゃないとオレたちはもう勝てないんだ！」

犬塚のただならぬ見幕《けんまく》に、その先輩はさすがに驚いたようだったが、日青協、全国学協の大勢の同志を前にしてメンツもあったから、色をなして犬塚にやり返してきた。二人の間で激しい口論となった。

が、言葉でやりあうことのむなしさに、犬塚のいらだちはなお募った。

「この口舌《こうぜつ》の徒《と》が！」

犬塚は思わず相手を殴りつけていた。

その様子を見て、地裁の警備にあたっていた警官がすっ飛んできた。犬塚の腕をとり、連行しようというのだ。そのときだった、脱兎《だつと》のごとくどこからか飛んできて、犬塚を捕まえさせまいと警官に体当たりを食らわした男がいた。

鈴木邦男だった。勤め先のサンケイ新聞社を休んで、この日の裁判の傍聴に来ていたのである。

鈴木の思わぬ出現と行動に、犬塚は驚くと同時にすっかり心うたれていた。サラリーマンでありながら、場合によっては警察に捕まることさえ辞さないで、自分を救おうとしてくれる、その蛮勇がうれしかった。

結局、ちょっとした騒ぎにはなったものの、鈴木も犬塚も、警察署へ連行されることもなくすんでいる。当時の警察は、結構、鷹揚《おうよう》なところがあった。

だが、この殴打事件は、犬塚にとって決定的なものになった。もはや望んでも、全国学協に留まれる途はなく、除名処分にされるのは目に見えていた。鈴木と同じ運命をたどることになったのである。

## ●かくて一水会生まれる

この四ヵ月ほど前に、鈴木とバッタリ再会して文通を重ねるようになるうちに、犬塚は、

〈鈴木さんについていきたい。鈴木さんと運動をともにしていきたい〉

との思いを強くしていたが、この事件があって、なおさらその気持が強くなった。

鈴木はこの時期、阿部勉のアパートでの居候生活をやめて、中野区上高田のみやま荘というアパートに引っ越していた。

犬塚が長崎大学卒業後、正式に上京、鈴木の六畳一間のアパートに単身ころがりこんだのは、その殴打事件後まもなくのことだった。就職は二の次にしてともかく上京を決断したのである。

そのまま一ヵ月ほど居候する中で、

〈何かやらなきゃ——〉

との思いは、犬塚に限らず、鈴木邦男や阿部勉に共通のものだった。いずれも、三島由紀夫とともに壮烈な割腹自決をとげた森田必勝に負い目を感じていたし、遅れをとったという意識が強かった。

すでに犬塚が上京する一ヵ月ほど前から、そうした昔の仲間——鈴木や阿部のほかに伊藤邦典や田原康邦などが集まって、勉強会を開くようにもなっていた。

三島・森田事件以後、ポツポツと昔の仲間が集まり、酒を飲む機会が多くなるうちに、誰いうともなく、

「月に一回くらいは、昔のように勉強会でもやろうか」

ということになって、始まったものだった。

その勉強会が「マスコミ研究会」と名づけられたのは、阿部がかつて『論争ジャーナル』の編集に携わっていたのをはじめ、鈴木はサンケイ新聞、伊藤は国民新聞、田原は内外タイムス――という具合にマスコミ関係に勤めている人間が多いからだった。最初は情報交換を含めた仕事がらみの集まりといってよかった。

そこへ犬塚が加わり、さらに、民族派学生運動あがりの人間がかつてのセクトを超えて集まるようになったとき、

「この集まりをマスコミ人だけに限定しないで、もっと開かれたものにしていこう」

という話が持ちあがった。より民族派的な性格の集まりにしようというのである。

こうして生まれたのが、「一水会」であった。

鈴木邦男が代表世話人となり、阿部勉、犬塚博英、伊藤邦典、田原康邦の四人が世話人となった。

その結成宣言では、こううたった。

《吾人《ごじん》等は尊攘《そんじょう》の精神の下に果敢な闘いを続けた先覚的維新者、特に来島恒喜《くるしまつねき》、山口二矢《やまぐちおとや》、平岡公威、森田必勝の維新的経験を非統一的に継受発展させんとする同志的結合体である。
吾人等の団結を保障するものは理論的綱領的一致ではなく、心情的行動的一致である。
維新を永久的浪曼対象とする吾人等は維新を阻害し停滞させる諸体制諸権力と対立し、その破壊を目的として行動する》

つまり、一水会は綱領も規約もない組織であった。いや、組織と呼んでいいものかどうかもわからなかった。いってみれば、大学のサークルの延長のようなものだった。

メンバーはいずれも組織というものには手痛い目にあってきた者ばかりであり、組織である限り必然的に生じる組織悪も見てきていた。それだけに二度と同じ轍《てつ》を踏みたくないという気持が強かった。

「特定の党派の性格を持ったり、内部に階級をつくるのはよそう。もう二度と除名とか査問とかはゴメンだ。綱領も規約も必要ない。老若男女誰でも集《つど》える会にしよう」

と互いに確認しあっていた。

一水会の名の由来は、毎月一回、第一水曜日に例会を持とうということで、そこから便宜的に名づけられたものだった。

誰も絵のほうに同じ名の団体があるとは知らなかった。まして長く一水会を持続できるかどうかとなると、はなはだ心もとなかった。そこでとりあえずゴロもいいし、一水会にしよう、という発想である。単純な命名だった。

もっとも、いまではすっかり第一水曜日説が定説となってしまっているが、当初、もっと奥の深い意味づけをする者もいた。

つまり中国の古典やギリシャの哲学者の思想の中には、「一（はじめ）に水がある」という考えかたがある。水はすべての元だし、いまは水のように何もないが、水のように自由に考え、勉強していこう――という発想である。

## ●サークルから民族派団体へ

昭和四十七（一九七二）年五月三十日、東京・目黒の田原康邦の自宅で、一水会の第一回目の会合が開催されている。青年講座事務局長の白井為雄《しらいためお》が講師となり、「今後の民族派運動の展望」と題して話した。二十人ぐらいの出席者があった。

以後、一水会はマスコミ研究会と並立して続けられ、中村武彦、岡本雷輔《おかもとらいすけ》（東京学芸大学助教授）、阿部勉、西内雅《にしうちただし》（中央学院大教授）、松浦俊太郎《まつうらしゅんたろう》（文芸評論家）、田中清玄《たなかせいげん》、影山正治《かげやままさはる》などが講師をつとめた。一水会やマスコミ研究会の周辺には、鈴木、阿部、田原、伊藤、犬塚を中心に、四宮正貴、井脇ノブ子、大石晃嗣、原正寿《はらまさとし》、久保内薫《くぼうちかおる》、田村司《たむらつかさ》……といったかつての全国学協、生学連、日学同、その他の活動家が集まっていた。

原正寿が一水会の存在を知ったのは、『やまと新聞』紙上に出た記事が最初だった。

《大学時代、民族派の学生運動をしてきた者たちが、卒業後、社会機構に埋没することなく、志を継続しようと、党派にとらわれず、毎月一回、勉強会を行なっている》

との趣旨の記事を読んで興味を覚えたのである。

原はさっそく手紙を出し、下北沢の阿部の下宿に置かれていた一水会事務局を訪ねていった。

原は当時、國學院大学を卒業したばかりで、全貌社《ぜんぼうしや》に勤め、民族派月刊誌『全貌』の編集に携わっていた。やはり大学時代は、「ひもろぎ会」という学内民族派十二団体の連合組織に加わって、民族派学生運動に専念してきた男だった。

何度か一水会、マスコミ研究会の勉強会に出ているうちに、つくづくわかったのは、組織が宿命として陥りがちな組織悪から、一水会はかなり自由であるということだった。会員の考えが、根本的なところは同じでも細かい部分でマチマチであったとしても、それを統一しようなどとは考えず、各自の意見を尊重していた。きわめて柔軟性があり、組織形態としてはピラミッド形からはほど遠く、円形そのものだった。

もっとも、この時期、一水会はまだ組織、運動体と呼べる代物《しろもの》ではなく、社会人サークルに近い雰囲気があった。むろん公安警察のマークやマスコミの注目度など皆無に等しかった。

だが、同年十一月二十四日、「森田必勝烈士慰霊祭」を初めて行ない、一水会だけでなく、広く多くの人たちに参加を呼びかけている。この慰霊祭は翌年から野分祭《のわきさい》となるのである。

このころから徐々に、〝街頭派〟を志向する、より急進的な若い青年や学生たちの参加が目立つようになった。日蓮宗を基盤として活発な民族運動を展開していた「良識復活国民運動」の若い活動家も合流してきた。笹井大庸《ささいひろやす》、宏次郎《こうじろう》兄弟を中心とするメンバーだった。

彼らは、「もっと外に出て街頭で訴えるべきだ」「ビラやポスターをもっとつくるべきだ」とより直接行動を訴えた。

そうした若い人たちの急進主義《ラジカリズム》は、先輩たちの眠っていた急進主義に火をつけた。いや、もともと彼らの志もそこにあったのは明らかだった。しかし互いに腹のさぐりあいをして、意志の共通点の確認ができるまで多少の時間がかかったのは否めない。

かくて一水会は民族派学生OBの〝サークル〟から、一挙に行動する民族派団体へと変貌をとげるのである。

昭和四十八（一九七三）年三月末から四月中旬には、国鉄ストに対し、「国民を人質にした違法スト反対」運動を行ない、街頭で訴えたり、ビラをまいたり、国労、動労に直接抗議に行ったりした。阿部勉を中心に結成した「市民の生活と人権を守る会」が起こした運動だった。

さらに同年十月から十一月にかけては、日教組に抗議自殺した都立北高校の加藤有一《かとうゆういち》君の死に対して、一水会、マスコミ研究会が中心となって「加藤有一君の死の真相を究明する会」を結成。遺族、地域住民と協力して教師、高校側を追及した。それは従来の右翼の活動とは異なる、市民運動の域《いき》に達する運動となった。

## ●防衛庁突入事件

翌年の昭和四十九（一九七四）年、鈴木邦男をますますあと戻りできない事態に追いこむ事件が勃発した。

同年三月、北海道の自衛隊千歳《ちとせ》基地で、自衛隊員が隊内にストリッパーを呼び、ストリップショーを開催していたことが明るみに出たのだ。

「許せん！　とんでもない話だ」

その話題が出たとき、真っ先にいきりたったのは、原正寿だった。一水会の恒例の勉強会の帰り、新宿「勇舟」でのことだった。「勇舟」は一水会シンパの高橋尚樹が経営していた居酒屋で、のちに阿部勉が飲みつぶしたとの伝説を残したが、その時期、民族派の拠点と化していた。

このときは原のほかに、鈴木邦男、笹井宏次郎ら数人のメンバーが一緒に飲んでいた。

「だけど、そんなに目クジラ立てる問題かな」

誰かが原に反論した。

「冗談じゃない。これは重大問題だ。何もオレは自衛隊員がストリップを見たのが悪いといってんじゃない。そんな吉田松陰《よしだしょういん》先生みたいな禁欲主義的なことをいっているんじゃないんだ。隊内に呼んでストリップをやったということを問題にしてるんだ。三島先生や森田さんが自衛隊で腹を切って訴えてからまだ三年しかたっていないのに、ストリップだなんてとんでもない話だよ。断固、抗議行動を起こすべきだ」

「原さんのいう通りですよ。防衛庁に抗議に行きましょう」

笹井が応じ、鈴木も、

「よし、やろう」

と力強くうなずいて、話はあっというまにまとまった。

それから約一週間後の三月二十五日——。

朝、七時三十分、一水会の何人かが乃木《のぎ》神社に集合し、笹井が手配した「良識復活国民運動」の街宣車に乗りこんだ。車はそのまま六本木に向かい、防衛庁に着いた。街宣車を防衛庁正門前に横づけにすると、さっそく鈴木がハンドマイクで抗議文を読みあげ、他の者が出勤してきた防衛庁職員にビラを配り始めた。抗議文は原が文章を練り、笹井が巻き紙に墨で清書したものだった。

そのうちに警察官が、「停車時間違反だ」と規制してきた。そのため、全員が車に戻り、笹井が車をバックさせると、

「突っこめ！　突っこめ！」

と助手席にいた鈴木が突然、マイクでがなりたてた。鈴木は一水会を主宰するようになってからも、ときとして、〝武闘派〟のお里《さと》丸出しに、興奮する癖《くせ》があった。早大闘争の時代、社青同解放派や革マル派と対峙したとき、相手を挑発して乱闘戦に持ちこんでしまうのは、いつも鈴木であった。

が、「突っこめ」といっても、防衛庁の正門は鉄の扉になっており、突っこめるものではなかった。すると、鈴木は助手席から飛び降りるや、やにわに駆けだした。みんながあっと思うまもなく、正門鉄扉を乗り越え、中へ入ってしまった。

〈こりゃ、いかん〉

とあわてて鈴木のあとを追ったのが、原だった。

原はそのとき妙な使命感が働いて、自分が抗議文を持っている以上、ここは鈴木と同じ行動をとらなきゃいかん——という気持になったのである。もともとが熱くなるタイプだった。

二人はすぐに駆けつけた警察官に逮捕された。赤坂署に連行され、三日間、勾留されるハメになった。

釈放の日、鈴木を迎えたのは、勤め先のサンケイ新聞社販売部の直属の上司と、鈴木をサンケイにいれてくれた販売部長だった。

「御迷惑をおかけしました。この責任をとって、会社は辞めさせてもらいます」

と鈴木が神妙に申しでたところ、部長は、

「当然だろう」

と、鈴木が拍子抜けするぐらい、いともあっさりと答えた。

部長はさらに、

「じゃあ、ついては、事件の起こる前にさかのぼった日付で、辞表を書いてくれ。そうしたら退職金も払うから」

抜け目なく企業の事なかれ主義を持ちだした。

「いいですよ」

鈴木も素直に従い、クビが成立した。四年半勤めての退職金は三万円弱だった。

これによって鈴木はいよいよ民族派活動に専念していく決意を固める。どちらにしろ、もう雇《やと》ってくれる会社も見つからないだろう。それならアルバイトをしながら活動していくしかない――この防衛庁事件は、鈴木にとってもターニングポイントとなったのである。

実際、鈴木はその後、『青年群像』『日本の動き』などの民族派の機関誌や『やまと新聞』に原稿を書いては糊口《ここう》をしのぎ、運動にうちこんでいく。一水会の活動もこのころから急速に活発になっていった。

渋谷、新橋、池袋での連日の街宣活動、国労、動労、日教組抗議活動、反憲法統一行動、反核防条約闘争、フォード米大統領来日反対行動、佐藤栄作ノーベル平和賞受賞阻止行動、野分祭の執行――などを果敢に展開していくのである。

## ●機関紙『レコンキスタ』の創刊

明けて昭和五十（一九七五）年、この年は鈴木にとって、忘れられない記念すべき年となった。まず八月一日、かねて念願の一水会機関紙『レコンキスタ』の創刊にこぎつけたのである。レコンキスタとはスペイン語で、失地回復の意味であった。戦後日本の政治的、領土的さらには精神的な失地回復をめざそうと名づけたのである。

「一般の人が見た瞬間に右翼とわかるようなタイトルはもうやめよう。『愛国』『維新』『反共』『憂国』などという文字は全部カットだ」

「それから中味にしても、昔の学生運動のような、自分でもわからない文章を書いて自己陶酔しているようなものは、ナンセンスです。難解であればレベルが高いというバカげた偏見をまず捨てましょう」

「とにかくわかりやすく、読みやすく、面白く……だ」

「『ネオ・フォルク』みたいな新聞がいいねえ。ホントにいいセンスしてるよな、あれは」

「われわれもその伝で、タイトルをカタカナにしたらどうでしょうか。たとえば『レコンキスタ』とか……」

「それ、どういう意味？」

「スペイン語で失地回復」

「おお、いいねえ、それ」

とまあ、かんかんがくがくの意見がかわされて決まったものだった。

かくて一水会の機関紙『レコンキスタ』は創刊されたのだが、そのタイトルにせよ、スタイルにせよ、多分に山本次郎《やまもとじろう》の発刊する『ネオ・フォルク』の影響を受けていた。山本は『叛逆《はんぎゃく》の神話』を書いた拓殖大学集団未来＝池田龍紀《いけだたつのり》の実弟であり、のちに『武闘派宣言』（島津書房）を著《あら》わすが、当時、この池田・山本兄弟は、論客として有名だった。

ともあれ、『レコンキスタ』は、「半年で潰れる」との声をよそに、その後も延々と続き、創刊からちょうど丸九年たった昭和五十九（一九八四）年八月一日、百号に到達した。その間、「ふざけすぎている」「これでも民族派の機関紙か」との批評も一部にあったが、旧来の民族派機関紙とはまるで趣を異にする柔軟な編集姿勢は、民族派以外の読者をも吸収する力となった。鈴木の試みは見事成功したといえよう。

## ●鈴木ブームを巻き起こした一冊の本

一方で、鈴木はこの年（昭和五十年）、生まれて初めて著わした本が思わぬ反響を呼び、一大騒乱に巻きこまれた。

新左翼系出版社と目される三一書房から発行された『腹腹時計《はらはら》と〈狼《おおかみ》〉』（三一新書）がそれである。〈狼〉とは、昭和四十九（一九七四）年から同五十（一九七五）年にかけて一連の企業爆破事件を起こした東アジア反日武装戦線〈狼〉のことであり、〝腹腹時計〟というのは、この〈狼〉グループが「都市ゲリラ兵士の読本」として発行した、彼らの〝教典〟を指していた。

そもそもこの本が生まれたのは、『やまと新聞』に連載した鈴木のルポ記事がきっかけだった。鈴木はそれまでも何度か同紙にアルバイト原稿を書いていたが、同紙記者の久保内薫から、〈狼〉事件の余燼《よじん》冷めやらぬ六月の初旬、

「鈴木さん、何か〈狼〉について書いてみませんか」

と声をかけられた。

久保内はかつての全国学協の鈴木の後輩で、一水会の同志であった。いままで『やまと新聞』に原稿を書くことができたのも、久保内のコネによるものだった。

その久保内の勧めに、鈴木は一も二もなく、

「ぜひ書かせてくれ」

と応えていた。久保内は鈴木の狼に対する並々ならぬ関心を知っていたし、鈴木自身、ぜひ書きたいテーマだった。

実際、鈴木ならずとも、前年八月三十日の三菱重工爆破事件に端を発し、三井物産、帝人中央研究所、大成建設本社、鹿島建設、間組《はざまぐみ》本社、韓産研、オリエンタルメタル、間組江戸川作業所……と続いた企業爆破事件には、誰もが衝撃を受けた。とくに三菱重工爆破では、付近を歩いていたサラリーマンなど八人が死亡し、百六十五名が重軽傷を負う惨事となった。

この事態に、一般国民はもとより、仲間であるはずの左翼でさえも、ごうごうたる非難を〈狼〉に浴びせたものだった。だが、捕まった犯人は、極悪非道な犯罪者像からはほど遠い、ごくふつうのおとなしい青年たちであり、日常生活においても身を律したストイックな生活に徹し、そこいらの左翼よりよっぽど性質《たち》のいい者ばかりであった。

とくに鈴木が衝撃を受けたのは、彼らは皆一様に青酸カリ入りのペンダントを持ち、うち一人は逮捕後自決したという事実だった。まさに評論家の猪野健治のいう〝左翼血盟団〟と呼ぶにふさわしいものだった。そこまで生命を投げだして闘う連中が、つねに〝人民の海〟の匿名性《とくめいせい》に逃げこむ左翼の側にいたということが驚きだった。

しかも彼らの真面目さ、心優しさ、あらゆる面でのストイックな姿勢というのは、根っからのもので、決して〝犯行〟成就《じょうじゅ》のために装われたものでないことが、調べれば調べるほど明らかになった。

〈そんな彼らが、なぜ、こんな事件を……〉

いつか〈狼〉に対するこだわりが、鈴木の頭から離れなくなってしまった。

同時に権力に対する腹の底からの憤りがあった。アパートローラー作戦に見られるような、〈狼〉恐怖を利用した一億総岡《おか》っ引《ぴ》き化へのたくらみ、あるいはマスコミを使った情報操作など、我慢ならなかった。

〈これは他人事じゃない。いずれはわれわれに対する弾圧になってくることじゃないか。左翼、右翼の問題じゃないぞ。汚ない権力《やつら》のやり口を糾弾しなくちゃ――〉

こうした〈狼〉と関連してのもろもろの思いが、鈴木の執筆意欲をかきたてたのだ。

それが〈狼たちと右翼武闘派〉と題するルポとなり、『やまと新聞』に第一回目の記事が発表されたのは、昭和五十（一九七五）年六月二十一日のことだった。

当初は二回か三回で終わる予定だったこの企画は、

「面白いじゃないか。もう少し続けてみようよ」

という編集長の声もあり、結局、八月二日まで二十九回にわたって続けられることになった。

この『やまと新聞』連載中の鈴木の記事を、密《ひそ》かに注目している書店主があった。神田のウニタ書舗社長の遠藤忠夫《えんどうただお》である。当時、ウニタ書舗といえば、左翼文献に関するものなら、マルクス、レーニン、吉本隆明《よしもとたかあき》はもとより、政治党派の機関紙誌からパンフレット、書籍まで何でもそろう書店として有名であった。

遠藤はマスコミ報道では得られなかった〈狼〉の真実を、鈴木の連載で初めて知った思いがした。賛否はどうあれ、〈狼〉の人間像を最もよくとらえていたのは、遠藤の見る限り、鈴木の記事だけだった。

〈こういう本ならうちにおいても売れるだろう〉

という直感があった。

遠藤はさっそく三一書房社長の竹村一《たけむらはじめ》に、この企画を持ちこんだ。それまで三一書房は右翼が書いた本の出版をしたことはなかったし、今後もその方針を貫く予定に変わりはなかった。

だが、竹村は遠藤の持ちこんだ鈴木の記事を読むと、

「これはぜひやろう」

と初めて会社の方針を破る気になった。

「右翼、左翼、関係ない。こと〈狼〉に関する限り、鈴木さんのが一番まともな見かたをしている」

と社長自らがこの本の担当になり、企画、編集もすべてこなした。異例のことだった。

こうして同年十月、世に出た『腹腹時計と〈狼〉』は、二万部を売りつくし、ウニタ書舗ではベストセラーの一位となった。

この本の発刊は、嵐のような反響といっても過言ではないような騒ぎを、鈴木の身辺にもたらした。鈴木の意図とは関係なく、マスコミには、「新右翼が〈狼〉の爆弾闘争を評価した」という形でとりあげられ、その種の珍しさでこの本が語られることが多かった。

その一方で、民族派陣営での評価は真っ二つに分かれた。

「ともかくタイムリーな売れる本をつくり、その中に少しでも右翼・民族派の主張をいれたのは大成功。右翼を見る世間の目が変わってきた」

と評価し、

「七年ほど前に、ある右翼団体に入っていたのだが、〈反共〉ばかりで闘争目標がなく、右翼に絶望して手を引いた。いまは反靖国闘争を中心に新左翼の闘争をやっている。もし七年前にこの本を知っていたら右翼に絶望することもなかったし、左翼に走ることもなかった」

という手紙も鈴木のもとに届いている。他方、

「〈狼〉などは異常であり、われわれの敵なのだ。そんな連中をまともにとりあげるほうがおかしい。それに左の出版社から出すとは何事か」

と、強い批判の声もあがり、中には「共産系右翼」なる表現で鈴木を罵倒する右翼もあった。鈴

木の自宅には脅迫状まで送られてきた。

また外の人間ばかりでなく、一水会内部からも、この本を出した鈴木に対して、

「左翼に同情的すぎる。これではついていけない」

と一水会を離れていく者もあった。

反面、この本を読んで、

「いままでの〝反共右翼〟とは違う」

と一水会の戦列に飛びこんできた若者も多かった。

ともあれ、『腹腹時計と〈狼〉』によって、一種の〝鈴木ブーム〟とでも呼ぶべき現象が起き、この時期から〝新右翼〟という言葉がマスコミに定着するようになった。いわば、この年――昭和五十（一九七五）年は、新右翼元年といってもよく、鈴木たち新右翼及びその同調者にとって、エポックメーキングとなった年である。

そしてこの年、鈴木はその後の自分の人生に深く関わり、新右翼運動そのものを大きく方向づけてくれる、ある人物と出会う。

野村秋介、その人であった。

## 三　経団連（経済団体連合会）襲撃事件

### ●野村秋介《のむらしゅうすけ》と三上卓《みかみたく》の出会い

昭和五十（一九七五）年三月二十七日午前十時、野村秋介は千葉刑務所を出所した。昭和三十八（一九六三）年七月、当時の建設大臣・河野一郎《こうのいちろう》邸焼き打ち事件で服役して以来、実に十二年ぶりの社会復帰だった。

正門の扉をくぐり抜けたとき、野村は思わず、

〈明るいなあ——〉

と目を細めずにはいられなかった。

空は青々と晴れあがり、早咲きの桜が目にしみた。何もかもまぶしかった。野村はゆっくりとシャバに向けての第一歩を踏みだした。十二年ぶりにはく革靴がなんともぎこちなかった。

そんな野村をにこやかな笑みを浮かべて出迎えてくれたのが、青木哲《あおきてつ》だった。野村は心もとない歩行を気にしながら、まっすぐ青木のもとへ歩み寄った。

「長いこと御苦労さん――」

青木のねぎらいに、野村は黙って頭を下げた。いつもながらのほのぼのとしたあたたかさが、青木にはあった。

思えば、十八年前の昭和三十二（一九五七）年、この青木と出会ったことが、野村の人生を大きく変えた。横浜の愚連隊にすぎなかった男を、新たな世界へと目を見開かせてくれたのが、青木だった。野村が二十二歳のときである。

やがて野村は青木を通して五・一五事件の中心的人物である三上卓と出会い、三上を知ることによって、人生の意義を悟り、自分の進むべき方向を見定めることになる。それこそは民族派運動に一身を捧げることであった。

〈三上先生のいう〝大慈大悲《だいじだいひ》〟とは何かを考えるために、オレのこの十二年間はあったような気がする。そこから出発しない民族派運動など、意味がないと思ったからだ。先生の詠《うた》った、「野火《のび》赤く人渾身《こんしん》の悩みあり」。オレは十二年間、この「渾身の悩み」と対峙してきたのだ……〉

野村は感無量であった。中国でいう大人《たいじん》風の青木哲と、互いに黙って顔を見かわしていると、思いは自然に、いまは亡き三上卓に及んでいた。

野村が三上の訃報を獄中で知ったのは、四年前の昭和四十六（一九七一）年十月二十五日のことだった。

「ミカミセンセイ　シキョス　イサイフミニテ」

夕方四時ごろ、担当台に呼ばれて手渡された電報が、三上の死を伝えていた。が、その文面の意味は理解できても、野村にはまるで実感が湧いてこなかった。いや、実感として漲《みなぎ》ってくる心の動きを頑《かたく》なに拒否していたといったほうがよかったかも知れない。

その晩、放心状態のままに野村は見た、鉄窓いっぱいに広がる晩秋の巨大な落日を。それは物音一つない静寂の中で、轟々《ごうごう》と響いてくるようなすさまじい落日だった。

「天の怒りか地の声か、そもただならぬ響きあり――」

三上のつくった昭和維新の歌の一節を思い浮かべずにはいられなかった。その落日に向かって、野村は呆然と立ち竦《すく》んでいた。

思えば不思議なことだらけだった。最後になった三上との面会。六年も会っていなかった三上が、

「何としても顔を見たい」

と思いたって、獄中の野村を訪ねてきたのは、死の一カ月前のことであった。

〈あれほどふだんは寡黙な先生が、あの日に限って、ひどく激しい喋りかたをされた。あのようなことはかつてなかったことだ〉

それだけではなかった。その十日ほど前、三上は自作の俳句五十句を野村に送ってくれたばかり

だった。いまとなっては遺作絶筆となってしまった五十句のその末尾の句は、こう結んであった。

只《ただ》一人　乱世の雄出《い》でよと　海にいのる

面会の日、一時間ほどの会話の中で、三上がふと、

「君は三島由紀夫君のことをどう思っているか?」

と訊ねてきた。三島由紀夫が同志の森田必勝とともに市ヶ谷台上で壮絶な死をとげたのは、前年の昭和四十五（一九七〇）年十一月二十五日のことだった。野村もまた、獄中で三島と森田の死を知ったときは尋常でない衝撃を受けていた。

野村は三上の問いに、しばし考えたのち、

「三島由紀夫は戦後の民族運動の原点になるのではないですか。戦前の日本の栄光とアジア解放の理想を主眼とした運動は、やはりあの八月十五日で終わったのであって、今後は、西欧文明に蹂《じゅう》躙《りん》され、逼塞《ひっそく》寸前にまで追いこまれた日本の文化伝統、民族生命をいかにして守り抜くかというところに重点が置かれると思います。いまこそ運動の新使命が課せられている苛烈《かれつ》な現実の中で、『文化防衛論』を遺《のこ》して逝《い》った三島こそは必定《ひつじょう》戦後的な意味での原点となってくると思います」

と答えた。

「そうだな、最期《さいご》が立派だったな」

と三上は強くうなずくと、しばらくの沈黙の果てに、ポツリと、

「もう僕らの時代は終わった。あとは君たち若い人の時代だ。しっかり頼むよ」

と告げた。沈黙が長かったぶん、それは野村にはひどく唐突に感じられてならなかった。

そのときの三上の眼の輝きが強く印象に残った。

《……しかしすごい眼だ。この人の視線は実にいい。炯々《けいけい》というのはこのことなのか。キラキラ光っていながら瞳孔《どうこう》はピタリと動かない。それでいて仄《ほの》かなぬくもりさえ湛《たた》えているのだ》

と野村が日記に書いたのは九月二十五日のことで、それからちょうど一カ月後に三上卓は逝去《せいきょ》したのであった。

## ●先闘者の魂《たましい》を受け継ぐ

三島由紀夫、森田必勝の死、そして恩師・三上卓の死は、ますます野村にある決意を強いた。それは、歴史の大変革の戦いに参加し、その先駆けとなって死んでいった先闘者の魂を受け継ぐという決意であった。

〈三上先生、あるいは二・二六事件の青年将校、特攻隊の若者たち、そして多くの先輩が戦い続けた歴史の変革の戦いを受け継ぐこと。三島由紀夫、森田必勝が身体をぶつけて死んだ戦後という、

このブヨブヨとした欺瞞《ぎまん》と虚偽の時代を決して許さぬこと〉

野村はそんな全身がうち震えるような強い決意を胸に秘め、獄舎の壁に向かって眼をつむった。

野村は獄中の十二年間、ことあるごとに結跏趺坐《けっかふざ》の姿勢をとって壁に向かってきた。ある時期など、『無門関《むもんかん》』『碧巌録《へきがんろく》』に没頭して、死にもの狂いですわったこともあった。

……いよいよシャバへ出るというこの日の朝も、野村は最後の面壁《めんぺき》を行なっている。

野村にとってシャバに出るということは、ほかの者とはまったく意味が違っていた。獄中にある多くの者にとって、出獄するということは、唯一最大の希望であり、目的であった。が、野村にとっての出獄の意味は、〝戦場〟へ再び戻るという以外の何物でもなかった。もしかしたら、そこは死地になるかも知れなかった。

最後の面壁をしながら、野村は頭から足の先まで電流のように走る緊張感をいかんともしがたかった。シャバへ戻れる喜び——などというものは、みじんも湧いてこなかった。

〈さあ、オレの闘いが待っている〉

野村はゆっくりと結跏趺坐の姿勢を解くと、大学ノートに向かった。想《おも》いのたけをほとばしらせて、一挙に歌を認《したた》めた。それは、

先駆けて散りにし

人の悲しみを
わがものとせむ
この道をゆく

というものであった。そのあとで、
《いままさに出獄せんとするものは決して一《いち》私個人であってはならない。あくまでも祖国日本開眼の悲願を秘めた、一羽の鷹であり、一頭の虎であることを忘れるな》
とも追記した。

……そんな思いをこめて出獄した千葉刑務所の朝であった。

野村と青木はしばし語る言葉も忘れて、互いの顔を見やっていた。万感こもごもの感慨が二人の胸を去来する。野村は青木の顔を見たことで、たちまちのうちに心がなごんでゆくのを感じていた。ふと野村は見た。青木のかたわらに控える一人の笑顔のさわやかな青年を。

「おお、そうだ。紹介しよう。彼は西尾君といってな――」

青木の紹介に、青年はテレたような顔を野村に向けてきた。眼鏡の奥の目が澄《す》んだ光を湛えていた。西尾俊一であった。

野村は後年、人の出会いの不思議さに、

〈宿命としかいいようのない出会いというものは、あるもんだなぁ――〉
とつくづく感嘆することになる。

## ●祖国防衛隊の結成

昭和二十三（一九四八）年十月十八日生まれの西尾は、このときまだ二十六歳であった。西尾の思想形成の過程をいえば、大学へ入るまでは、民族派の思想を持つに至る契機となるようなとりたてて大きな出来事はなかった。

強いていえば、子どものころ、父親と靖国神社に行ったとき、父親から、
「ここにはお父さんの戦友が眠っているんだよ」
と聞かされ、特攻隊の存在を知るようになったことだろう。

だが、のちに靖国神社が国によって祀《まつ》られていないばかりか、それを不思議に思うことさえ、世間一般からは軍国主義と目《もく》されかねないのを知った。西尾はそうした風潮に憤りを覚え、
〈彼らを特攻に駆りたてたものは何なのだろうか。国体護持《こくたいごじ》とは？〉
と考えるようになった。

西尾は茨城県立下妻第一高校を卒業後、昭和四十二（一九六七）年四月、国士舘大学政経学部に入学。翌年、日学同委員長の斉藤英俊にオルグされて、日学同に加盟した。

とくに、この年、日学同の傘下組織として結成されたばかりの全日本学生国防会議のメンバーとして活動するようになったことが、決定的となった。そこで同会議議長の森田必勝と出会ったのである。

たちまち西尾は、理論より行動という、親分肌の森田に強く引かれていく。

もともと日学同が全日本学生国防会議を結成した目的の本音をいえば、新左翼のゲバルトに対抗できる日学同の軍隊＝ゲバルト部隊的な組織をつくるというところにあった。そのため、全日本学生国防会議に集まってくるのは、どちらかというと、体育会的な体質を持った学生、理論派より武闘派が多かった。

そうした学生たちが森田必勝を中心に強い絆を結んで、同会議はいつか〝森田軍団〟とも評されるような結束力を見せるようになっていた。

この年十一月には、日学同の新役員選出があり、山本之聞委員長体制がスタートしたが、全日本学生国防会議の新役員人事も発表されている。それによると、森田必勝が議長に再選されたほか、副議長が野田隆史、小川正洋、事務局長は田中健一、組織局長が西尾俊一――というふうに、森田軍団一色の趣《おもむき》を見せている。

だが、森田必勝はこのころから悩みを抱えていた。楯の会か日学同か、との二者択一を迫られていたのだ。

結局、悩んだ末に、楯の会を選んだのは、三島由紀夫への義理だてというより、三島という人物に心酔しきっていたからであり、同時に日学同流の大衆運動に限界を感じるようにもなったからだった。

かくて昭和四十四(一九六九)年二月、森田は日学同を脱退、楯の会に専念することになったが、西尾俊一ら森田軍団はこぞって森田と行動をともにした。

森田はただちに日学同(全日本学生国防会議)脱退組を結集、西尾の故郷である筑波《つくば》山麓《さんろく》において、「祖国防衛隊」を結成した。

隊長には森田必勝が就任、副隊長は小川正洋(統制部担当)と野田隆史(財務部担当)、事務局長が田中健一、組織局長が西尾俊一、情宣担当に鶴見友昭がそれぞれついて、ほぼ国防会議時代の役職をそのまま踏襲することになった。新宿の十二社に借りたアパートの一部屋を、祖国防衛隊の事務所兼共同生活の場としたのだが、そこは森田の住まいともなり、森田が楯の会学生長になってからは、楯の会の事務所ともなった。

祖国防衛隊の運動方針は、

《我々は、祖国日本をあらゆる侵略から守る為《ため》、行動・理論・精神を一体として、真に皇国日本に殉じる活動を行ないうる人間を造る為、日常の心身鍛練をする。

毎日の基礎体力作りと、学習会、年二度以上の軍事教練、講習会、理論合宿をもってこれを養成

する》

というものだった。

祖国防衛隊の活動年間計画は、週一度の学習会（前半期は国内外情勢、歴史、皇国日本の哲学的論理。後半期は軍事戦術、戦略、戦史、北方領土、憲法、靖国問題）と軍事教練、週二回の語学学習（英語、韓国語）のほかに、三日間の理論合宿を年二回、五日間の軍事教練を年二回、自衛隊体験（一カ月間）を年二回——とかなりハードなスケジュールであった。

そのうえで森田は、祖国防衛隊を楯の会の中核組織として編成すべく、全員を楯の会に引っ張った。その年（昭和四十四年）の三月（三期生）と八月（四期生）の二回に分けて、全隊員を楯の会に入会させたのである。

西尾は八月の四期生として、富士学校での一カ月間の自衛隊体験入隊をこなし、楯の会会員となった。

西尾が楯の会四期生になってまもなくすると、学生長・持丸博の退会にともなって、森田が二代目学生長に就任。そのため、祖国防衛隊長には、森田のあとを受けて、小川正洋がついた。

西尾は森田に兄事《けいじ》し、三島を師と仰ぎ、心から尊敬の念を抱いていた。尊敬できる最たる面は、二人ともに、「指導者たる者、まず己《おのれ》自身が先鋒に立ち、身体を張ること」を自ら実践していることである。決して当時の進歩的文化人や左翼学生のような口先だけの口舌の徒ではなかった。

ともに汗を流し、同じ釜の飯を食べ、黙して語らずとも、互いが理解でき、信用しあえるのが、祖国防衛隊の同志観であった。同志の誰もが、日本の文化、伝統、歴史の象徴である天皇を護《まも》るために は棄《す》て石《いし》になっても悔いない信念を持ち、そのために軍事知識を学び、肉体、精神を鍛練することに、苦しいながらも無上の喜びを感じるようになっていた。

そして西尾たちはいずれも、自分たちの生命は森田必勝に預けているのだ、という運命共同体的な意識を強く持っていた。とくに三島由紀夫から、

「君たちは森田に生命を預け、森田はオレに生命を預けている。そしてオレの生命は天皇陛下に預けてるんだ」

といわれたとき、西尾は身がうち震えるような感動を味わったものだ。

西尾が三島、森田から学んだことは、

「われわれは世論の支持によって動くのではなく、先見によって動くのであり、あくまで少数者の原理によって動き、有効性は問題ではない。終局目標は天皇の護持であり、終局的に天皇を否定するような政治勢力を粉砕し撃破することを目的とする」

であった。

楯の会では、伊藤好雄を班長とする三班に属した西尾は、無口だが誠実な伊藤をこよなく信頼し、固い絆を結ぶようになっていた。

## ●三島事件に衝撃を受けて

楯の会会員にとって、運命の日となった昭和四十五（一九七〇）年十一月二十五日――。

当日、西尾は四期生や五期生の会員三十人とともに、現場すぐそばの市ヶ谷会館に集結していた。楯の会の例会日であったからだ。

この日、防衛庁共済組合の市ヶ谷会館三階G・H室に集まった会員たちは、楯の会の制服姿で午前十時からの定例会の開始を待っていた。ただ、西尾に限らずとも、班長も副班長もおらず、一期生や二期生の古参会員もいないこの日の定例会に、なんとなく奇妙な雰囲気を感じていたのは確かである。

それまで楯の会定例会は毎月一回、全会員が集まって開かれていたが、この九、十、十一月の三カ月に限っては、三島由紀夫隊長自らの提案で、三島が選ぶ任意の会員しか集まらないという、不定型なものになっていた。

定例会はいつも午前十時から隊長・三島の講演、あるいは外部の協力者主導の勉強会を行ない、そのあとで昼食のカレーライスを食べ、コーヒーを飲んで雑談に興じ、散会するというのが恒例であった。

この日、そのパターンが崩れたのは、隊長の三島が少々遅れてくるという連絡が入ったからだった。順番を入れかえるようにとの指示があり、会員たちは最初にカレーライスを食べ、コーヒーを飲んだ。

三島隊長や森田学生長が、すぐ目と鼻の先の自衛隊東部方面総監部において、世を震撼《しんかん》させるような大事件を引き起こそうとしているなどと知る者は、一人としていなかったことはいうまでもない。

午前十一時を過ぎても隊長の三島は現われなかった。いよいよ西尾たちはいつもと違う定例会の空気に、おかしいな、と首をかしげるようになっていた。このようなことはかつてただの一度もなかったし、自分たちの生命を預けた隊長の三島に、楯の会定例会より優先する重大事があるとは考えられなかった。

そのうち、パトカーのサイレンが聞こえ、外は騒然としていく。西尾はもしやという予感が胸をかすめ、すわってはいられなくなった。

〈何があったんだ……〉

会員たちが事件の概要を知ったのは、それからまもなくのことだった。自衛隊の将校がG・H室に来て、それとなく伝えたからである。

「えっ、先生が総監を人質に……」

「森田さんや古賀《ふるこが》さん、小賀《チビこが》さん、小川さんも一緒らしい」

驚愕の波が一挙に会員の間に広がっていった。それでも事件のくわしいことはわからず、会員たちはなすすべもなかった。

〈森田さんが——〉

西尾は言葉を失った。

やがて警視庁の係官も来て、彼らを監視し始めた。

〈先生、森田さん〉

西尾は何が何だかわからないままに、焦燥感と一抹《いちまつ》の寂しさが胸をよぎった。

〈どうして自分を連れていってくれなかったのですか。どうして……〉

置いてけぼりにされたという無念さであった。その気持は、三島と森田が割腹自決したと聞かされたとき、胸の奥底からあふれるように湧き起こってきた。

〈オレも行かねば……行かなきゃならないんだ〉

西尾は出口に向かった。

市ヶ谷会館のG・H室はすでに興奮の坩堝《るつぼ》と化していた。

「じっとしているように」

警視庁の係官は興奮する会員たちを抑えるのに必死だった。

「現場へ行こう！」

「行かせろ！」

会員たちが口々に叫び、出口に殺到した。自衛隊や警視庁の係官が行かせまいとする。両者の間で何度かこぜりあいが繰り返された。

とうとう収拾がつかないと見た警察官がピストルをとりだし、

「動くな！」

と会員たちを制した。

だが、西尾にはそんなものはまるで目に入らなかった。

「オレは行かなきゃならないんだ」

とあくまで部屋を出ていこうとした。西尾のあとには、この日の朝、十二社のアパートから何も知らずに森田を見送った田中健一、鶴見友昭という十二社グループ——森田軍団が続いた。

結局、三人は係官に阻まれ、ただちに公務執行妨害で逮捕された。警視庁に連行され、

「忠臣蔵だけはやらんでくれよ」

と係官がいうのを、西尾は歯がみする思いで聞いたものだった。

……それから五年の歳月が流れていた。その間、楯の会も祖国防衛隊も解散し、同志は散り散りとなったが、西尾は楯の会時代の班長だった伊藤好雄とだけは、心から信頼しあえるような関係を深めていた。

## ●伊藤好雄《いとうよしお》と西尾俊一《にしおしゅんいち》の決意

三島、森田のあとに続かなければならない――との思いを心中深く期して、ある意味で警視庁の係官がいった赤穂浪士《あこうろうし》のように、二人ともに市井《しせい》の人に身をやつして、来るべき日に備えていたといっていい。

〈「あとに続く者あるを信ず」として、先生と森田は決起したんだ。その重い荷物をいまさら放り投げるような不細工なマネはできない〉

と伊藤好雄は三島、森田から背負わされた重い荷物を一生背負い続ける覚悟を決めていたし、西尾は西尾で、

〈先生がおっしゃった「十年一剣をみがくも騒人《そうじん》いまだかつて試さず」という言葉を肝に銘じよう。先生は信念を見事に行動で裏づけた。次はオレがやらねば〉

との決意を胸に秘めていた。

その西尾が青木哲に連れられて、千葉刑務所を出所する野村秋介を出迎えにいくというのも、不思議な縁《えにし》からだった。

西尾がある人を介して三上卓を知ったのは学生時代のことで、それ以来、三上はもとより、三上一門の大先輩たちからもかわいがられるようになっていた。西尾には〝人たらし〟ともいえる才能

があって、誰にも容易に心を開かず、堅物《かたぶつ》で鳴るような人物をも、ころっとひきずりこんでしまいかねない人間的魅力を持っていた。それは西尾の純粋無垢《むく》な人柄によるところが大きかった。たとえばほとんど酒を飲まないことで知られる三上卓が、初めて西尾と会った夜、すっかり西尾を気にいってしまい、一晩酒を飲み明かすことになったという。

西尾は三島、森田らの事件後、大学も中退し、さまざまな仕事を経て、ひたすら牙《きば》をとぎ続けてきた。昭和四十九（一九七四）年ごろからは、中野区野方《のがた》で三上門下の飯島勇《いいじまいさむ》が学生を対象に主宰していた大生塾《だいしじゆく》という、さながら梁山泊の趣のある一軒家に、伊藤とともに住みこんでいた。

そうした三上一門との交流があったればこそ、西尾は青木哲とともに、千葉刑務所で野村秋介を出迎えたのであった。

この日、青木哲が西尾を誘ったのは、野村が獄中で読んだ本が千冊ほどたまっており、出獄にあたってその運搬を依頼されたからだった。西尾はその役を気軽に引き受け、刑務所側から許可を得ると、車ごと正門から乗りこんだ。書籍の置いてある倉庫まで車ともども入っていったのである。

「いやあ、生まれて初めて刑務所に入りましたよ」

と西尾は屈託ない笑顔を、野村と青木に見せた。まさかそれから二年後には、自分が入獄することになろうとは、西尾はこのとき夢想だにしなかった。

## ●自衛官・森田忠明《もりたただあき》の行動

森田忠明が初めて野村秋介の名を耳にしたのは、昭和四十五（一九七〇）年の六月か七月のことだったろうか。

このとき森田は二十歳、同年四月より東京・練馬の陸上自衛隊第一師団第一普通科連隊に着任したばかりだった。それまでは香川県善通寺《ぜんつうじ》の同第十五普通科連隊において、半年間の教育期間を経てきていた。

森田は練馬の第一普通科連隊に着任すると同時に、国士舘大学二部政経学部に入学したが、すでに高校のころから右翼関係思想書に親しんで、しだいにこれに傾倒するようになっていた。

そんな森田が東京へ来て早々、たまたま出会った本が永淵一郎《ながふちいちろう》編著の『現代維新の思想』（経済往来社）で、そこには三上卓、影山正治、中村武彦、西田広義《にしだひろよし》、四元義隆《よつもとよしたか》、浅野晃《あさのあきら》、毛呂清輝《もろきよてる》、葦津珍彦《あしづうずひこ》といった人たちが一文を寄せていた。

巻末には全寄稿者の住所まで記載されており、同書に感銘を受けた森田は、ただちに行動を起こした。練馬に住む三上卓を訪ねることにしたのである。三上邸が森田の勤務する駐屯地から近かったことにもよるが、何よりも「『忠誠心』の回復を――人渾身の悩みあり」との一文に、激しく心を揺さぶられたからだった。

それが昭和四十五（一九七〇）年六月のことで、その後、何度か三上邸を訪ねていくうちに、三上の口から、獄中にある野村秋介の名を耳にするようになったのだった。

森田忠明が民族派思想に目覚める契機となったのは、浪商高校二年のとき、乃木希典《のぎまれすけ》の伝記を読んでからのことである。なぜ、乃木将軍の伝記を読む気になったかといえば、歴史好きの長兄から、森田家は第十九代宇多《うだ》天皇から出た近江《おうみ》源氏佐々木《ささき》の末葉で、乃木将軍を出した乃木家と出自をともにすると聞いていたからだった。読後、森田は感動のあまり、

〈こんな立派な人が遠縁におるんやったら、自分もしっかりせないかん〉

と考えるようになった。同時に祖国という観念を痛切に抱くことになった。

伏見の桃山《ももやま》御陵《ごりよう》の下の乃木神社を訪れて、参拝もした。『論争ジャーナル』や『二十世紀』といった右派系の雑誌を好んで読むようになり、国史や変革思想関係の書物を渉猟《しようりよう》し始めた。

昭和四十四（一九六九）年三月、浪商高校を卒業すると、森田はただちに海上自衛隊に入隊した。当時の森田の夢は、東南アジアへ出て海賊《かいぞく》の群れに身を投じることだった。そこで義賊の頭目《とうもく》となって無人島を根拠地にし、武器弾薬を集め、日本の同志と連絡を密にしたのちに、国家革新のため日本に逆上陸を敢行するというものだった。いわば日本赤軍の右翼版である。

森田にすれば大真面目だった。そのため、操舵《そうだ》技術も学ぼうと、海上自衛隊入隊の道を選んだのである。

ところが、海上自衛隊には、天皇陛下のことを「天ちゃん」と呼ぶ昔ながらの海軍の伝統が残っていた。そんなことから上官に反発したり、何かともめることが多く、嫌気がさして、呉《くれ》の部隊を二カ月で除隊してしまった。

それでも東南アジアで義賊になる夢は、依然として消えていなかった。そこで森田はとりあえずその夢を実現する第一歩として、英会話を習得することにした。大阪の吹田《すいた》市にある関西大のすぐそばに下宿し、梅田のＥＣＣ大阪外語学院へ通うことになったのである。

七月の暑苦しい夜のことだった。同じ下宿人の関西大五回生と連れだって、森田は大学構内を歩いていた。全共闘運動が最後の華《はな》を咲かせていた時分のことで、関西大も御多分にもれず、封鎖中であった。

ところが、このノンポリ五回生、何を思ったか、閉鎖状態の大学に腹をたて、ゴミ屑《くず》に火をつけた。それが全共闘の連中に見つかってしまったのである。五回生と森田は、大勢のヘルメットの男たちにまわりをとり囲まれてしまった。

森田にすれば、とんだとばっちりだった。連中に部屋まで捜索され、本棚に北一輝の本や二・二六事件関係の資料があったことから、

「おまえ、右翼だな」

とヘルメットはいきりたった。さらに、目隠しされて校舎へ連れていかれるハメになった。ヘル

メットが誰彼となく、「殺せ！　殺せ！」とわめいている。リンチが流行《はや》っている時分でもあった。森田は目隠しされたまま、かなりひどく殴られた。生きた心地もなかったとき、五回生が地べたに伏《ふ》して、

「もう許してやってくれ。こいつ、右翼と違うし、三日以内に下宿から退去さすから、これ以上痛めつけないでくれ」

と哀願し始めた。

「おまえ、そないするんかい？」

ヘルメットの問いに、森田はうなずき、ようやく解放されたのだった。

だが、引っ越し費用とてない森田に、三日のうちに下宿を引き払うことなど、できない相談である。森田は腹がたってきた。あんな連中のために、義賊の夢が一《いち》頓挫させられることが悔しかった。下宿に戻り、しばらく思案した末、

〈そうや、来年は七〇年安保やんか。あいつらに報復できる手だてがあるやないか〉

と妙案を思いついた。自衛隊に入ることにしたのである。

〈来年、七〇年安保であいつら騒ぎまくるやろから、必ず自衛隊の治安出動があるはずや。そのときはオレ一人でもデモ隊の前に躍り出て、あいつら、皆殺しにしたる〉

私憤だけではなかった。半ば以上、義憤もあった。

〈仮に治安出動に至らなくても、オレだけは突出して左翼をたたき、首都に日本廓清《かくせい》の烽火《ほうか》を上げてやる。かねての抱負を実現できるチャンスや〉

奇しくもこの時点での森田は、自衛隊の治安出動の呼び水となる〝斬り死にの思想〟を抱いていた三島由紀夫と、似たようなことを考えていたことになる。

そんなわけで、森田は自衛隊入隊までの二カ月間、そのままとぼけて下宿に居つくことにした。下宿の裏口から出入りして人目を避けたのはよかったが、九月初旬の深夜、いつぞやのヘルメット軍団が下宿を急襲した。森田は不在で難を逃れたが、悪いことに、件《くだん》の五回生がまたも捕まってしまった。

「何や、おまえ、まだここにおったんか。来い！」

哀れ、五回生は再び関西大構内に連れこまれ、リンチを受け、足を折られるハメになった。

「許せん！」

あとで事件を知った森田は、いよいよ復讐心に胸を煮《に》えたぎらせた。

こんないきさつを経て、森田が、

「いまに見てろ。大阪の敵《かたき》は東京でとってやる」

とばかりに瀬戸内海を渡り、香川県善通寺の教育大隊に入隊したのは、昭和四十四（一九六九）年九月二十五日のことだった。ちょうど二十歳の誕生日であった。

## ●「あと三年待て」

森田がこのとき東京ではなく四国の地を選んだのは、三カ月の前期教育を終えれば、東京へ転任できる旨を、入隊の際、募集係の三等陸曹が確約してくれたからだった。

ところが、東京での敵討ちを心の支えに汗と泥にまみれ、訓練に励んでいても、東京転任の話はいっこうに伝わってこなかった。

そこで上官の区隊長に訊ねたところ、

「そんな話は聞いていないし、どだいここからの転出は無理である」

との答えが返ってきた。

森田はここでようやく、募集係の三等陸曹にいっぱいくわされたことに気がついたのである。一人でも多く自衛隊に入隊させ、自分の成績を伸ばすための嘘だったのだ。森田はあきれた自衛隊の体質に、怒髪《どはつ》天を衝《つ》くような憤りを覚えた。

〈かくなるうえは……〉

と二十歳の青年は思案をめぐらし、若者らしい思いきった手段にうってでることにした。陸上幕僚長・山田正雄《やまだまさお》陸将に直訴状を出したのである。

《拝啓二等陸士の分際でかやうな直訴状を呈する非礼、深くお詫《わ》び申し上げます》

で始まる手紙は無事防衛庁に着き、幕僚長の見るところとなって、旬日《じゅんじつ》も経《た》たず、返書が来た。それには、貴君の希望通り取りはからう、と書かれており、若者の願いは受けいれられたのであった。

が、一方で、この頭越しの行為は、森田の上官のメンツをいたく傷つけたとみえ、上京が本決まりになるにはなったが、二つの条件がついた。一つは、後期三カ月の教育を善通寺の第十五普通科連隊で終えてゆくこと。もう一つが、管区外への移動には何らかの理由を必要とするから、東京の大学に入学することにせよ、との半ば命令に近いものだった。

そのため、国士舘大学を選んで合格、入学手続きを踏んだのちに、練馬の第一普通科連隊に赴任することになったのである。

かくて森田は昭和四十五(一九七〇)年四月、上京の運びとなったのだった。

上京後、まもなくして三上卓を訪ね、三上の紹介で毛呂清輝を訪ねたりしているうちに、森田の国家革新の志は、胸中でますます燃えさかっていた。大阪の敵討ちなどというちっぽけなことはいつのまにか消え去っていた。

森田は自分の志、決意のほどを三上卓に語った。

「世相が混乱し、革命前夜のごとき様相を呈しているいまこそ、私は国家革新のための行動を起こしたいと思っています。いや、起こさなければならないと思うんですが……」

二十歳の若者らしい意気ごみを見せて、森田はその道の大先輩に訴えた。実際、森田は何か事を起こすことしか頭になかった。

「まあ、待て。あと三年待て」

三上はおもむろに森田を制した。ほかの者なら、「三年待て」といっても、体《てい》のいい逃げ口上にしか聞こえなかっただろうが、この老右翼人は筋金入りの実践家でもあった。戦前は五・一五事件、戦後は海烈号《かいれつごう》事件、三無《さんむ》事件に関わり、長い獄中生活を経てきた人物である。

その言葉には千鈞《せんきん》の重みがあった。それだけに森田は三上の言葉に意を強くした。

「ところで、それは君に何かメドがあってのことなのか。自衛隊にいて、武器弾薬を手にいれるのが可能とでもいうのかね」

三上が聞いてきたから、森田はここぞとばかりに、

「武器弾薬庫は、歩哨《ほしょう》に立ったとき、簡単に破れます。トラックで運べばすむことです。先生、武器の確保は私に任せてもらえませんか」

二十歳の気負いを見せて、森田は自信たっぷりに応えた。ともかく森田にとっては、世の改革のためには何をなしたらいいか、どう民族派理論をうちたてたらいいか――などということより、すべてにおいて行動が優先していた。

森田はこのころ、三島由紀夫の『奔馬《ほんば》』を愛読し、物語のうえでは失敗したが、主人公の飯沼勲

のような行動に出て、華々しく死ぬことさえ夢みていた。だから、まもなくして、三島由紀夫と森田必勝が自衛隊東部方面総監部において、割腹自決をとげたとき、森田忠明は他人とは違うショックを受けた。一にも二にも、「先を越された」というショックだった。

その後、森田は同盟員にはならなかったものの、日学同に出入りし、軍事教練合宿や理論合宿に参加、志を深く心中に期した。

昭和四十六（一九七一）年九月、陸上自衛隊を満期除隊すると、大阪に帰り、しばらく建設会社を手伝ったのちに、昭和四十八（一九七三）年、再び上京。同年四月、国士舘大学に復学し、大東塾の学生寮に入寮した。以来、昭和五十一（一九七六）年まで三年間、寮生活を行ない、塾長・影山正治の薫陶《くんとう》を受けた。

が、大学はいっこうに面白くなかった。授業に出ても、教授が、「天皇は単に飾り物にすぎない」などと天皇の悪口をいう。学生は学生で、夜学だったから、消防署員、自衛官、警察官などが多い。それが、試験となるとみんなカンニングしているのだ。

そんなわけで、再び国士舘大学を中退し、昭和四十九（一九七四）年四月、明治以来の伝統ある中国関係の専門学校・東亜学院に入学した。従来からの大陸雄飛願望はいっこうに冷めていなかったのだ。

森田が初めて野村秋介と会ったのは、野村が出所した昭和五十（一九七五）年の十月ごろで、毛呂清輝の主宰する「新勢力社」の小蔵美代子《こくらみよこ》の紹介だった。

それより四年前に亡くなった三上卓からも、

「野村秋介が出てきたら、会いに行け」

と勧められていたこともあり、いわば二人は、出会うべくして出会ったものといってよかった。

## ●野村秋介、大悲会《だいひかい》を結成

千葉刑務所を出所した野村は、精力的に活動を開始した。まず御殿場の富士霊園に眠る三上卓の墓に詣《もう》で、同志と語らって追悼会を催《もよお》し、それを三上の雅号からとって〝大夢祭《たいむさい》〟と名づけた。

「大悲会」を結成したのも、出所後まもなくのことであった。大悲もやはり三上の雅号だったが、辞書によれば、衆生《しゅじょう》の苦しみを救う仏陀《ぶつだ》の慈悲の心、とあり、まさに野村が十二年の獄中で考え続けた原点の思想だった。

昭和五十（一九七五）年九月には、東京・蒲田《かまた》に野村事務所を開設し、そのかたわら、翌年四月からは同じ蒲田で夫人とともに「山河」というスナックを開いた。蒲田にしっかりと活動基盤を築いたのである。

そのうえで、さまざまな民族派青年たちとの出会いがあった。ともに血盟を結び、経団連襲撃事件を引き起こすに至る伊藤好雄、西尾俊一、森田忠明の三人はもとより、鈴木邦男、池田龍紀、山本次郎、阿部勉、犬塚博英、蜷川正大《になが わまさひろ》、笠原正敏《かさはらまさとし》……といった人材との出会いが、野村に爽《さわ》やかな喜びを与えた。「人生は邂逅《かいこう》の一語につきる」との亀井勝一郎《かめいかついちろう》の言葉をこよなく愛し、信ずるに足る友を得ることを人生の至福と感じる男が野村であった。

池田龍紀、鈴木邦男との出会いは、上野精養軒《せいようけん》で催された毛呂清輝主宰の「新勢力社」の二十周年記念の席で用意されていた。獄中時代から野村は二人の論文に触れ、その新鮮な感覚と若い息吹に魅《み》せられ、熱い共感と注目を寄せていたものだ。

ことに公害問題をとりあげて、既成の右翼人が企業防衛の名のもとに、日本の山河を滅ぼそうとしている側に立つことの矛盾を鋭く指弾する池田の論文を読んだとき、強い共感がいつまでも野村の胸に残った。山河を破壊する公害、それを生みだす大企業に対する心底からの怒りは、野村自身のものだったからだ。

鈴木邦男との出会いも、印象深いものになった。鈴木はこの出会いからまもなくして『腹腹時計と〈狼〉』を刊行、毀誉褒貶《きよほうへん》渦巻く中で〝新右翼〟の看板スターとなるのだが、野村と鈴木の出会いは、戦後右翼史にとって一つの〝事件〟といってよかった。

新右翼の台頭は、昭和四十年代初頭の日学同や全国学協の民族派学生運動から始まったとされる。だがその萌芽はすでに昭和三十八(一九六三)年七月十五日、野村が決行した河野一郎邸焼き打ち事件にあったといえるかも知れない。当時、河野は児玉誉士夫《こだまよしお》に代表される右翼の側の政治家であり、〝反河野〟に立つということは、ほとんどの右翼を敵にまわすことにもつながった。

野村があえてその挙に出たのは、河野を撃つことによって、戦後体制を支えてきた自民党権力を撃ち、返す刀で、河野を〝主人〟筋とし、自民党財界を補完する形で戦後体制の強化に貢献してきたポツダム右翼を撃つ――という明確な意識があったからだ。

いってみれば、戦後体制＝ヤルタ・ポツダム体制打倒に向けての先駆け的な行動であったわけである。しかも学生流の甘いものではなかった。懲役十二年という身体をかけて、戦後状況へ牙を剝《む》いたのだ。

そういう意味で、鈴木たち民族派学生運動出身者とはまったく別の方向から、新しい右翼運動を模索し、その創出に向けて突破口を切り拓《ひら》いてきたのが、野村であった。

## ●反共右翼からの脱却

野村と鈴木の出会いは、新右翼陣営に、新しい歴史と限りない運動の活性化をもたらした。昭和五十一年二月号の『現代の眼』誌上で行なわれた「反共右翼からの脱却」と題する二人の対談は、いかに新右翼が、従来の右翼の発想からは自由であるかという意味で、およそ記念碑的なものとなった。同時に新右翼と既成右翼との違いも明確に表われている。

鈴木　Y・P体制打倒にしてもその支柱をなしている安保と憲法の二つを同時に打倒する闘いであったはずなのに、一方の憲法の打倒は言いながらも、もう一つの安保の方は支持するんだと言う。こんなおかしな話はありませんよ。少々皮肉をこめて言えばこうした器用なまねが出来るようになった時から戦後右翼の堕落《だらく》が始まったんだと思いますよ。

野村　その堕落した姿勢はいまも続いているんですよ。反体制右翼としての誇りもなく、牙もすてて体制べッタリになってしまった。だからどこかで踏みとどまらなくてはならないんですよ。そうでしょう。保守党政党と右翼という本来相反するもの同士が癒着《ゆちゃく》したまま続いてきてるんですよ。……Y・P体制打倒を言い、戦後体制からの脱却を言うのならば、安保と憲法を分けて考えるなんてことは絶対に出来ないはずですよ。少なくともそのスローガンを口先だけではなく、自分たちが命を賭《と》して実現するんだという決意があるのなら「安保廃棄」ということをはっきりと打ち出すべきだと思うんですよ。

野村　大体いまの右翼の人は、昭和維新だなどといいながら常に大企業の側についてきたでしょ。大企業に媚《こび》を売って金をもらう姿勢じゃもうおしまいだ。そんなことだから大企業になめられるんだ。昭和維新だなんていう資格はない。右翼だなんていう資格もないですよ。我々が民族派だと言って運動する場合、民族の前衛として運動をするんでしょう。民族をいたわる運動をするんだ。公害問題にしても大企業の側に我々が立つなんてことは絶対にあり得ないはずなんだし、またやっちゃいけないことですよ。現に公害で苦しみ、死んでいってる人間がいるんですからね。

鈴木　美しい日本が破壊され、山紫水明《さんしすいめい》の自然が失われつつあるんですからね。右翼こそが公害反対闘争を真っ先にやらなくてはならないはずですよ。そうした右翼の主張はすべて忘れてしまい、鈍感になってるんでしょうね。そんなことを言おうものなら「共産党を利することになる」なんて反撥《はんぱつ》するんですからね。

この時点での野村にはむろん経団連を襲撃するという考えは、まだ意識のうえになかった。だが、この鈴木との対談の中で、つい自らの決起の意志をほのめかしてしまっている。

野村　……鈴木さんがいま、反共主義者も警察もある意味では敵だといいましたが、大企業も真の日本の蘇生《そせい》を阻むという意味では敵です。その大企業から逆に金とってるんだ、右翼は。どうしようもないね。やはり企業から金をめぐんでもらってやるんじゃダメですよ。自前の運動をしなくては。反体制というのは自民党に反対するだけじゃないですよ。社、共、右翼、左翼すべてをひっくるめて三十年間に培《つちか》われた既成のメカニズムはすべて体制側で、それを倒すんだという認識をはっきりさせなくてはダメなんだ。それがなければ新しい運動だとか突破口なんてつくれない。その為《ため》ならば拳銃をふところに入れても僕はやるよ。

## ●堕落《だらく》した活動家との訣別

野村がこの対談で執拗に大企業と癒着する右翼批判を行なっているのは、一つには出所後まもなくして、その実態を目のあたりに見てしまったことにもあった。

それが内心で畏敬の念を抱いていたある右翼人の姿であっただけに、なおさら裏切られたという気持が強かった。

その人物はKといい、野村が河野邸焼き打ち事件を起こしたとき、支援にまわってくれた数少ない右翼人の一人だった。獄中にあった野村に、二万円もの金を送ってくれ、励ましの手紙も書いてくれた。

その手紙を見ると、便箋一枚一枚に日の丸が印刷してあって、野村をいたく感激させた。野村が尊敬の念を抱いたのも無理はなかった。

千葉刑務所を出所した野村は、さっそくこのKにあいさつするために、Kの事務所のある新橋第一ホテルに出向いた。Kは大歓待してくれた。日本に一台しかないというベンツで銀座に繰りだし、クラブを何軒もはしごしてまわるのである。一晩で百万円の金額を使う豪遊のしかただった。

野村はしだいに寒々しい気持になっていた。

〈オレが尊敬したのは手紙の便箋にさえ日の丸を掲げる男だったはずだ……〉

何軒目かのクラブへ行ったとき、野村の我慢も限界になった。

Kはさんざん飲んだあげく、財布から一万円札を十枚ほど取りだすと、やおら、

「ホラ、チップだ」

とホステスたちにまき始めたのだ。

あまつさえ、

「天皇陛下、万歳。オ○○コ万歳」

と叫んだ。

野村は怒りを通り越して、あきれかえった。

〈これまでだな〉

立ちあがると、

「悪いけど、オレ、先に帰らしてもらうよ」

とKに告げた。

Kは野村の怒りが理解できない。

「オレは君のために歓迎してるんじゃないか」

と不思議そうな顔を見せた。

「勘違いするなよ」

野村はそのまままうしろも振り返らず立ち去った。それきりKとは縁が切れた。

〈こういう手合が右翼としてまかり通っているのが現状なんだなあ――〉

野村はつくづく情けなかった。

〈いつからこういうことになってしまったんだろう〉

つらつら考えてみた。

〈結局、Kのような連中があいう生活ができるのも、総会屋やって大企業から甘い汁吸ってるからなんだ。何のことはない、Kのような手合が右翼だと闊歩《かっぽ》できるような状況をつくったのは、日本の財界じゃないか。元凶は大企業だ〉

ヤルタ・ポツダム体制――戦後体制を根本から支えてきたのが大企業体制であり、本来、その財界や権力を恐れさせる存在であるはずの右翼が、逆に大企業によって骨抜きにされているという現実。野村がのちに経団連襲撃事件を起こす遠因は、すでにKとの個人的な体験の中に用意されていたわけだ。

だが、むろんKとの一件はあくまで私憤の段階にすぎず、野村が千葉刑務所出獄後、わずか七百六日のシャバ暮らしを経て、ついに財界の総本山ともいうべき経団連を襲撃しようと決意するに至ったのは、もっと大きな義憤にかられてのことだった。
そのプロローグとなる事件が起きる。

## ●クアラルンプール事件

昭和五十(一九七五)年八月四日午前十一時(日本時間同午後零時半)ごろ、和光晴生《わこうはるお》、奥平純三《おくだいらじゅんぞう》、日高敏彦《ひだかとしひこ》ら日本赤軍のメンバー六人がマレーシア・クアラルンプールのアメリカ大使館を占拠、アメリカ領事など十三人を人質にする事件が起きた。

約五カ月前の三月五日、スウェーデン・ストックホルムのレバノン大使館付近で逮捕され、日本へ強制送還された西川純《にしかわじゅん》、戸平和夫《とひらかずお》をはじめ、左翼活動家六人の獄中犯の釈放を要求してきたのだ。いわゆる日本赤軍による〝クアラルンプール事件〟である。

日本政府は〝超法規的措置〟でこれに応じ、自分の意志で拒否した連合赤軍の坂口弘《さかぐちひろし》を除く西川、戸平、元赤軍派の坂東國男《ばんどうくにお》、松田久《まつだひさし》、東アジア反日武装戦線の佐々木規夫《ささきのりお》の五人を釈放した。日本赤軍は奪還した五人とともにクアラルンプールからリビア入りした。

この事件を異常なほどの関心で注目していたのが、出獄したばかりの野村であった。

日本政府のふがいなさはもとより予測されたことだった。日本の文化、伝統、歴史も、民族の誇りも、すべてないがしろにして、生命尊重を唯一至上の価値としてきたのが、戦後という時代の実態であれば、当然の結末であった。

それよりも野村を驚かしたのは、

〈たかだか三丁か四丁の銃によって、白昼堂々、日本赤軍が日本国を恫喝《どうかつ》しているという現実に、どうして右翼と呼ばれている連中は何もせずに、手をこまねいて見ているのだろうか〉

との右翼陣営に向けられた疑問だった。

野村は歯がみした。いったい右翼とは何なのだろうか。《日教組粉砕》《憲法改正》《北方領土奪還》《核防条約粉砕》といったスローガンを街頭でわめき散らすだけの存在なのか。〝行動右翼〟などといっても、しょせん、看板だけのものなのか。

五人の獄中犯がタラップを踏み、飛行機に乗ろうとしている姿をテレビで観ながら、野村は無念さに身体が震える思いがした。

野村はテレビを睨《ね》めつけながら、考えた。

〈仮に……もし仮に、われわれ民族派の側がすばやくこれに対応し、それこそ日教組本部でもどこでもいい、銃を持って決起し、「犯人の釈放には絶対応じるな」と政府に迫ったら、事態はどうなっていたろう。それでも犯人の釈放に応じていたろうか。否《いな》だ。いや、仮に政府が赤軍を選択したとしても、そのときこそ、右と左の暴力の本質的な違いが明確に国民にわかってもらえるチャンスだったじゃないか。オレがかねがねいってきた〝民族の触角〟としての右翼の位相《いそう》も明示できたは

ずだ……〉

野村はホゾをかむ思いだった。無念さがいつまでも胸に残った。

〈誰かがやると思うのが間違いなんだ。オレがやらねば……〉

後日、野村は、三年前、連合赤軍幹部として、「あさま山荘」で機動隊と銃撃戦を演じ、捕まってからも完全黙秘を通したという坂東國男が、出獄に際し、

「革命のためならどこへでも行く」

といったことを知り、苦笑いを浮かべた。

〈われわれこそ口にし、実践しなきゃならないことじゃないか。戦後体制打倒のためならどこからでも仕掛けてやる、と――〉

野村は決意を新たにするのだった。

## ●日本赤軍を迎え撃つ

森田忠明が一カ月にわたる東南アジアへの一人旅から帰ってきたのは、昭和五十一（一九七六）年八月半ばのことだった。

この旅の途中、森田は香港《ホンコン》で、日本語学校の校長をしていた伊達政之《だてまさゆき》と会い、大いに意気投合した。伊達は檀一雄《だんかずお》の『夕日と拳銃』の主人公・伊達麟之助のモデルとされる伊達順之助《じゅんのすけ》の次男で、

西尾俊一の紹介だった。

伊達は森田の豪放磊落《らいらく》さを愛し、そのうえ、中国語ができ、中国やアジアに対する並々ならぬ関心を知って、

「君、香港に来ないか。学校を手伝ってくれないか。うちの若い者（留学生）をみてくれりゃ、助かるよ」

と誘った。

森田も、かの地で活躍することは年来の抱負でもあり、伊達の大陸的風格に魅せられていたこともあって、

「わかりました。日本へ帰って、後日、連絡いたします。たぶん、お世話になると思います」

と返事した。

森田は帰国後まもなくして、翌年春をめどに香港留学を決意。その旨を正式に伊達に返答したのは、九月初旬のことだった。友人の笠原正敏の紹介で、新聞輸送会社でアルバイトすることも決まり、金をためたのち、翌年四月から、香港中文大学へ留学することが本決まりとなったのである。

ところが、そんな矢先の十月三日、クアラルンプール事件のコマンド・奥平純三がヨルダンから強制送還され、公安当局に引き渡されるという事件が起こった。

〈こりゃ、また、クアラルンプール事件と同じことが赤軍によって繰り返されるぞ……。そうか、

ヤツらの狙いは十一月十日だ！〉

森田は色めきたった。十一月十日は天皇ご在位五十年祝典の日だった。

野村秋介から二人だけで会いたい旨の連絡が入ったのは、そんな時期だった。野村と森田は前年十月に初めて会って以来、盟友関係といってもいい絆を結んできた。

時期が時期だけに、森田は野村の用件がピンときた。クアラルンプール事件に対する右翼のふがいなさに対する無念さを、かつて野村の口から何度聞いたかわからない。今度、同じ事件が起きたら決起することも密かにうちあけられていた。

〈いよいよオレも行動できるかも知れない〉

森田は武者震《むしやぶる》いした。いったいこの六、七年、何度決起する日を思い描いたことだろうか。三島由紀夫、森田必勝の事件が起きたあとは、来る日も来る日も、何か事を起こし、その責任をとって割腹するという夢ばかり見た。そして、いざ腹を切ろうという段になると、決まって目が覚めたものだった。

そんな森田であったから、蒲田の野村事務所で野村と会い、野村から、日本赤軍が奥平奪還の行動を起こしたら、ただちにこれを迎え撃つ——とうちあけられたとき、一も二もなく同意していた。

「やりましょう」

とひと言いったきりだった。何をやるんですか、とも聞かなかった。重大なうちあけ話に毫《ごう》も顔色を変えず、余分なことはいっさい喋らない。

野村はいかにも森田らしい態度を頼もしく眺め、

〈やはりオレの人選に間違いはなかった〉

と己の目の確かさを確信した。

野村は今度の奥平純三強制送還事件が起きたとき、真っ先に西尾俊一に相談した。西尾の見解も、野村同様、日本赤軍は今度も必ず出てくるし、日本政府の対応も、型にはまったように前回と同じことになるというものであった。

「今度は見逃すわけにはいかねえな」

野村の言葉に西尾は力強くうなずいた。天皇ご在位五十年祝典に、クアラルンプール事件と同じことを赤軍にやられたのでは、民族派の面目も何もあったものではなかった。

「武器さえ調達できるなら」

西尾がゆっくりと口を開いた。

「このへんで連中と敢然と対決するのも悪くないですね」

と眼光をきらめかせていい放った。

「やるか」

と野村がいえば、
「やります」
と西尾が応えた。それで決まりだった。武器は野村のほうで請《う》け負うことになった。

また、事を起こすには三人が妥当と考えた野村は、続いて森田忠明に決意をうちあけ、同志として加わる同意をとりつけたのだった。

そこで野村が頭を悩ませたのは、伊藤好雄の処遇であった。

野村が伊藤と初めて会ったのは、出獄した年の十月のことで、ちょうど森田忠明との出会いと相前後した時期だった。西尾の紹介によるもので、

「君の友人で、この男だけは信じるに足りるという人間をあげてみろ、といったら、君は誰をあげる」

と野村が西尾に聞いたとき、西尾が言下に答えた相手が、伊藤好雄であった。

伊藤はそのとき二十九歳、西尾、森田より年長で、外見に似あわず芯《しん》の強さと豪胆さは一級だった。早大時代から早学連の一員として早大闘争を闘い、日学同結成に参画し、楯の会一期生として、三島由紀夫以下十一人と血判を押し、血を飲みかわした血盟の儀にも加わった男である。一貫して民族派運動にとりくんできた筋金入りの闘士だった。

野村は西尾、森田同様、この伊藤とも、何か生死を賭けた事を起こすときには、行動をともにす

る旨の盟約ができていた。その伊藤を今度の決起からはずすのは心苦しかったが、三人で充分というのが野村の判断だった。

西尾と相談した結果、伊藤には行動計画のすべてをうちあけたうえで、残って事務処理をしてもらおう——との結論に達したのだが、伊藤は承知しなかった。

「私も断固として行きます」

伊藤は静かにいいきった。いったんいいだしたら、テコでも動きそうになかった。

野村は苦笑しながら、四人で戦うことを決意、互いの意志をしっかりと確認しあった。武器は野村の大先輩にあたる右翼人から、ライフル銃二丁と旧日本軍用の十四年式拳銃一丁を、実弾三十六発付きで借りうける手はずが整っていた。

だが、結局、この計画は実行されることなく終わった。いつまでたっても日本赤軍は姿を現わさず、十一月十日の天皇ご在位五十年祝典が無事終了した段階でも、ついに出てこなかったのだ。そのうえ、武器の提供を約束してくれた先輩の話は、まるっきりハッタリであることが、祝典が近づくにしたがって明白になった。野村は違うルートから武器を調達せざるを得なくなり、その苦労は並たいていのものではなかった。

そうした経緯もあり、ともかく日本赤軍が出てこない以上、計画を断念するしかないという結論に達したのだ。四人は計画の中止を申しあわせ、それまでの酒も飲めないような長い緊張状態を解いた。が、それも一時的なものにすぎなかった。

## ●襲撃計画

「敵が出てこないのなら、われわれのほうから撃ってでるべきだと思うんですが……。われわれのほうから、このいまの日本の状況を打破するため、戦後体制打倒の狼煙《のろし》をあげようじゃないですか」

と口火を切ったのは、西尾俊一だった。

「しかし、迎撃することと出撃することとは明白に意味が違ってくるぞ。前者なら敵が築いてくれた状況に乗っかっての闘いだから、一般大衆にもわかりやすい闘いとなるが、後者は一歩間違うと滑稽《こっけい》視されかねない」

野村は、三島由紀夫と森田必勝らが決起した三島事件を思い浮かべていた。

〈三島由紀夫が死を賭してやった行動さえ、マスコミからさんざんたたかれた。ましてわれわれごときが、同じように具体的な敵のいない、戦場のない闘いを敢行したら、どれくらいの悪罵を投げつけられることだろうな〉

野村は目に浮かぶようだった。河野邸焼き打ち事件のときに浴びせられた罵詈雑言《ばりぞうごん》もひどいものだった、と野村は改めて十三年前にマスコミから受けた仕打ちを、つい昨日のことのように思い浮かべていた。しかも愚連隊だった前歴を持ちだしての罵倒だけにやりきれなかった。

もっとも、そんな批難中傷も、野村には慣れっこのものとなっていたし、野村自身、この年七月号の『青年群像』誌上で犬塚博英と対談した折も、

「いま日本が必要としているのは、かっこいい英雄ではなく、歴史の中に埋没する甘粕《あまかす》(正彦《まさひこ》)大尉であり、鬼熊《おにくま》(岩淵熊次郎《いわぶちくまじろう》)だ」

と泥にまみれる覚悟を開陳したばかりだった。

「滑稽に思われても何ら構いません。大事なことはY・P体制打倒に向けての状況を築くことですから。私らが三島先生から教わったことは、われわれは世論の支持によって動くのではなく、先見によって動くのであって、有効性は問題ではないということです」

と西尾がいい、伊藤も同様の決意を披露《ひろう》した。一点の迷いもなかった。

「その通りだな」

と野村は若者の頼もしさに惚れ惚れするように、大きくうなずいた。

このころ、森田は新聞輸送会社に勤めていたので、四人がそろって顔をあわせられる機会はめったになかった。

野村は昼間、西尾や伊藤と話しあったことをあとで森田に伝え、森田の意志を確かめた。むろん森田の決起への意志は、西尾、伊藤に勝るとも劣らぬほど強いものであり、以前と何ら変わるとこ

ろはなかった。ヤルタ・ポツダム体制打倒、国家革新に賭ける森田の情熱は赫々たるものがあった。

かくて四人はその後、蒲田の野村事務所、野村のマンション、スナック「山河」で何度か話しあいを持ち、一つ一つ計画を煮つめ、昭和五十二（一九七七）年一月中旬には、ほぼそのあらましを決定した。それによると――、

襲撃目標は、経団連（社団法人経済団体連合会）。経団連襲撃にあたって使用する組織名を「ＹＰ体制打倒青年同盟」とすること。武器はライフル銃、拳銃、日本刀を使用し、経団連役員を人質にとり、バリケードを築いて役員室を占拠すること。檄文を配布してこれに対する経団連の回答を迫ること。伊藤好雄を襲撃隊長、森田忠明を副隊長とすること。決行日時は〝桜田門外の変〟にちなみ、三月三日とすること――などだった。

その間、伊藤と西尾が何度か経団連会館の下見を重ね、野村は古い年少の友である岩上賢《いわがみけん》に、散弾銃（ベレッタ五連発銃）一丁と実弾約七十発の購入を依頼し、自らはコルト四五口径拳銃一丁と約五十発の実弾を入手した。

同年二月中旬には、野村は伊藤とともに散弾銃及び拳銃の試射をして機能を確かめ、同時に檄文三百枚を印刷。着々と行動の準備をする一方で、各自が身辺整理に入った。

## ●決行前の四人

二月三日、森田は親しい友人たちの見送りを受けて、羽田空港を飛びたとうとしていた。目的は香港中文大学への留学であり、日本語学校校長・伊達政之との約束を果たすためだった。が、留学とは表向き、三月三日に向けての偽装工作であった。

香港にやって来た森田を、伊達は心から歓迎してくれた。当然、長期逗留《とうりゆう》になるものと信じて疑わない。森田は伊達にいわれるままに百貨店で布団《ふとん》を求めた。伊達を欺《あざむ》く形になるのが、森田にはつらかった。

やがて、

「先生、やり残してきたことがありますので、ちょっと日本へ帰らしてください。用事がすみしだい戻ってきますから」

と伊達にいい残し、森田が密かに帰国したのは、二月二十六日であった。

のちに森田の事件を知った伊達は、

「森田が(刑務所を)出たら、オレが引きとるんだ」

と口癖のように妻に語ったという。

出獄後、伊達夫人からそのことを聞いた森田は、黙って涙を流すしかなかった。伊達は森田の服役中に、帰らぬ人となっていたのだ。

一方、西尾はニューギニアへ渡るといって親しい人たちを遠ざけ、伊藤は四人のシンパであった渡辺《わたなべ》まゆりの店を預かって、飄然《ひょうぜん》と焼き鳥を焼く日々を過ごし、野村は妻をともなってサイパン旅行へ出かけた。

三月三日の決行に向けて、四人はこの世の見納めとなるかも知れない日々を、淡々と、また心ゆくまでかみしめていた。

決行にあたって、四人が最終的に決めたことは、人質や警官に対しては威嚇《いかく》発射をするが、万一、死傷者を出した場合は、責任をとって自決するということであった。もとより自決以前に、銃撃戦になって、死ぬ可能性も充分に考えられた。隊長の伊藤などは、

「失敗しても成功しても自分は自決したい」

との覚悟を吐露《とろ》して、野村を感動させたものだった。およそ大言壮語するようなタイプからは最も遠い若者が、伊藤であった。

三月二日午後一時、四人は新橋ホテルへ集結した。皇居、靖国神社、明治神宮に参拝し、横浜のニューグランドホテルに到着したのは夜の八時ごろだった。

そこで最後の打合せを行ない、突入の手はずと武器の分担を決めた。伊藤が拳銃、西尾が散弾銃、森田が日本刀、野村が檄文をそれぞれ受けもち、散弾銃と日本刀は西尾がライフルバッグに入

れて持ち運ぶことにした。十時ごろ、岩上賢が散弾銃を届けにきた。

これで何もかも準備完了であった。深夜十二時を過ぎていたが、四人は最後の宴《うたげ》を催すべく、市内のレストラン「ねぎしや」へ出かけた。『人生劇場』などの歌が飛びかい、四人は思い思いの感慨にひたった。

明けて三月三日。いよいよ決行当日だった。四人は午後一時ごろ、ニューグランドホテルを出発、車は一路、東京・大手町へと向かった。四人の目に映った横浜港の海は、あくまで穏やかだったが、車窓を春のみぞれが激しく打った。

### ●ついに経団連突入

世にいう〝経団連襲撃事件〟は、スーツに身を包んだ四人の静かな突入で幕が開けた。午後四時十分ごろ、森田、西尾、伊藤、野村の順に、十メートル間隔で経団連会館の正面玄関を入り、受付を通過しようとしたところ、西尾だけが警備員に呼び止められた。西尾の持つ散弾銃と日本刀を収めたライフルバッグが見とがめられたのである。

その難をとっさの機転で逃れ、四人は同じエレベーターで七階に昇った。トイレでの散弾銃の組み立てには思いのほか時間を要した。四人はトイレを出ると、すぐ手前にあったドアを開けて飛びこんだ。

伊藤がコルト四五口径を天井に向けて二発撃った。

「ガガーン！」

というすさまじい音が鳴り響いた。

そのとき初めて彼らは、七階と間違えて六階に降りたことに気がついた。会長室があるのは七階である。

彼らが飛びこんだ部屋は経団連事務局総務部秘書課分室で、そのとき部屋にいたのは、経団連常務理事の千賀鉄也《せんがてつや》ほか五人の職員だった。隊長の伊藤が千賀に拳銃を向け、

「会長室に案内しろ」

と申し渡した。伊藤たち四人は、その五人の職員を引き連れて、会長室のある七階にあがり、同事務局総務部秘書課室に入った。さらにそこに居あわせた職員ら数名をも人質にとった。

同秘書課室奥の部屋を開けると、そこは会長室であったが、主《あるじ》の土光敏夫《どこうとしお》は不在だった。伊藤、森田、野村は、秘書課室前ロビーの出入口に長椅子や植木鉢ケースなどで、せっせとバリケードを築き始めた。その間、散弾銃を持った西尾が、人質の職員たちを部屋の壁際に並ばせた。

さらに人質を会長室に移動させ、四人はいずれも《ＹＰ体制打倒》と墨書《ぼくしょ》した用意の白鉢巻を締めた。

「若い三人は死ぬ気で来ています。決して遊びではありませんから」

野村が人質にとった経団連職員たちに説明し、檄文を配布した。檄文の一部にはこうあった。

日本の文化と伝統を慈《いつく》しみ、培ってきたわれわれの大地、うるわしき山河を、諸君らは経済至上主義をもってズタズタに引き裂いてしまった。

環境破壊によって人心を荒廃させ、「消費は美徳」の軽薄思想を蔓延《まんえん》させることによって、日本的清明と正気は、もはや救い難いところまで侵蝕されている。自ら生んだ子供をコイン・ロッカーに平然と遺棄する異常の社会を、君らは、君らが意図したか否かは別として、現実として構築し続けてきた。

営利主義の犠牲となった薬品公害患者の苦悩を、君らは一度でも真摯《しんし》に顧《かえり》みたことがあるのか。

水俣《みなまた》病《びょう》患者・スモン病患者の心痛に対して、一度でも敬虔《けいけん》な反省をもったことがあるのか。大昭和製紙等に見られる無責任きわまるヘドロ公害、または瀬戸内海を死の海へと追いたてている現実の大企業体質を、君らは一度でも虚心に直視したことがあるのか。

…

すべては日本民族の弱体化を眼目としたヤルタ・ポツダム体制の歴史的呪縛《じゆばく》にその源泉を見る。だがしかし、この三十年間に及ぶ戦後体制を最も強力に支えて来た勢力が、金権思想・営利至上主義の大企業体質そのものであったことも韜晦《とうかい》をゆるされぬ事実である。われわれはかくのごとく断じ敢《あ》えてこの挙に及ぶ。

古代ローマは平和を貪《むさぼ》ることによって自ら亡《ほろ》んだ。祖国日本が同じ轍《てつ》を踏むのを座《ざ》して看過できない。営利至上主義のために「祖国」を見失ってはならない。

憲法改正！

安保廃棄！

天皇陛下万歳！


隊長・伊藤の指示で、西尾がロビーの天井に向け散弾銃を三発威嚇発射すると、四人は交代で会長室に通ずるすべての出入口に施錠し、机、椅子でバリケードを築いた。

人質は七階の第二応接室にいたブラジル商工会議所会頭の広川郁三《ひろかわいくぞう》と、同室付近にいた経団連事務局広報部職員の中村典夫《なかむらのりお》の二人を加え、合計十二人になっていた。

やがて、

「女の子と部外者を解放しよう」

との話が四人の間で決まり、ブラジルからの来客である広川と、七人の女性職員を解放。午後四時三十七分のことだった。

引き続き、伊藤、森田、西尾、野村は、残った四人の人質の監視と、会長室内外の警戒にあたった。そのうえで檄文に対する経団連側の回答を得るべく、土光敏夫会長ら責任者との連絡をはかろうとした。が、それは容易に果たせなかった。代わって、マスコミからの電話は鳴り続ける。

そのうち、四人の人質のうち、常務理事の千賀鉄也と広報部職員の中村典夫の二人が、長時間の監禁による身体の不調を訴えだした。そのため、伊藤たちは二人を解放、時刻は午後九時三分を指していた。

なおも襲撃者たちは、残り二人の人質を監視して、経団連会長室を占拠し続け、執拗に土光会長との接触をはかった。だが、それは実現しないままに、時間だけがジリジリと経過していた。

〈オレたちの見通しは甘かったかも知れないなあ〉

思うようにいかない土光との接触に、最も歯ぎしりしていたのが、森田だった。森田に限らず、四人ともに、土光との接触に関しては、

「もし、会長が不在であったとしても、土光ほどの男なら、人質になっている部下の安否《あんぴ》を気づかって自ら名のりでてこよう」

と楽観視していたのは事実だった。その観測の甘さに気づかざるを得なかったのだ。

結局、四人はこのあと翌朝三時過ぎまで、会長室を占拠籠城《ろうじょう》した果てに、三島由紀夫未亡人の平岡瑤子、警視庁公安部警部補の大内浩《おおうちひろし》の説得を容《い》れた形で投降、事件は幕を閉じるのだが、最

後まで、

「いかに今度の決起が思想戦だといっても、何らかの実効がなければ維新変革への状況構築にはほど遠い。土光会長から経団連としての反省声明をもらわないで、このまま終えたんでは茶番になるのではないか」

と主張し、あくまで土光の反省声明要求にこだわったのが森田だった。

三島未亡人と大内警部補が来て、野村と西尾が応対している会長室の隣の部屋で、森田と伊藤がギリギリ最後の会話をかわしたものだ。

「これだけやったんだから、もう出よう」

と伊藤がいうのに、

「オレはこのままじゃ出られない」

と森田はいいはる。

「……死ぬんだったら、これで頭撃てば死ねるんだ」

伊藤は手にした拳銃を示した。

「……」

森田とて死は覚悟のうえでの決起ではあるが、さりとて死にに来たわけではなかった。森田はジッと伊藤の目を見つめ、ゆっくりとうなずいた。

「……わかった。出よう」

森田が答えた時点で、四人の投降が決まったのだった。

三島未亡人を引っ張りだしてきたのは、事態が好転せず、焦りを見せていた警察の最後の切り札といってよかった。その電話が鳴ったのは、深夜零時をまわった直後だった。

しばらく緊張した面持ちで話を聞いていた伊藤は、受話器を置いたのちに、

「三島夫人からのものでした……」

と野村や同志に告げた。このとき三島未亡人は下の六階から、電話をかけてよこしたのである。

かつての夫の部下を電話説得する任を警察から依頼されたのだった。

そのあとで再び三島未亡人からの電話が鳴り、自ら会長室まで来る旨を告げてきた。

「もういいじゃないか」

当惑する伊藤に、野村がつぶやくように呼びかけた。

〈オレたちはやるだけのことはやったんだよ……〉

いつのまにか外は吹雪になっていた。

この経団連襲撃事件の公判は、十二回、一年にわたって行なわれ、四人に対する判決がおりたのは、翌年の昭和五十三（一九七八）年三月六日のことだった。判決は、野村秋介が懲役六年、伊藤好雄、森田忠明、西尾俊一が各懲役五年であった。

第三章

# 愛国・反権力闘争（一九七八〜一九九〇年）

昭和60（1985）年3月17日、池子《いけご》米軍住宅建設阻止の街宣を行なう統一戦線義勇軍（上）。昭和62（1987）年5月3日、赤報隊による襲撃直後の朝日新聞阪神支局編集室（下）

# 一　統一戦線義勇軍の登場

## ●経団連襲撃事件に影響を受けて

昭和五十二（一九七七）年三月三日、経団連事件が起きたとき、木村三浩《きむらみつひろ》は二十歳だった。

〈すごいことをやる人がいるもんだな〉

すでに右翼活動家としての道を歩みつつあった木村にとって、事件の衝撃は大きかった。それは七年前の三島・森田事件の比ではなかった。というより、三島事件のときは、まだ子どもで何もわからなかったといったほうがあたっているかも知れない。

木村は新聞に発表された「檄《げき》」を一字一句、貪るように読んだ。読めない字も中にはあったが、

〈まったくその通りだ。これは断固支持しなきゃいけない〉

共感などという言葉ではいい表わせない感動があった。

だから、「マンガ的」「茶番劇」といっせいに揶揄《やゆ》し、厳しい批判を投げつけていたマスコミの論調を見るにつけ、許しがたい気持を持った。が、木村自身、まだ確固とした思想を持っていなかっ

ただけに、それらは心情的な反発にすぎなかった。

事件後、右翼人の何かの集まりがあったときのことだった。雑談となったとき、ある先輩右翼人が経団連事件に触れ、

「あんなのインチキだよ。死ななかったじゃないか。死ななきゃ売名だよ」

と批判するのを聞いたときにも、

〈いや、絶対にそうじゃないんだ〉

と激しい反発を覚えたものだった。

そのころの木村は、別にどの右翼団体に属していたわけでもなく、ときおり、学校の先輩との縁で、日本青年社の集会などに、一《いち》動員力として駆《か》りだされる程度の活動家にすぎなかった。

動員され、街頭行動になって機動隊とぶつかれば、先輩から、

「竹ざおで突っこめ！」

と命令されることもあったが、それとてなまなかの覚悟でできるものではなかった。

そんな自分の体験から考えても、先輩たちの意見には賛成できなかった。

〈自分のあの程度の小さな街頭行動だって、人間、怖さがあるし、躊躇《ちゅうちょ》があるんだ。それをあんなでかいことをパッとやった人たちに対して、死んだから、死なないからなんて、単純にいえない問題じゃないか。この人たちは自分の身を安全なところにおいて喋っている評論家にすぎないじゃ

ないか〉

経団連事件が、木村という若い、熱い魂に点じた火はことのほか大きかった。

この年、九月二十三日、銀座・水谷橋公園において、木村は「北方領土奪還青年委員会」を旗揚げした。これがのちの過激軍団「統一戦線義勇軍」の前身となるのだが、経団連事件の衝撃から生まれた組織といってよかった。

## ●北方領土奪還青年委員会の旗揚げ

木村は昭和三十一（一九五六）年十月十九日、東京・文京区に生まれた。全共闘も楯の会も知らない世代で、いわば六〇年代後半の熱い季節には〝遅れてきた青年〟だった。木村の生まれた日が、鳩山一郎《はとやまいちろう》首相ら日本側全権団とソ連首脳との間で日ソ共同宣言が出され、日ソ国交回復の日となったのは、歴史の皮肉といわねばなるまい。

木村が長《ちょう》じて徐々に社会的問題に目を向けるようになるのは、ひとまわり上の姉の影響が大きかった。姉は木村の子どものころから日本社会党の青年部として活躍していた。家では仲間と『資本論』の勉強会を行ない、メーデーのときには、幼《おさな》い弟の手を引いて、デモに参加する女性だった。

そういう姉の姿を見、デモで赤旗を振る人たちを眺め、『インターナショナル』を一緒に歌っていくうちに、木村は子ども心にも自然に社会的関心が高まっていった。

「弱者の側につかなきゃならん」

という意識が芽ばえていったのである。

小学三年生になったとき、家族は文京区から日野市に引っ越したが、中学生になると、木村は父親の仕事の関係で、戦争物の映画を観《み》るようになった。『日本のいちばん長い日』『人間魚雷 あゝ回天《かいてん》特別攻撃隊』といった作品だった。そうした映画を観て、戦争や国家ということを考えるようになったのも確かである。

一方、家の近くにいた国士舘大生の先輩が、右翼運動をしていたこともあって、その影響を受けるようになり、硬派志向も強くなった。

やがて木村も国士舘高校に入学し、友人三、四人とともに軍歌研究会をつくり、バンカラ精神を謳歌《おうか》した。しだいに右翼活動に飛びこませる下地ができていったのである。が、まだこのころは、確固とした思想や信念があったわけではなく、ツッパリ学生に毛の生えた程度だった。

そんな木村が本格的に民族派の思想に開眼するのは、国士舘高校を二年で中退（のちに新宿高校を経て慶大に学ぶ）してからのことである。

後輩を通して、元村裕《もとむらゆたか》という国士舘高校の教師と出会ったのだ。元村は元・日学同の活動家で、木村が中退したあとに同校に赴任してきた教師だった。

木村はこの元村から、民族主義とは何かを学び、多大な影響を受けるようになる。木村にとって、のちに運命の出会いとなる鈴木邦男の本を読むように勧めてくれたのも、元村だった。

まもなく元村の自宅で、木村のような高校中退者、高校生、勤労者などの若者が集まり、毎週一回、勉強会が行なわれるようになった。教材には、鈴木邦男の『腹腹時計と〈狼〉』、影山正治の『維新者の信条』、天誅組《てんちゅうぐみ》の志士・伴林光平《ともばやしみつひら》の著わした『南山踏雲録《なんざんとううんろく》』などの書物が使われた。それぞれ課題の本を読み、研究してきたものを発表しあうというきちんとした勉強会だった。

木村は毎週欠かさず出席することで、しだいに民族主義の思想を自分なりに血肉化していったのである。

そんな勉強会が一年くらい続いた矢先に起こったのが、〝経団連事件〟だった。木村同様、元村宅での勉強会に集まる面々も、これには皆、一様に衝撃を受けた。

「オレたちもこうした勉強会をより実践に移すような形で何かやれないものだろうか」

との発言も、経団連事件を契機に、互いの間で飛びだすようになっていた。

勉強会のメンバーは皆二十歳そこそこで、木村のように日本青年社の一動員力となっている者もいれば、ほかの既成右翼団体のそれもいて、いってみれば、いろんな団体の準構成員的な人間が多かった。それが元村の指導による勉強会を重ねるうちに、仲間意識というより、同志といってもいい連帯感を強めるようになっていた。

そこから、各人が準構成員的に所属する各団体の枠を超えて、勉強会でもいい、若手の横断的な組織をつくれないものだろうか――との発想が生まれてきたのである。

やがてそれが具体化していき、

「『民族解放青年委員会』という名称でどうだろうか」

という話にまで煮つまっていた。

「いや、それよりも何か一つのテーマを決めて、それを中心に勉強し、実践活動ができるようなものを考えよう」

「それならちょうどいまやっている北方領土がいいんじゃない」

「よし、それでいこう。北方領土奪還運動を通して、ヤルタ体制の不当性を訴えよう」

という話しあいが持たれた。

こうして国士舘高校教諭の元村裕宅での勉強会のメンバーを母体にして生まれたのが、「北方領土奪還青年委員会」(委員長・中里雄二《なかざとゆうじ》)だった。

## ●最初の戦果

「北方領土奪還青年委員会」発会式は、昭和五十二(一九七七)年九月二十三日午前十一時半、東京・銀座の水谷橋公園で行なわれ、集会後、ただちにデモに移った。

デモは宣伝車一台を先頭に約五十人の隊列で、数寄屋橋《すきやばし》公園―新橋駅―虎ノ門―飯倉《いいくら》二丁目交差

点―芝二十三号地のコースを、

「ソ連糾弾！　領土奪還！」

のシュプレヒコールを繰り返しながら、北方領土奪還を都民に訴えた。

民族派としては異例のヘルメット、覆面《ふくめん》スタイルは、このときからのものだった。これに対して、圧倒的な数の機動隊が規制を行ない、ジグザグデモを続けるデモ隊との間でたびたびのエキサイティングな場面が見られた。

飯倉二丁目では、木村が代表としてソ連大使館まで行き、抗議文を読みあげたあと、ポストに投入した。デモ隊はそのまま芝二十三号地まで先行し、そこで総括集会を行なった。

「勝利の日まで北方領土奪還の闘いを続けていくこと」

を確認するとともに、この日を〝結成日〟とすることが宣言されたのである。

午後一時、最後に全員がソ連大使館の方向に向かって、

「領土奪還！　闘争勝利！」

のシュプレヒコールを行なって解散した。解散後、木村たち主だったメンバーは靖国神社へと向かい、結成報告を行なった。

木村たちはこの北方領土奪還青年委員会の運動を、従来の右翼のように、ただ街宣車を乗りまわし、スピーカーでがなりたてるだけのものにはしたくなかった。もっと一般大衆の側に立脚した地

道な運動こそが必要だとの認識があった。

その第一弾として行なったのが、北方領土返還を要求する署名運動だった。彼らは五千人の署名を目標に、毎週土、日には銀座・数寄屋橋をはじめとする街頭に繰りだした。《北方領土奪還》《米ソ二大国による世界支配反対》といったスローガンや、「北方領土奪還青年委員会」と書かれた横断幕を掲げ、彼らは私服で道行く人に北方領土返還要求の署名をハンドマイクで呼びかけた。

この署名運動は三年越しに続けられ、ついに目標数の五千人に達したのである。北方領土奪還青年委員会としての最初の戦果といってよかった。

一方で、木村たちは〝三十日間闘争〟を敢行、これを闘い抜いた。それは三十日間、毎日ぶっ通しでソ連大使館及び関係施設に行き、抗議文を突きつけるという運動だった。

## ●木村三浩《きむらみつひろ》と鈴木邦男の出会い

また木村はこのころ、敵味方を問わず、戦略、戦術、理論等、あらゆるものを貪婪《どんらん》に吸収しようと、精力的に動きまわっていた。しばしば左翼のデモを見に出かけ、ときにはデモ隊のうしろにくっついたこともあった。

敵から吸収しようとしたのは、戦略戦術面だけではなかった。革命思想家・太田龍《おおたりゅう》の勉強会へ出たり、姉の縁で太田龍と一緒に活動していたという人と話をしたり、エスペラントの会へ出てみたりしたのも、敵を知ることも必要という考えからだった。

民族派関係者との人脈も、面白いように広がっていった。

そもそも木村が日本青年社の一動員力として、ときどき運動に引っ張りだされていたのは、学校時代の先輩との縁によるものだった。それは北方領土奪還青年委員会をつくってからも続いていくのだが、まもなくして、その先輩が運動から完全に身を引いてしまった。そのため、代わって、何かと木村の面倒を見、指導してくれるようになったのが、日本青年社の江崎徹《えざきとおる》という先輩だった。

江崎は拓殖大学OBで、学生時代には「民族精神研究会」を主宰して、民族派学生運動にもうちこんだ男であった。木村はこの江崎のもとで活動や勉強をするようになり、そこで北一輝論や松本《まつもと》健一《けんいち》の『思想としての右翼』（第三文明社）、拓殖大学集団未来編の『叛逆の神話』（島津書房）などの本を勉強することになった。

同時に中国語を学び始めたのも、江崎に勧められてのものだった。江崎は東京・池袋に亜州《あしゅう》情勢調査会という事務所を持ち、『亜州情報』という雑誌を出していた。その雑誌の性格上、中国語の知識が必要で、個人教師について中国語を学んでいたのだが、木村にも、

「中国語の新聞を翻訳できるようになってみろ」

と勧めたのである。

その木村の中国語の先生は、奇しくも、森田忠明が東亜学院で学んだ先生でもあった。

江崎はまた、台湾独立運動にもうちこんでいた人で、木村は初めてそうした運動の存在を知り、以後、自らも関わるようになる。江崎から学んだことは大きく、いろんな意味で木村は教えられたが、のちに江崎は尖閣《せんかく》諸島に行く途中に沖縄で脳溢血《のういつけつ》で斃《たお》れ、若くして世を去った。

昭和五十二（一九七七）年六月二十五日には、東京の芝・留園《りゆうえん》において、江崎の拓大の後輩にあたる笠原正敏を代表とする「大日本赤誠会《せきせいかい》」の結成大会が行なわれた。この発会記念パーティで、木村は江崎から初めて一水会副会長の阿部勉を紹介されている。

さらに当時の一水会事務局長の犬塚博英と知りあったのは、新宿西口で毎週行なわれていた「青空議会」においてだった。

昭和五十（一九七五）年以降、右翼民族派陣営は、党派を超えた横断的な統一行動の試みを活発に行なうようになっており、その一つが、この「青空議会」と銘《めい》うった演説会であった。

「在京の右翼団体の若手が、新宿で演説会をやるから、おまえも参加しろ」

と木村も「猶存社《ゆうぞんしゃ》」の市村清彦《いちむらきよひこ》から勧められ、参加するようになっていた。

この青空議会で犬塚と出会った木村は、犬塚に目をかけられ、勤労青年奉仕団として皇居の清掃奉仕にも連れていかれることになった。

それまでは民族派とはいっても、若いだけに、天皇をどうとらえるのか、いまひとつピンとこなかった木村だが、このとき初めて大御心《おおみごころ》といい、天皇の権威ということがわかったような気がした。それは理屈ではなかった。天皇の会釈に胸が高鳴り、おごそかな権威を感じ、口ではいい表わせない感動を味わい、涙が出そうになった。それは嘘偽《いつわ》りのない感情であり、まるで自然の湧水《わきみず》のように、胸の奥底からあふれでてくるものだった。

〈陛下こそ日本そのものなのだ〉

という思いである。木村は皇居の清掃奉仕の機会を与えてくれた犬塚に心から感謝した。

やがてそのうちに、青空議会に鈴木邦男も来るようになり、木村は鈴木と初めて口をきくことになった。

木村にすれば、それは待望久しい出会いであった。以前、一度だけ会ったことがあるとはいえ、遠くから垣間《かいま》見たにすぎなかった。犬塚が高田馬場の一水会事務所へ連れていってくれたときも、鈴木は留守だった。

木村にとって、鈴木は憧れの対象であり、〝新右翼の星〟のように思っていた。行動的な維新者というイメージを、本を通して植えつけられていたのである。それだけに、以前から、会って話を聞くことが念願であった。

そのチャンスがようやく訪れたのだ。そんな木村であったから、新宿西口で、

「今度、うちの勉強会へ来なさいよ」

と鈴木から声をかけられたときは、一も二もなく応じていた。

実は鈴木のほうでも、木村たちの北方領土奪還青年委員会については、前からその存在を知っていたばかりか、密かに注目もしていたのである。服装を見ても、右翼的ではなく、一見、新左翼という格好の二十代の若人たちが、毎週日曜日、銀座で《北方領土を返せ》とロシア語で書いたスローガンを掲げ、情宣活動しているのを見て、

〈へえ、よくやっているなー〉

と感心していた。まさかそのときは、この組織と一水会とが運命的な関わりを持つことになるとは、夢にも思っていなかった。

犬塚、鈴木だけではなく、木村は青空議会でいろんな人間との出会いを持った。当時、一水会国際局長の肩書のあった四宮正貴、大日本生産党の杉山清一《すぎやませいいち》、新生日本協議会の森洋《もりひろし》を知ったのも、この青空議会の場であった。

「君、一水会に入りなさいよ」

と盛んに木村に勧めたのが、四宮だった。

昭和五十五（一九八〇）年十二月末には、ソ連のアフガニスタン侵攻一周年ということで、木村は森洋と企画して、東京・銀座の数寄屋橋公園において、ソ連のアフガン侵攻を糾弾する五日間の断食《だんじき》抗議を行なった。メンバーは、森、木村、四宮、市村清彦の四人だった。その後、このソ連に対する断食抗議は、森を中心に毎年行なわれ、暮れの年中行事となった。

翌年三月十七日、鈴木に誘われていた木村は、初めて一水会の定例勉強会に出席した。この日の講師は竹中労《たけなかろう》で、テーマは「右翼とアナキズム」だった。勉強会は三十一人の出席で、一水会事務所において夕方六時半から開始された。

竹中労の講演、そのあとの参加者との質疑応答は四時間に及び、途中、木村も北方領土問題で発言を求められた。

「北方領土返還は、四島だけでなく、それ以外の千島列島と南樺太もいれるべきじゃないか」

との木村の主張に、

「そりゃそうだけど、現実味がない」

との意見が出た。

木村は内心腹がたったが、この日、初めて一水会の勉強会に出て感じたのは、いままでにないレベルの高さであり、面白さであった。

〈こりゃ、もっともっと勉強にうちこまなきゃいかんな〉

と痛切に感じたのである。

木村はこののちも熱心に一水会の勉強会に通い、一水会と深い関わりを持つようになっていく。

## ●一水会、戸塚警察署に勝利

このころの一水会は単に勉強会だけではなく、連日、街頭に出っぱなしであった。月・水・金の夕方四時から六時までは、池袋東口で「新しい日本をつくる青年集会」の街宣、土曜日の昼から夕方までは新宿西口の青空議会、日曜日の昼から三時までは数寄屋橋で木村たちの北方領土奪還青年委員会と共闘し、街宣と署名集めを行なうという具合だった。

そのうえ、連日の戸塚署・高田馬場駅前交番への抗議行動、さらに教科書問題で文部省・教科書会社の糾弾、福島県教組大会抗議……と街宣、闘争の日々であった。鈴木も自ら、連日のように街頭に立ったのである。

とくに激しい闘争となったのは、戸塚警察署に対する抗議行動で、これは「人権一一〇番」の主宰者・千代丸健二《ちよまるけんじ》と共闘して展開中だった。〝反警察・反公安キャンペーン〟の一環として行なわれたものだった。

発端はこうである——。

昭和五十六（一九八一）年五月九日深夜、一水会会員の常弘正《とわひろまさ》がたまたま高田馬場を自転車で帰宅の途中、警察官に呼び止められ、職務質問を受けた。抗議する常を、三人の警官は応援に呼んだパトカーに無理矢理押しこみ、戸塚署に連行、数時間にわたって逮捕・監禁した。自転車の酒酔い運転、泥酔《でいすい》保護の理由によるものだった。この間、常は警察官に肘《ひじ》打ちの暴行を受けた。怒った常は、さっそく翌日から戸塚署に赴き、抗議行動を開始した。関係警官らに謝罪を要求したのである。が、戸塚署はひと言の釈明もしないばかりか、担当警官に面会を求める常にとりあおうとしなかった。あまつさえ、何度か訪れる常たちを暴力的に排除しようとしたのである。

常の報告を受けた鈴木邦男は、日ごろの一水会の〝反警察・反公安〟の主張を実践に移す絶好のチャンス到来と判断、一歩も引かぬ決意で、行動を開始した。

五月二十五日、当事者の常をはじめとする一水会のメンバーは、「新生日本協議会」と「菊守《きくしゅ》青年同盟先鋭隊」の応援も得て、戸塚署と高田馬場駅前交番に街宣車で繰りだし、警察糾弾のアジテーションを放ったのだ。これには道行く群集が何事かと足を止め、駅前ロータリーは二千人くらいの野次馬でふくれあがった。

鈴木邦男は久しぶりに学生時代に戻ったような昂揚感を覚えていた。

〈そうか、あいつらもきっとこんな気持を味わっていたんだろうな〉

と唐突に、かつて「神田をカルチェラタンに！」と叫んで暴れまわった全共闘のことを思いだしたりした。

その後も、一水会は連日のように街宣車を繰りだしての交番攻撃、ビラまき、街宣を繰り広げた。戸塚警察署はこれに対して機動隊を出動させ、高田馬場駅前はいよいよ騒然とした状況になっていった。このころになると、マスコミもこの騒動を聞きつけて取材にやって来ていたから、警察としてもうかつな対応はできなくなっていた。

この一水会と助《すけ》っ人《と》部隊の警察に対する波状攻撃は約一カ月に及び、戸塚警察署もホトホト参ったようだった。まず戸塚署警ら課長が、知りあいの団体を通して鈴木に、署長との会談を前提にした休戦協定を申しでてきた。そして最終的には、戸塚署長が謝罪するという形で決着がついたのである。一水会の全面勝利といってよかった。

## ●若手活動家たちの連帯

木村三浩はこの闘争期間中、ずっと一水会と連帯して闘ってきた。その過程で常を知り、一水会に集《つど》う自分とほぼ同世代の若手活動家たちを知るに至った。若手同士、強い連帯感も生まれ、そして、

〈「北方領土奪還青年委員会」をさらに発展させて、より強力な運動体となりうるようなものをつくりたいものだ。こういう問題が起きたとき、超党派的に若手を集めて、闘う軍団はつくれないだろうか〉

という考えが、木村に生じていたのである。

それは一人、木村だけの考えではなく、一水会会員の常弘正、沢井康男《さわいやすお》も同じようなことを考え

ていた。このとき木村は二十四歳、沢井と常は二十二歳である。

常弘正はもともと「黒色戦線社」の大島英三郎《おおしまえいざぶろう》のもとに出入りしていたアナキストという変わり種だった。常に転機が訪れたのは、アナキズム運動のプロ活動家としての〝読み書きのしかた〟を勉強するため、日本ジャーナリスト専門学校へ入学し、猪野健治ゼミを専攻したときからだ。

そのゼミで、研究テーマとしてとりくむことになったのが、三島由紀夫であった。三島由紀夫文学研究会が発足し、研究の一環として、鈴木邦男を講師に呼ぼうという話になったのである。それは鈴木の好意で、一水会事務所における両者の合同勉強会という形で実現するに至った。

こうして一水会との交流が始まるうちに、常はしだいに一水会の運動に共感し、いつのまにか民族派運動にのめりこむようになっていた。先の戸塚署抗議行動も、右旋回の大きなきっかけになった。といっても、常の中では、アナキズムと民族主義は何ら矛盾するものではなかった。むしろ〝アナキストと右翼維新派の共闘〟すら可能と考えていた。

もう一人の沢井康男は、都立工業時代、野球選手だったが、二年のとき、膝《ひざ》を痛めて野球を断念せざるを得なくなった。その後、政治思想書を読みふけるようになって、民族主義の思想に傾倒しだし、生長の家の誌友（信者）にもなった。

読売新聞社の印刷局に勤務していたとき、街宣活動をする鈴木邦男に出会った。その鈴木の演説を聞いて〈これだ！〉と思想の共鳴を覚え、あっさりと読売新聞を退社した。そのまま一水会に飛びこみ、専従で活動するようになったのである。

この木村三浩、常弘正、沢井康男の三人が中心となり、木村の北方領土奪還青年委員会を発展的に解消させた形で「統一戦線義勇軍」は誕生するのだが、その準備段階として彼らは二つの大きな闘争を展開した。

昭和五十六（一九八一）年七月十四日、この日、日教組大会が予定されていた横浜市音楽堂周辺は、朝から、日教組大会粉砕を叫ぶ右翼の街宣車で埋めつくされていた。

一方、東京・永田町では、もう一つの戦後教育糾弾活動が展開されようとしていた。

木村・常・沢井ら一水会や北方領土奪還青年委員会を中心とする民族派若手活動家有志と福島の「日本憂国同志会」で結成された「7・14教育はこれでいいのか！　市民連合」による文部省、経団連弾劾行動であった。

当日、文部省前に集まったメンバーは約二十五人。全員がヘルメットにタオルで覆面といういでたちで、用意したビラをいっせいに配り始めた。

《教育荒廃の元凶＝日教組の跳梁《ちようりよう》を育成した文部官僚の体質を糾弾する！》

で始まるビラには、

《戦後ヤルタ・ポツダム体制下で日本は見せかけの繁栄、うたかたの夢に安住してきた。人間の精神と肉体を飼い殺しにするこの体制を支えてきたのは、他ならぬ政府自民党であり変革志向のポーズをとる巨大労組もけっして例外ではない。いや、むしろ両者は表裏一体で〈嘘〉を支えている。いずれも〈戦後〉によって巨大な利益を保証される営利集団だ。彼等はさまざまな詐術を用い、己の正体を必死で隠《いん》ぺイしている。その最も露骨な姿が「教育」の場にふきだしてきた。
　教科書問題である。いうまでもなくこの問題は、政府・財界の「教育」方面出先機関、「文部省」と教職員によって構成される「日教組」の争いという形で表われた》
　といった激越な調子で全文が貫かれており、
《戦後体制打倒！
〝見えざる魂の圧殺体制〟にいまこそクサビを！
　青年に尊厳を！　真の教育を！》
　との主張でしめくくられていた。
　彼らは文部省通用門前において、機動隊ともみあいつつ約一時間、ビラ配りや街宣抗議などの糾弾活動を行なったあと、全員が整列し、抗議文を朗読して文部省側に手渡した。
　続いて、行動部隊は、この日の第二の攻撃目標である経団連へ移動、経団連会館前に街宣車をつけると、さっそく弾劾演説が始まった。
「おまえらは四年前のあの日を覚えているか！　野村秋介、伊藤好雄、森田忠明、西尾俊一の四人の烈士が、きさまらに天誅を加えたあの日を！　われわれは彼らの志を継承し、戦後体制打倒の日までやむことなくきさまらを攻撃し続けてやる！」

と獅子吼《ししく》したのは、沢井康男だった。

こうしてこの日、一行が文部省、経団連に対する抗議行動を終え、総括報告と一同儀礼ののちに、経団連前で解散したのは、午前十一時であった。

この日の闘争は、木村、常、沢井の三人を中心に、若手民族派の間で構想していた「既成の団体枠や運動スタイルを超えた、新たな運動展開のための行動的統一戦線の結成」に向かっての最初の実験的試みといえた。それは一応の成功をみたのである。

さらに7・14参加者は何回か会合を持ち、運動新展開の方向と方法を見いだすための討議を重ねた。その結果、彼らは八月九日の反ソデーに向けて再び結集していくことを確認、「反ソ統一戦線・義勇軍」を結成した。

その組織形態は、7・14同様、活動家有志の自由参加による連合体で、木村、常、沢井、日本憂国同志会の瀬戸《せと》弘幸《ひろゆき》、大日本皇心塾の勝又《かつまた》洋《ひろし》、祖国文化を護る会の星昌男《ほしまさお》などを中心に、さまざまな民族派団体に籍をおく若手活動家で構成された。

八月九日午前八時、「反ソ統一戦線・義勇軍」は、銀座・数寄屋橋公園に結集した。路上に整列した参加者約二十五人のいでたちは、全員、「義勇軍」と白ヌキされた緑色ヘルメットにタオル覆面の姿だった。最前列の四人が緑色旗を前方に構《かま》えた。

この日、「義勇軍」は、数寄屋橋での二時間ほどの街宣活動を終えると、ソ連大使館に向かってデモ行進、二人の現場逮捕者を出した。

## ●統一戦線義勇軍が始動

かくて、7・14、8・9の準備段階を経て、昭和五十六（一九八一）年九月二十三日、北方領土奪還青年委員会結成四周年にちなんで、銀座・水谷橋公園において「統一戦線義勇軍」の結成宣言がなされた。代表に就任したのは、木村三浩だった。

この日の旗揚げ集会に続いて、統一戦線義勇軍は本格的な活動に向けての第一歩を踏みだした。それが同年十二月八日、〝大東亜戦争開戦四十周年を記念する反米デー〟と銘うった決起集会であった。

彼らはこの日、銀座・水谷橋公園に約五十人を結集して集会を持った。全参加者が緑色ヘルメット、覆面スタイルで、《反米愛国・抗ソ救国》と記したゼッケンを着用し、《12・8アジア民族解放反戦平和によるアジア民衆の連帯を強化せよ！》との横断幕を掲げた。

「われわれ統一戦線義勇軍は、民族の前衛部隊となるべく、この九月二十三日、ここ水谷橋公園の地で、産声をあげた。われわれのめざすものは、〝反米愛国・抗ソ救国〟――左右両極に抗し、真の民族解放、第三勢力の創出である。Y・P体制打倒＝戦後体制打倒こそが最大の目標であることは、いまさらいうまでもない。

大東亜大戦四十周年にあたる今日という日は、われわれにとって、ことのほか重要である。大東亜戦争は断じて、侵略戦争ではなく、アジア解放の大義に燃えた戦争だったのだ。そしてアジアに真の解放がない限り、大東亜戦争は続いている。われわれは大東亜戦争の正義のあかしを立て得べく行動を開始しなければならない」

と木村があいさつに立った。

約一時間の集会ののちに義勇軍は清水谷公園までのデモ行進を行なった。彼らが掲げる横断幕には、《反米愛国・抗ソ救国》《日米安保条約廃棄・自主国防体制確立》などのスローガンが記されていた。

## ●さまざまな〝義勇軍〟

統一戦線義勇軍の誕生と軌を一にするように、このころから〝ギユウグン〟を名のるグループが各地に出現、〝本家〟を含むさまざまな〝義勇軍〟のゲリラ活動が活発化していくのは、不思議な現象だった。

まず十二月八日未明、神戸市にある大阪・神戸駐在米国総領事館に、〝日本民族独立義勇軍〟を名のるグループが、たいまつ二本を投げこむという事件が発生した。事件後、同グループはただち

にマスコミや一水会事務所に声明文を送付してきた。それによると、

《日本民族は、日米両国接ショクよりこれまでクリ返された米国による一連の排日ブ日残《ざん》ギャク行為について、心底からのイカリを込めてキュウダンするとともに、以下の各項を民族の名において、米国政府・国民に要求す》

として、

《一、バクマツ、ペルリ来航に際してとったホウカン外交への反省とチン謝《しや》》

で始まる十一条を要求していた。

これに対して公安当局は、当然のように、これを統一戦線義勇軍か、もしくは関係の深い組織の犯行と見たのだが、当の統一戦線義勇軍は、「われわれのまだ見ぬ同志の決行」として高く評価し、「〝まだ見ぬ同志たち〟よ。維新革命の前夜が訪れる日まで、互いに切磋琢磨《せつさたくま》し、共に戦線の統一を構築し、ヤルタ・ポツダム体制打倒に向けて立ちあがろう」

とぶちあげた。

さらに十二月二十一日未明には、東京・品川区にあるソ連大使館広報部玄関前の石塀に、ポーランド「連帯」支持を訴えて、ペンキで《北方領土奪還　ポーランド連帯支持　抗ソ救国義勇軍》と書くという事件が発生。

これによって、一水会は翌二十二日、公安三課と大崎署の家宅捜索を受けるハメになり、その

際、たまたま事務所にいた鈴木と常が公文書毀棄《きき》の容疑で逮捕されてしまった。警官と鈴木たちとの間で、捜査令状を「ちゃんと見せろ」「見せない」ともめあっているうちに令状が破れてしまったからである。

明らかな〝引っかけ逮捕〟で、鈴木と常は年末から年始にかけて二十三日間も大崎署と品川署に勾留されてしまう。〝反警察キャンペーン〟を展開している一水会に対する、警察の意趣返しといってもよかった。

ともあれ、その後も〝ギユウグン〟らしきグループは、翌年の昭和五十七（一九八二）年一月十五日未明、東京・渋谷区にあるタス通信社東京支社に火炎ビンを投げこみ、また五月には、再び日本民族独立義勇軍が今度は横浜市の元海軍住宅を襲撃して放火、三棟を全焼させている。

これらの〝ギユウグン〟に対して、本家本元の義勇軍も黙ってはいない。同年三月、イギリスとアルゼンチンとの間でフォークランド（マルビナス）紛争が起こるや、アルゼンチンを支援し、現地に義勇軍を派遣しようと画策。これが失敗に終わると、イギリス大使館文化部に火炎ビンを投げこんだ。

さらに九月二日未明には、義勇軍のメンバーである板垣哲雄《いたがきてつお》が単身、日本刀と首相への直訴状を携えて東京・世田谷経堂《きようどう》の鈴木善幸《すずきぜんこう》私邸へと突入し、逮捕された。教科書問題に関して、韓国や中国の内政干渉に対する政府の態度が軟弱として、檄を飛ばすべく、行動に出たものだった。

まさに統一戦線義勇軍は、右翼・民族派陣営からは、新右翼の鬼っ子的な目で見られながらも、過激路線を突っ走りつつあった。

## ●最重要警戒組織

そんなおり――昭和五十七（一九八二）年二月中旬ごろ、一人の若者が統一戦線義勇軍の事務所を訪ねてきた。

木村が応対に出ると、若者は『レコンキスタ』を読んで感銘を受けたといい、

「僕は高校のときからずっと社学同で、新左翼の運動をやってきた男ですが、左翼にはほとほと絶望してしまいました。そんなとき、経団連事件で反体制右翼の存在を知って触発され、なおかつレコンを見て一水会や義勇軍のような右翼があることを知ったんです。左翼はもうダメです。あんな硬直した頭で革命などできっこないですよ。むしろこれから真に変革運動を担っていけるのは新右翼のほうだという確信が生まれたんです。何より発想に柔軟性があるし、戦闘的だし、大いなる可能性が開けています。義勇軍を知ってつくづくそう感じました。一緒にやらしてください」

と語った。

若者は名を清水浩司《しみずこうじ》（本名・高橋哲央、のちの見沢知廉）といい、年齢は木村より二つ下の二十三歳で、新左翼からの転向組だった。

話を聞いて、木村は清水がかなり優秀であることがすぐにわかった。左翼理論はもとより、右翼思想から経済、哲学、歴史といった領域を、広く深く勉強していることがうかがえた。

たちまち清水は義勇軍に迎えられ、戦略・戦術、理論面を担当する貴重な人材となった。清水が話したり書いたりする論理は難解で、文章にしろ文体にしろいかにも新左翼風の特徴を備えていたが、その論客ぶりはきわだっていたから、他の義勇軍の仲間も皆、「スゲエ」となったものだった。メンバーに多少なりとも、ある種の左翼コンプレックスがあったのは否めない。

この年三月十四日、統一戦線義勇軍第一回中央委員会会議が行なわれ、初の役員人事が決定した。議長＝木村三浩、書記長＝清水浩司、政治局長＝常弘正、出版局長＝沢井康男、情宣局長＝浜地《はまち》俊郎《としろう》、委員＝勝又洋——という顔ぶれだった。

同年五月には、機関紙『義勇軍報』創刊号が発刊され、《同志よ、命を賭して武闘せよ！》《義勇軍は、ブタどもの血を欲する！》《武装闘争に決起せよ！》との激越な文字が躍り、表紙には《親ソ殲滅《せんめつ》！》《自主憲法獲得！》《西洋合理主義打破！》《反ヤルタ・ポツダム！》《山河死守！》《日本民族万才！》《亜細亜万才！》《安保爆砕！》《維新断行！》とのスローガンが掲げられている。

そのトーンは徹底した反米、反ソ、反体制、反権力で貫かれたものだった。

また書記長の清水浩司が、「赤軍に学べ」と題する長い論文を書いている。

《……我々は武装斗争を欲する。だが、決してRGやML、赤軍や〈狼〉の様な終末に向かって党風のベクトルを走らせてはならない、と云《い》う事である。彼らは重要な教師であり、同時にやはり重要な反面教師である。彼らの敗北と挫折《ざせつ》、或《ある》いはその〈死〉を、我々は多種多様な意味で我々の体内に吸収し、摂取し、まさしく我々自身の血と肉とせねばならない》

《再び言おう。我々は、危急の問題として、強固な鉄の軍団を建軍せねばならない。革命、維新の為《ため》の〈斗《たたか》うマシーン〉を育成せねばならない。鉄の規律を誇る恒常的武装組織を建設せねばならない。怪物に勝利するには、怪物になるしか方法がないのだ。

その為にも、我々は赤軍に学ぶ必要がある。齋藤和《さいとうのどか》君の情念にも学べ。二次ブントのRGのごとく強固な鉄の軍隊を建軍せねばならないのだ》

こうした〝新々右翼〟と呼んでもいい統一戦線義勇軍の急進主義路線は、公安当局から最重要警戒右翼組織としてマークされるゆえんとなり、マスコミにも頻繁《ひんぱん》にとりあげられ、さらには革マル派の批判キャンペーンを生むおまけまでついた。オールド右翼からは「左翼まがいのはねっ返り」と顰蹙《ひんしゆく》を買いながらも、義勇軍は街頭行動に、非合法ゲリラ活動にと躍進を見せ、元自衛官から新左翼くずれまでをも吸収できる組織体になりつつあった。

## ●リンチ殺人事件と、その後始末

ところが、昭和五十七（一九八二）年九月、とんだ落とし穴が待ち受けていた。スパイ査問に端を発し、統一戦線義勇軍内部でリンチ殺人事件が起こってしまうのだ。

木村三浩が清水浩司から初めてその事実をうちあけられたのは、九月十五日のことだった。

「えっ」

清水の話に、木村は内心かなり驚いたが、

「そりゃまずいな」

とあくまで冷静を装って答えるしかなかった。

義勇軍に出入りして、かねてスパイ容疑のあったYを査問中、スパイと判明したため、殺してしまったというのだ。

事件は九月十一日夜十時ころのことだった。清水と大日本皇心塾のK、同塾の少年、統一戦線義勇軍非公然組織員のSの四人は、銀座の日本憂国同志会の事務所にいたYを乗用車で晴海埠頭《はるみふとう》へ連れだした。

「そこでYを多少痛めつけて査問したところ、自ら『スパイだ』と白状した。もうそうなった以上、殲滅するしかなかった。やらない限り、必ずこっちが報復を受ける。組織が破壊されるのは目に見えていた。Yをやることは組織防衛のために必要不可欠の措置《そち》だった」

清水の説明にも、木村はしばし現実のこととは思えず、惘然《ぼうぜん》としていた。

確かに以前から、殺されたYと、殺した清水やKらとの間がゴタゴタしていたのは知っていた。

Yは Kの主宰する大日本皇心塾に入ったばかりだったが、組織内部を攪乱《かくらん》するような言動があったという。そのため、YはKの先輩にあたる日本憂国同志会の瀬戸弘幸のもとに預かりの身になっていた。が、相変わらずYは清水やKを誹謗中傷《ひぼうちゅうしょう》するような発言を繰り返していたという。

しかし、よもや殺しにまで発展するとは、木村は思ってもいなかった。

〈やはりこれが右と左の違いなんだろうな。オレたちだったら、仮にスパイとわかっても、殴って追放するぐらいで終わりだ。ところが清水たちにすりゃ、左翼の現場で中核と革マルの殺しあいを肌で知ってるだけに、ここまでやってしまうんだろうな〉

木村は互いの異なる出自に思い至り、右と左で育ってきた者の性格の違いを、いまさらながら思い知った。

それは清水自身がかつて『レコンキスタ』に《革命家の心得》として、

《左翼の場合は、〈いつでも殺せる心構え〉であり、右翼の場合は〈いつでも死ねる心構え〉な訳だ。考えてみれば、この二つの基本概念、心構えは、左右の全ての行動、性格に渡って影響している様にさえ思える。左右の根本的差異、かも知れない》

と書いたことでもあった。

ともあれ、そんなことより、眼前には同志・清水たちが一人のスパイと断定した人間を、殺してしまったという厳然とした事実があった。

木村は義勇軍のトップとして組織防衛の責任があったし、まして同志を権力に売り渡すわけにはいかなかった。ここで清水という、かけがえのない同志を失うことは、組織にとってはかり知れない痛手だった。もとより清水と非公然組織員のSも、敵権力たる当局に自首することなど、毛頭考えていなかった。

聞くと、Yの死体は下着だけにしたうえで富士山麓の樹海《じゅかい》に埋めてあるという。が、Yを殺した四人のうち、Kと少年は、先輩の瀬戸弘幸に事件をうちあけた結果、

「そういう事態を隠しといても、いずれ警察からYの不在に目をつけられ、組織は徹底した弾圧をくらうことになる。むしろ組織のためには早めに自首したほうがいい」

と勧められ、自首を考えていた。

それに対して清水は、

「自首など、とんでもない。スパイセンメツは当然のこと。彼らに自首をさせてはいけない。そのためにも、死体を埋め換えようと思うんだ」

と木村にいった。

「わかった。……オレも手伝うよ」

もはや木村も四の五のいっていられる状況ではなかった。その日のうちに富士山麓行きを決意する。

ただ、不運だったのは、この日、木村と一緒だったばかりに、いきなり清水から殺人の事情をうちあけられ、死体埋め換えを手伝わざるを得なくなった井川武志《いがわたけし》である。井川とて話を聞いた以上、「いやだ」とはいえなかったのだ。

井川はこのとき木村より八歳年長の三十三歳、もともと中央大学文学部仏文科を中退後、アナキズム運動に関わっていた。一水会に出入りするようになったのは、古い一水会会員である高橋勇悦《たかはしゆうえつ》と酒飲み友だちだったこともあって、高橋に連れてこられたものだった。のちに井川は、アメリカ大使館や防衛施設局を火炎ビン襲撃するなど、戦闘的な義勇軍コマンドとなっていく。

さて、木村、清水、井川、非公然組織員Sの四人はその日のうちに、富士山麓に向かい、樹海からYの死体を掘りだすと、反対側の富士宮《ふじのみや》の朝霧《あさぎり》高原に埋め換えた。四人はYを埋めた地に墓標を立て、線香をあげ、

〈成仏《じょうぶつ》してくれ〉

と手を合わせた。

ところが、翌十六日には、Kと少年が、警視庁・本田署に「Yを殺した」と自首して出てしまった。そのため、清水とSの犯行も明らかになり、それぞれやむなく警察に出頭、先に自首したKと少年ともども、四人は殺人、死体遺棄の容疑で逮捕されるに至った。

さらに九月二十三日、清水の自供から、木村と井川の二人が手伝っていたことがわかり、二人は

警視庁・本田署の捜査本部に死体遺棄の容疑で逮捕された。皮肉にも、この日は義勇軍の結成一周年にあたる日であった。

これによって統一戦線義勇軍、並びに一水会は大打撃を受けざるを得なかった。一水会事務所には、九月中だけで、十日、十七日、二十三日の三回も警察の家宅捜索が入る始末だった。義勇軍の板垣哲雄が鈴木善幸首相邸に突入した件、義勇軍がイギリス大使館に火炎ビンを投げた件、そしてリンチ殺人の件である。

とくに十七日の家宅捜索は、都内十三カ所に及んだ。この日、鈴木邦男のアパートを急襲したのは、八、九人の公安警察官だった。

「火炎ビンの使用等の処置に関する法律違反」の容疑によるガサ入れである。

前年暮れの家宅捜索の際の〝引っかけ逮捕〟に懲《こ》りている鈴木は、この日はフテ寝を決めこんだ。黙って寝ていると、公安たちが部屋中を荒らしながら、勝手なことを喋っているのが、いやでも聞こえてきた。

「おい、火炎ビンを探せ！」

「布っきれはないか」

「うわー、すげえな、本ばっかりだよ。何千冊あるんだ」

「オレもよ、昔、四トロの中央委員会クラスの大物のガサやったときも、こんな感じだったな。生活の臭《にお》いがなくて本ばっかりよ」

「スケジュール帳がありますよ」

「おっ、火炎ビン投げた日、書いてねえか」

「何も書いてませんよ。その日に読んだ本しか書いてません。うわーっ、月に三十冊以上読んでますよ。一日に三冊読んでる日もあるんですね」

「本当か、どれ見せろ」

「それに、ここにある本、みんな読んでるよ。こんな難しい本にもちゃんと赤線ひいてるし、読み終わった日付書いてるよ」

「毛沢東やトロツキーの全集もあるんだな。やっぱ、敵を研究しなくちゃーということかな」

鈴木は聞いていていやになってきた。

## ●組織壊滅の危機に陥《おちい》った、一水会と統一戦線義勇軍

このリンチ事件によって、義勇軍はもとより、一水会の受けたダメージは甚大《じんだい》で、一水会は創立以来の組織的危機に立たされた。これを機に離れていくメンバーやシンパも多く、「こんな殺人集団の新聞はとれない」

と『レコンキスタ』を返してよこす読者もいて、購読者は半分に減った。とうとうこの年の十一

月号は、事件の余波と資金難から休刊せざるを得なかった。

一水会の事務所も追い出されるハメになった。民族派陣営からも、新旧を問わず、「右翼にあるまじきこと」と批判され、義勇軍は右翼内部で孤立を余儀なくされた。そのうえ、鈴木のブレーンや、義勇軍の行動力あるメンバーも、リンチ事件とは別の件でどんどん逮捕されていく。

鈴木自身、事件に関与したと疑われ、警察から二カ月以上もつけまわされた。アパートの前には、二十四時間、警察の車が止まり、どこへ行くにもビッシリと警察の尾行がついた。マスコミは、「この事件によって、一水会、義勇軍は壊滅した」と書きたてた。

が、そんなことより、鈴木が最もつらかったのは、事件の公判のとき、清水浩司の祖母から、

「あんたが孫をこんなにしたんだ」

と泣きつかれたことだった。

公安が吹きこんだものに違いなかったが、鈴木にはほかのどんなことよりもやりきれなかった。

志を生涯持続して、民族派活動を実践していくとは、まさにそういう地獄をも引き受けなければならないということであった。学生だけで運動をやめた者にはわかるよしもなかった。

鈴木は、学生時代に全国学協委員長の座を解任され、組織からもパージされ、民族派運動をやれなくなったとき以来の窮地に立たされていた。八方ふさがりだった。

〈だが、あのときは運動をやりたくてもやれない状況だったんだ。いまはともかく、運動できる余

地が残されてるだけでも幸せじゃないか。このまま潰されてたまるか！　オレは絶対に負けんぞ。石にかじりついても運動は続ける。オレに近づき、そのために運動に飛びこみ、すべてを抛《なげう》って闘っている多くの同志たち、獄中の同志たちのためにも、オレは弱音を吐くことはできないし、運動をやめることはできない〉

鈴木は逆境を何度か体験し、少々打たれ強くもなっていた。全国学協パージ時代、あるいは『腹腹時計と〈狼〉』を書いたとき、〝容共右翼〟の名ざしを受けて脅迫状、イヤガラセなどが相《あい》ついだ時代もあった。警察による、鈴木や組織はもとより、親兄弟、親戚、知人へのイヤガラセもよくやられた。そんなことにいちいち参《まい》っていたら、とても運動を続けることなどできなかった。

そのつど鈴木は、

〈オレは多分、一生、平穏な生活はできないだろう。警察のイヤガラセは続くだろうし、家庭を持ち、安定した生活など夢のまた夢だ。引っかけられてパクられることがあるかも知れないし、何年もぶちこまれるかも知れない。もとよりそれも覚悟のうえだ。しかし、オレ自身を殺すことはできないし、オレ自身の考えを抹殺することもできない。最終的に勝つのはわれわれなんだ〉

と自分にいいきかせて、苦難を乗り越えてきた。

それでもどうしようもなく苦しく、弱気になることがあった。そんなとき、鈴木は自らを奮いたたせるために、心に唱える詩があった。鈴木の生涯の師ともいえる生長の家総裁・谷口雅春の『生きた生命』という詩であった。

名乗れ、境遇に屈従する卑怯者は誰だ。
誰がわが生命を食物でこねあげた塊（かたまり）だと思っているのだ。
生命は蠟（ろう）細工ではないぞ。
石膏細工でもないんだぞ。
おれは旋風（せんぷう）だ。
颶風（ぐふう）だ。
渦巻だ。
おれは環境を
徐々にわが望みのままに
飴（あめ）のように捻（ね）じまげる。
俺は宇宙を造った大いなる力と一つの者だ。

やがて鈴木は統一戦線義勇軍ともども、〝風〟となり、〝渦巻〟ともなって、この時期襲った最大のピンチをしのいでいくことになる。

## 二　逆風のなかで

### ●維新政党結成をめざした魚谷哲央《うおたにてつお》

昭和五十四（一九七九）年十月十三日、京都の天王山《てんのうざん》・宝寺《たからでら》において、第四回目の「維新懇話会」が開催されようとしていた。午後六時、司会者によって開催が宣言され、国民儀礼が行なわれた。続いて討議に入り、まずあいさつに立ったのが、同会の責任者である地元・洛風会《らくふうかい》の魚谷哲央であった。

「この一年間、会合は三回行なわれたが、議案書や合意ができた点、また参会者が増えた点においては成果があったが、まだ議長団のリーダーシップが発揮されず、討議が遅々《ちち》としてしまったところがあった」

と一年を振り返っての総括的な反省を述べた。

そもそも、この魚谷の主宰する洛風会が発起人及び議長団となって維新懇話会がスタートしたのは、ちょうど一年前のことだった。

「維新政党結成によって実力ある政治勢力を！」をスローガンに、全国各地の地方運動家が結集して徹底討議をし、「政党結成→中央撃破→政権奪取」をめざそうという主旨のもと、始められたのである。

第一回目の維新懇話会は、昭和五十三（一九七八）年十月十四、十五の両日、京都・護王《ごおう》神社において開催され、京都、大阪をはじめ、和歌山、岐阜、香川、滋賀、愛知、東京から約四十人の活動家が結集した。

彼らはそれぞれ洛風会、不二《ふじ》歌道会《かどうかい》（京都）、純正社会主義北一輝研究会（大阪）、皇風義塾（和歌山）、岐阜維新協議会（岐阜）、北斗塾《ほくとじゆく》（香川）、一水会（東京）などの団体に所属していたとはいえ、あくまで個人参加だった。

第一回会議に提出された議案は、

甲、中期方針として維新政党結成への合意

乙、短期方針として地方連合の推進

丙、乙案の具体策として維新懇話会の継続運営について

というものだった。

この議案に沿って討議が展開されれば、

「それぞれにおいてさまざまな議論が沸騰《ふっとう》して、統一見解的な結論が簡単に出るはずもないが、前

進的に討議の継続の必要性は大いに確認され、維新懇話会の継続が結論される」との目論見《もくろみ》が、魚谷たち主催者側にはあった。

実際、討議は夜を徹して活発に行なわれ、維新勢力の現状、建設的運動論のありかたなど、熱っぽい議論が戦わされた。そして今後も維新懇話会を継続していくことに、衆議一致。それは一応の目標達成であり、会議が成功裏に終わったことのあかしとみてよかった。

だが、魚谷にいまひとつ物足りなさが残ったのは、参加者の〝維新政党〟ということに対するとらえかたの曖昧さと、既成の運動の発想からもうひとつ自由でないような気がしたことだ。

維新政党とは、保守政党、革新政党というときと政治学的に同一概念で、文字通りのまさに「政党」である。右翼陣営に数多くある「――党」「――会」「――連盟」等とは明らかに性格を異にするものだった。このことがまず明確に認識される必要があった。論議はそこから始まり、あくまでも「維新政党」結成へ向けての合意を得るための討議である――との認識が、魚谷にはあった。

そのめざす政治的立場は、

「維新運動が反共保守党と訣別した革命的勢力である以上、既成政党への圧力団体的方途《ほうと》ではなく、敢然と維新派独自の党を結し、戦後体制と発想を異にする立場から堂々と国政に参画し、それを革正《かくせい》する姿勢を明確に打ち出し、新勢力として社会的認知を得ること」(『維新時報』創刊号)

であった。

およそふた言目には「維新変革」をいい、「現政権打倒」を怒号しても、何ら具体的なビジョンをうちだせない民族派陣営の中にあって、維新政党の結成——政権奪取を志向する維新懇話会の試みは画期的といえた。

魚谷は一回目の討議の席上、自らの決意を、

「維新政党を結党し、合法的に政権奪取を企図するということの現実的困難性は誰もが認知するところであろう。しかし、絶望であるがゆえに、より維新成就の夢を見んとする者にとって、それが困難であればあるだけ、より真剣に、本気でとりくんでいかねばならない。維新政党結党の本意は、もっと本気で維新運動を考え、行動しようとすることなのだ。それを精いっぱい尽力した結果が、もし水泡《すいほう》に帰《き》すとするならば、そのときこそまさにこの時代とともに爆死しよう」

とぶちあげた。

そして、翌年の昭和五十四（一九七九）年二月三日、四日、京都の大乗寺《だいじようじ》において第二回目の維新懇話会が開催され、三回目は同年五月二十六、二十七日、前回同様、京都・大乗寺で行なわれ、今回は四度目を迎えていた。

さて、四度目となった維新懇話会は、京都、鳥取、高松、岐阜、香川、大阪、徳島、東京と各地から四十八人の活動家が集まって開かれた。このうち東京から来た一水会の鈴木邦男、阿部勉、柚《ゆ》原正敬《はらまさたか》以下五人のメンバーは、オブザーバーとしての参加だった。

この会合では、第一部「片岡駿《かたおかしゅん》先生の批判に応えて」、第二部「地方連合について」、第三部「維新政策の立案について」と三部に分けて討議が行なわれた。

第一部討議は、『レコンキスタ岐阜』の九月号（第十七号）に載った「維新勢力の結集について」と題した片岡駿の維新懇話会への批判論文をめぐってのものだった。この片岡批判に対しては、すでに魚谷哲央が『維新時報』上で応えており、この二つの論文を使用して討議が行なわれたのだった。

片岡の論評は、

「維新懇話会では、確認団体として国会議員選挙に同志を出馬することを定めているようだが、このようにして選挙をするためには、数千万円乃至《ないし》億台の資金が消費せられることになる。このような発想が容易に出てくるような感覚では、体制に疎外された地方大衆の共感を得るような運動は遂行できないと思う」

というもので、魚谷はこれに対し、

「維新政党を結成するためには、最低限確認団体として組織性を有すること、これを一指標として活動することが方針されるのである。われわれの発想は短期ではない。また、金《かね》がどうのこうのいう段階ではなく、まず組織化が先決である」

と応えた。

討議では、これについてさまざまな意見が出された。

「片岡先生は明日にでも政党をつくるのではないかと思っているようだが、そんな売名的なものではない」

「片岡先生の意見は批判として受け止めず、われわれに対しての提言として聞こう」

「片岡先生の論理とわれわれの論理とは大きな相違はないと思う」

結局、白熱した討議は夜の十一時過ぎまで続き、最後に一水会の鈴木邦男が、

「片岡先生は、一般人が思う維新政党について代弁してくれている。また片岡先生の構想力にはいまのわれわれでは絶対にかなわない。批判には謙虚に耳を傾けながら自らの体制を整えるべきだ」

と述べ、この意見が全員の合意を得た。

第二部の「地方連合について」、第三部の「維新政策の立案について」の討議は、翌十四日午前九時から行なわれ、一部同様、参加者の活発な意見が戦わされた。

この四回目の維新懇話会の会場となった天王山は、京都と大阪間の戦術上の要衝の地であり、禁門の変で敗走した真木和泉守《まきいずみのかみ》らの自刃《じじん》の地としても知られていた。維新懇話会は発足から丸一年を迎え、主宰側の魚谷たちにとって、天王山の意味は象徴的なものがあった。

それが参会者も多く、まずまずの盛りあがりと成果が見られたことで、関係者は一様にホッと胸をなでおろした。が、むろんすべてこれからが大事との認識は、誰もが持っていた。

## ●大同団結を訴える

昭和五十（一九七五）年以降、民族派陣営は偏狭なセクト主義を排し、超党派による統一戦線を組もうという動きが出てきていた。その代表的な例が、西の「維新懇話会」、東の「新しい日本を創る青年集会」といってよかった。

「新しい日本を創る青年集会」は、昭和五十一（一九七六）年六月、米沢の民族派市議・鳥海茂太《とりうみしげた》、野村秋介、鈴木邦男らが中心となり、「従来よくある右翼団体や政治結社の連合組織やセクト親睦、友好だけのサロンではなく、あくまでも市民大衆の前衛的な性格と、広汎な大衆行動のための戦闘的な機関」をめざして発足したものだった。

同年六月二十六日、米沢での阿部勉、笹井宏次郎、犬塚博英、鈴木邦男、鳥海茂太、野村秋介らによる演説会をはじめとして、仙台、福島、水戸、高松、大宮など全国各地で演説会や理論合宿を定期的に行なうようになっていた。

その主な常連参加メンバーは、前記のほかには、四宮正貴、笠原正敏（大日本赤誠会）、青木證司《あおきしょうじ》（大日本維新青年社）、森洋（新生日本協議会）、篠原節《しのはらたかし》（民族思想研究会）、杉山清一（大日本生産党）などだった。

とくに第四回維新懇話会が開催される約二カ月前の昭和五十四（一九七九）年八月十七〜十九日

には、新しい日本を創る青年集会にとって、三回目にあたる理論合宿が福島で行なわれ、講師陣が太田龍、須藤久《すどうひさし》、井川一久《いかわかずひさ》（朝日新聞編集委員）とすべて左翼という異色なものとなった。民族派運動に新しい風を起こそうとする同会の意欲的な試みは注目に値《あたい》した。

一方、維新懇話会を発足させた京都・洛風会は、一水会と同じように民族派学生運動のOBが中心となってできた組織だった。代表の魚谷哲央自身、日学同の出身だったが、森田必勝、あるいは大森謙一郎ら〝民族解放戦線〟グループと同様、除名組であった。

魚谷は昭和二十三（一九四八）年、下関《しものせき》の生まれ。子どものときから高杉晋作の銅像を見て育ち、また、李承晩ラインで漁船が拿捕《だほ》され、それがもとで父親の漁業会社が倒産するのを目のあたりにしてきた。そうした影響や時代環境もあって、早くから社会的関心に目覚め、社会悪に対する憤り、集団主義の左翼に対する偽善を感じとっていた。

高校のとき家族は大阪へ引っ越したが、受験勉強もそっちのけで、クーデター計画やら政権奪取後のビジョンをひたすら考えているような若者であった。それは右とか左ということではなく、高校生らしい純粋な社会正義、社会変革志向から発するものだった。

昭和四十一（一九六六）年、同志社大学入学後は独自の反左翼的な学内活動――というより、同志社創立者・新島襄《にいじまじょう》精神を恢宏《かいこう》しようという運動にとりくんだ。つまり大学設立主旨にある、「国家に尽くす人材を」という一文を楯にとっての大学改革運動だった。

それは「〝国家〟なんてとんでもない」という左翼と真っ向からぶつかる運動になるのはいうまでもなかった。むろん魚谷の狙いもそこにあった。当時、関西には、民族派学生運動のできる地盤はまだほとんどなく、独自で運動を切り拓いていくしかなかった。

そんなおり、魚谷はマスコミによって日学同の存在を知った。すぐさまその運動に飛びこんだ魚谷は精力的に活動を展開、同志社はもとより他大学へもオルグ、ビラまき、勉強会で出張《でば》り、日学同京都地区の責任者として活躍した。

やがて、同志社、立命館、京都産業大学などを中心とする京都の民族派学生を一本化して、京都学生協議会を結成。さらに魚谷は名称を関西学生協議会として、京都だけでなく、大阪にまでその活動基盤を拡大していった。

ところが、その際、中央とは関係なく、関西エリアで独自に活動しようとした魚谷の動きが、日学同中央からは〝分派活動〟と見なされ、除名処分となってしまった。

結局、その後、学生協議会もいまひとつうまくいかなくなって解散、昭和四十四（一九六九）年、四年になっていた魚谷は、五、六人の人数で「志行会」を結成した。勉強会中心の運動体であったが、東京の早稲田大学近辺まで墨で書いたポスターを貼り、注目されたこともあった。

このころ東京で、日学同以外に初めてつきあいを持った民族派学生が阿部勉で、雑誌の『諸君』に登場した阿部を見て訪ねていったのである。高田馬場にあった阿部のアパートは早大尚史会の事務所ともなっていたが、魚谷は上京すると決まってそこで寝泊まりするようになっていた。

三島由紀夫と初めて会ったのも、この阿部のアパートで、ちょうど早大尚史会の勉強会が行なわれたときのことだった。昭和四十五（一九七〇）年五月、魚谷が大学を卒業したばかりの時期であった。

「先生、これがあの魚谷ですよ」

と阿部に紹介されると、三島は笑って魚谷とあいさつをかわした。

魚谷もなんとなくきまりが悪かった。というのも、それまで魚谷のほうから執拗に三島と接触を持とうとして、直接家を訪ねたり、電話をしたことがあったが、

「オレは楯の会の人間としか会わないんだ」

と体《てい》よく断わられ続けたいきさつがあったからだ。

学生時代、魚谷は一種の修業のつもりで、いろんな人間と会うため、頻繁に上京した時期があった。大東塾の影山正治をはじめ、民族派の領袖《りょうしゅう》といわれる人たちのもとをくまなく訪ね、民族派学生からも人気の高かった村上一郎《むらかみいちろう》や桶谷秀昭《おけたにひであき》などの知識人にも会った。その一環として、民族派陣営のスター的存在だった三島を訪ねたのである。

が、魚谷にとって、それまでも三島とはまったく縁がなかったわけではなかった。志行会から楯の会へ学生を送りだしたことがあったからだ。それはあくまで偵察のつもりだったが、逆にその学

生は楯の会のほうを選び、志行会を脱退してしまった。それとは反対のケースもあって、楯の会会員である立命館大生が志行会に入会してきたこともあった。

昭和四十五（一九七〇）年三月、同志社大学を卒業した魚谷は、東京の「日本及び日本人社」に就職、同時に志行会のOB団体として「幻々社《げんげんしゃ》」を結成した。生涯、民族派運動を続けていく志は変わらなかった。

同年十一月二十五日の〝三島事件〟は、魚谷がちょうど大阪の阪急デパートへ仕事で行っているときに起こったものだった。すでに「日本及び日本人社」を辞めて京都に戻り、大阪に美術関係のアルバイトを見つけ、毎日、通っていた時分であった。

事件を知って茫然自失となった魚谷は、そのまま職場放棄して京都に帰ってきた。京都の街並が朝出かけたときと何も変わっていないことが不思議だった。世の中がいつも通り動いているということが信じられなかった。何か大きな後ろ盾を失ったような空虚感があった。

〈どんなにソデにされようと、三島由紀夫という人間だけは、つねに遠くからわれわれを見すえ、われわれの営みをわかってくれてるんだ〉

という思いがあっただけに、その思想的後見人を失ったような喪失感が大きかった。

しばらくの間、身体の中をからっ風が吹き抜けるような感覚が抜けなかった。

が、やがて魚谷はそのショックから立ち直ると、京都の活動家の間をまわり始めた。再びかつての京都学生協議会のように一本にまとまった組織をつくる工作を開始したのである。しかも、今度は学生だけではなかった。

魚谷は日学同や全国学協の学生からそのＯＢ、あるいはそうした組織と関係なく、独自に活動している者たちをくまなく訪ね、大同団結の意義を説いた。

そうした中で、魚谷の除名のいきさつを先輩から聞いていたからか、日学同関係者には明らかに魚谷を警戒する向きもあった。そのため、会うことさえ拒否されることもあったが、魚谷は執拗に足を運び、話しあいを求めた。

こうした魚谷や幻々社のメンバーの奔走もあって、まず準備段階として「京都民族派青年有志連絡会」が発足し、さらにそれを発展的に解消した形で二年後の昭和四十八（一九七三）年一月、「洛風会」が結成されたのであった。

## ●東の一水会、西の洛風会《らくふうかい》

「八周年？　五周年や十周年というのならわかるけど、八周年記念というのは何か半端な数字のような気がするなあ。どうして八周年なんだい？」

と魚谷に訊ねたのは、洛風会の古参会員だった。昭和五十五（一九八〇）年もまもなく暮れようとする時分のことである。

この年、維新懇話会が初めて京都の地を離れて和歌山と岐阜とで開催され、その試みは一応の成功をおさめていた。そして次回は、昭和五十六（一九八一）年三月、大阪において、東の超党派を代表する「新しい日本を創る青年集会」と合同合宿を行なうことが計画されていた。

その前段階として、両者の後援による「三島、森田両烈士追悼十年祭」（実行委員会主催＝事務局・犬塚博英）が、十一月二十三日から二十五日にかけて、東京・渋谷の全国神社会館で開催され、盛会のうちに幕を閉じたばかりだった。

それからまもなくして、魚谷は翌年一月二十四日に、洛風会八周年記念会を開催する旨をぶちあげたのである。

魚谷は古い同志に、

「洛風会を結成してからは八年だが、その前身の京都民族派青年有志連絡会から数えれば十年になるんだ。その前は、日学同、全国学協の学生運動を皆がしている。しかし大学を出て、大人の運動を始めてからの十年というのは大きいと思う。洛風会の事務所も拡張し、バリバリ運動できる態勢も整った。十年で一つの区切りをつけ、決意を新たにするためにも、その記念会をやってわれわれの覚悟を聞いてもらいたいと思うのだ」

と応えた。

翌年の昭和五十六（一九八一）年、一月二十四日、京都の私学会館において洛風会の結成八周年記念会は行なわれた。会は午後五時半より始まり、祭事、国民儀礼のあと、最初に洛風会・穐原裕《あきはらゆう》作《さく》より、〝洛風会の歩み〟が語られた。

学生運動出身者が集まって、何とか地についた運動を展開しようとして、京都民族派青年有志連絡会をつくった十年前の話から始まる。運動資金をつくるために皆で草刈りや土方のアルバイトに行ったり、車を借りて引っ越し屋をやったり、本屋をやったり……と悪戦苦闘しながら運動してきた歴史が語られた。

この話に身につまされたのか、のちに参会者の連帯のあいさつになって、東京から来た一水会の鈴木邦男が、

「洛風会と一水会は、その性格、発足、歴史すべてがよく似ている。われわれも土方やったり、焼き鳥屋をやったり、運動資金をつくるためには四苦八苦している。一口に十年というが、大変なことだ。決して平坦な道ではない。だが、十年やってきた人間は本物だと思うし、もう大丈夫だ。これからは自信を持って運動を展開し、多くの人々の期待に応えてほしい」

とエールを送ったものだった。

ともあれ、その後も洛風会は、魚谷の経営する民族派関係古書専門店「洛風書房」を事務所にして、会員はほとんどが勤めを持ちながら、京都で地に足のついた活動を展開して今日に至っている。

一方、維新懇話会は、「新しい日本を創る青年集会」との合同合宿を行なったあと、高松での懇話会を最後に休会中だが、洛風会にとって最大の目標が、〝維新政党の結成〟であることに変わりはない。その夢の実現に、魚谷はいまも意欲を燃やし、その再建に向けて着々と準備中である。

## ●日学同二十周年記念パーティ

昭和六十一（一九八六）年十一月十五日、男は東京・高田馬場駅前ビッグボックス「シャトレーヌ・ゴールドルーム」で午後六時から行なわれた「日学同二十周年記念パーティ」に出席した。男にすれば、学生時代、決して最後まで日学同運動を全《まつと》うしたとはいえなかったから、OB顔《づら》して出席するのは気がひけたが、取材の名目もあった。会場に着くと、あちこちに見知った先輩たちの顔があった。

斉藤英俊、宮崎正弘、山本之聞、高柳光明、三谷哲央、山本徳造《やまもととくぞう》、松島一夫《まつしまかずお》……日学同の生みの親ともいえる矢野潤も現われた。

男は昭和四十七（一九七二）年、大学入学と同時に日学同で活動したのだが、そのときの委員長が明大の三谷哲央で、書記長が法大の矢島一広《やじまかずひろ》だった。その矢島の離脱問題が起きたとき、日学同内部が紛糾し、昭和四十八（一九七三）年二月の全体会議の席上、自らの手の甲をナイフで刺し、日学同執行部の非を訴えた男がいた。日大のTという男である。

どういうわけか、そのTも会場に姿を見せている。過激な言辞《げんじ》を吐く男だったが、大学卒業後はいっさい運動から手を引いていた。ほかの者も皆、似たり寄ったりだった。

〈それになんとまあ、自民党周辺でウロウロしている者の多いことか〉

男は内心でタメ息をついた。自民党代議士の秘書になっている者、すでに自ら自民党県議や市議の道を歩んでいる者、あるいは自民党本部に就職している者もいた。

〈日学同時代はいずれもポツダム政党としての自民党打倒をいい、だいいち草創期には、自民党に走った連中を根こそぎ切って捨てたんじゃなかったか〉

ちょっと話が違うんじゃないか——といいたい思いが男にはあった。

だから、男は日学同中途挫折組とはいえ、会場には負い目を感じる相手はいなかったし、むしろ、

〈オレは就職することさえ転向と思ったんだぞ〉

との自負さえあった。男は大学卒業以来、一度も就職せず、売れないルポライターの道を歩んでいた。もっとも、それは本人の無能に対する自己正当化にすぎなかったのだが。

ただし、男が負い目を感じる人間がいるとすれば、会場にたった一人だけ存在した。その人間の前では、さすがに男も会場にいることが恥ずかしかった。

三浦重周、その人だった。

三浦は早大に八年間在籍したのちに大学を除籍となったが、その後も就職せずに運動を続け、昭和五十二（一九七七）年には日学同の上部団体として「重遠社《じゆうえんしや》」を結成し、いまに至るもかつかつの生活をしながら、重遠社・日学同の運動を続けている男だった。かつて日学同とともに民族派学生運動の二大潮流をなした全国学協がとうに姿を消したにもかかわらず、なお日学同が命脈を保っていたのは、ほとんどこの三浦の功績が大《だい》といってよかった。

しかも男が二重の意味で三浦に負い目を感じていたのは、一兵卒にすぎなかったとはいえ、日学同を撤退したときの委員長が、三浦であったからだった。

〈よく頑張ってるなぁ――〉

男はつくづく感心して、このパーティの主催者である三浦を遠くから眺めていた。

パーティは、外交評論家の斎藤忠、文芸評論家の村松剛、筑波大教授の中川八洋《なかがわやつひろ》などのあいさつが続き、その合間に、昔の日学同の関連スライドが会場正面に映しだされた。そのスライドを見ながら、OBたちが当時の状況を語るという趣向だったのだ。

いまや社会の第一線で活躍する連中が、それぞれマイクを持ち、あのときはこうだった、と思いいれよろしく、〝われらの時代〟を語った。ときとして会場から笑いが湧き起こる。おお、わが懐かしの七〇年――というヤツである。

そのうちに昭和四十八（一九七三）年当時の集会のスライドが映しだされ、当時の委員長だった三浦が、司会者の指名であいさつに立った。

だが、古い時代のことを振り返る懐古趣味は、三浦にはいっさいなかった。むしろ過去を喜々として語る先輩たちが、内心、苦々《にがにが》しくてならないようだった。この二十周年記念パーティを開催した意味も、昔を懐かしむためではなかった。現在に至る二十年を日学同が闘い続けてきたこと、そしていまも闘いを継続している現実を確認しあいたかったからにほかならない。

いま現在をいかに闘い、今後の運動をどのように展開していくか——それが三浦の関心のすべてだった。

もはや三浦とかつての先輩たちとの間には、はかり知れない距離があり、位相の違いがあった。

三浦はスライド説明もそこそこに、

「……私がいいたいことは、日本学生同盟で活動してきたという、このことは、単に学生時代の記憶に残る思い出というのではなくて、やはり自分自身との闘いを含めて、国家革新というその日まで、生死を賭けて闘っていくことだと考えております。日学同は結成二十年の今日この日を迎えたわけでありますが、しかしいま現在、日本は覚醒もされておりませんし、維新もされておりません。あと何年何十年かかるかわからないけれど、やはりわれわれは、昭和維新実現——こういう志を抱いたわけですから、皆さまはさまざまな分野で活躍されておりますけど、それぞれの分野でその志を生かしながらも、第一線でいつかは起《た》つ——この志を持ってこれからもやっていかなければならないと思います」

と檄を飛ばした。

〈こりゃ、痛烈な皮肉だな〉

男は苦笑いを浮かべ、自分を含めたOBたちと三浦との隔たりを、いまさらながら思い知った。齢《とし》はほとんど変わらないのに、片や〝民族派学生運動〟という懐かしのメロディを奏《かな》でるだけの存在、片やいまも同じ夢を追い続けるバリバリの現役であった。

## ●左翼の退潮と右翼の停滞

三浦は昭和二十四（一九四九）年、新潟県蒲原《かんばら》郡巻《まき》町で生まれた。父親は地元の駐在所に勤務する警察官だったが、そんな田舎の警察官をも警備に駆りだすほど大規模なデモになったのが、六〇年安保だった。三浦が小学四年のときで、そんな社会的大事件が毎夜遅くなる父親を通してなおさら身近に感じられたのである。また家にテレビが入ったばかりの時期で、テレビに映るデモの大群は、子ども心に大変な衝撃を覚えた。

そうした体験を経て、社会問題へ目を向けるようになった三浦が、民族派のほうへ進むきっかけとなったのは、李承晩ライン問題といってよいかも知れない。韓国が二百カイリを宣言して、一方的に日本の漁船を拿捕する事件に憤慨する大人の話を聞いているうちに、民族問題に目覚めたのである。

それ以来、社会問題や政治問題に関心を持ち続け、高校に入ると、岩波新書を片《かた》っ端《ぱし》から読むというような読書をする高校生になっていた。昭和四十三（一九六八）年、高校卒業後、東大の受験に失敗。一浪後、再び東大をめざしたが、翌年は東大紛争のため、入試が中止となった年だった。そのため、京大法学部と早大政経学部を受験し、早大は合格したが、京大は落ちた。

三浦はもう一度東大への挑戦を期し、東京・御茶ノ水の駿河台予備校に入り、赤羽の読売新聞専売所に住みこみながら、受験勉強を続けることにした。だが、マージャンや女こそ覚えなかったとはいえ、酒を覚えてしまった三浦に、東大は荷が重くなっていた。結局、二浪ののちに昭和四十五（一九七〇）年、早大入学を果たした。

早大入学と同時に日学同に入ったものの、この年は〝七〇年決戦〟の呼び声ばかり高く、右も左も学生運動はいっこうに盛りあがらなかった。

すでに予備校時代に、双葉社の『全学連各派―学生運動辞典』（社会問題研究会編）を読んで、日学同や全国学協の存在を知っていた三浦にとって、日学同入りは大学入学前からの決意だった。だから、早大に合格発表を見に行ったその日のうちに日学同と接触し、事務所のある「早稲田ハウス」にも顔を出した。

が、三浦に限らず、「七〇年は大変なことになる」という民族派のおおかたの予想は、六月の安保の季節を過ぎ、夏になったころには完全に裏切られるものとなっていた。

左の退潮にあわせて、民族派の学生運動も停滞し、夏が過ぎたころには誰も人間が来なくなった。とくにビラ貼りのようなつらい作業のときは、決まった顔ぶれが五、六人しか集まらなかった。三浦と同じ昭和四十五（一九七〇）年に入った人間は少なく、それも、まもなく顔を見せなくなる者が続出し、残ったのは、三浦のほかに、国士舘大の柴田章雄《しばたあきお》と法大の矢島一広ぐらいのものだった。

こうして日学同が、というより民族派学生運動総体が、退潮の極《きわ》みにあったとき、突如起こったのが〝三島事件〟である。

これによって、翌年の昭和四十六（一九七一）年、昭和四十七（一九七二）年は日学同にもドッと新入生が入り、にわかに組織は活気づいた。昭和四十八（一九七三）年になっても、まだその余《よ》燼《じん》は残っており、そんな時期に三浦は日学同の第六代目の委員長に就任した。

が、六代の委員長の中で、一番の貧乏クジを引いた男が三浦といわねばならなかった。昭和四十八年六月の京都大会ではまだ三百人を動員できる力のあった日学同の運動も、翌年になると、新入生も入らず、動員力も激減の一途をたどっていた。それは〝三島事件〟直前の昭和四十五年よりもひどい状態だった。

そもそも左翼学生運動が衰退したのは、昭和四十七年二月の連合赤軍事件、同年十一月の革マル派による早大生・川口大三郎《かわぐちだいさぶろう》リンチ殺害事件、これを契機に累々《るいるい》と屍《しかばね》を積み重ねていく中核対革マルの内ゲバ戦争がきっかけとなっていた。一般学生にソッポを向かれてしまったのだ。

日学同もまた、そうした左翼学生運動の凋落《ちょうらく》にともなって、打倒すべき敵を見失い、政治的課題を喪失し、〝三島事件〟の衝撃も徐々に遠のいていったことで、一挙に後退していく。

さらに悪いことには、昭和五十（一九七五）年暮れ、日学同の陰の指導者であり、スポンサーとして組織の経済的基盤を支えてきた矢野潤の会社が、倒産してしまったのである。

それによって、昭和五十年六月号を最後に休刊中であった『日本学生新聞』の復刊の見通しは、まったくたたなくなった。なおかつ飯田橋の事務所も維持できなくなり、撤退を余儀なくされた。おまけに借金が二百万円残った。

同年暮れ、飯田橋の事務所をたたむとき、三浦はこのうえなくみじめな思いを味わった。もうそのころになると、同盟員として常時動いていた学生は、三浦を含めて七人しかいなかったのだ。

三浦はこのとき早大の六年生であったが、就職する気もなく、運動を放り投げる気持もなかった。翌年以降も、運動がジリ貧になっていく中で、三浦は組織の再建策をひたすら考え続けた。

〈学生運動というテーゼでやってるからおかしいんだ。学生運動だけでなく、学生運動をやめたら青年運動をやる、というふうな展開をしていかなければならないんじゃないか。そのためには青年を入れていく器《うつわ》が必要だ。よし、日学同の上部団体をつくろう〉

三浦は考えを同じくする者たちと、新しい組織づくりのために、一年間、構想を練り続けた。どういう名称にするか、イデオロギーはどうするか、どのように運動を展開していくか——互いに意見を出しあった。

こうして誕生したのが、「重遠社」であった。

## ●志《こころざし》を持続し、活動を続ける三浦重周《みうらじゅうしゅう》

《重遠社創建宣言》は次のようにいう。

《我々の思想的根拠は、外来移入思想の直訳でなく、全く三千年民族生活そのものの信仰と思想よりの飛躍であり一言で尽くせば『神代在今（じんだいいまにあり）、莫謂往昔（おうせきということなかれ）、『天地非外（てんちはそとにあらず）、開闢在己（かいびゃくはおのれにあり）』の絶対信念である。そして堡塁《ほうるい》は、昭和二十年八月十五日の詔勅《しょうちょく》一文である。ここに拠って、ヤルタ・ポツダムの『理想国家』、否《いな》！　混濁《こんだく》する植民地！　を完膚《かんぷ》なきまでに破砕掃滅し尽くして、さらに新たな世界形成へ転じ一切の地上の不合理を撃滅するまで闘い抜く。『……神州《しんしゅう》ノ不滅ヲ信シ任《にん》重クシテ道《みち》遠キヲ念シ総力ヲ将来ノ建設ニ傾ケ道義ヲ篤《あつ》クシ志操ヲ鞏《かた》クシ誓《ちか》テ国体ノ精華《せいか》ヲ発揚シ……』とは、創建重遠社の必死の聖戦の絶対当為《とうい》である》

つまり「重遠社」とは、終戦の詔勅の《任重クシテ道遠キヲ念シ》からとって名づけたものだっ

た。また、次の三点を課題としてあげた。
一、自らの思想の立脚点たるべき確固たる政治理念、絶対当為たるべき不動の信念を確立すること。
二、戦後右翼・民族派運動を永らく規定し、その全国的レベルでの展開を妨《さまた》げてきた「反共唯一主義」から脱却し、既成左・「右」と対決し、これを打倒し得る独自潮流を創出してゆくこと。
三、かかる潮流の展開を全面的に指導する政治指導部＝党の建設と、党の思想と戦略を国民の中に浸透させ展開するための大衆的闘いを創り出し、もって戦後右翼・民族派の政治姿勢――「危機が来たら起つ」＝待機主義や「保守政権との癒着」姿勢を克服すること。
重遠社の発会式は、昭和五十二（一九七七）年四月二十九日、高田馬場「高田牧舎」で行なわれた。参加者は約三十人で、内訳は日学同の学生が十人、ＯＢが二十人だった。いずれも三浦より年代の下の者ばかりであった。

翌年五月には、重遠社の機関紙『新民族主義』を創刊し、当初こそワラ半紙一枚隔月発行だったものの、その後はＢ４版六ページ、月刊完全定期発行へと変わった。

その間、重遠社は〝日韓大陸棚協定粉砕闘争〟〝日中条約粉砕闘争〟（昭和五十三年）、〝東京サミット（第一次）粉砕闘争〟（昭和五十四年）、〝自民党護憲派＝大石千八《おおいしせんぱち》一派糾弾闘争〟（昭和五十六年）、〝大韓航空機撃墜糾弾闘争〟（昭和五十八年）、〝紀元節奉祝―政府『式典』糾弾闘争〟（昭和六十

年）、〃『天皇御在位六十年式典』私物化糾弾闘争〃（昭和六十一年）――などの運動を展開してきたのだった。

その中で、三浦重周はつねに運動の第一線に立ち、街宣はもとより、機関紙『新民族主義』の執筆から、ビラまき、ビラ貼りにいたるまで、すべて自らがこなし、志を持続させてきた。

そして昭和六十一（一九八六）年十一月十五日、日学同二十周年記念パーティを開催した同じ日、また一つ新たな組織を結成するに至った。三浦たちが長年構想を温めてきた「新民族主義青年同盟」（新青同）の誕生である。

重遠社の学生組織が日学同なら、新青同はさらに幅広い青年運動をめざし、重遠社の考えを大衆運動化するための組織だった。

なおかつ、翌年四月二十九日の結成十周年にあたって、重遠社は六箇条の綱領を提起した。

一、敗戦国家の愛国的革正
一、国祖《こくそ》建国理想の国家的再確立
一、生活産業組織の根本的改新
一、亜細亜国家連合の建設
一、世界の道義的統一
一、愛国革命党建設の綱領的諸問題の整理

この六大綱領は、重遠社が創立にあたって掲げた〝終戦の詔勅〟理念の具体化であり、運動目的と方針を簡明にしたものにほかならなかった。

三浦はますます意気盛んであった。

## ●一陽来復《いちようらいふく》の時を待て

男が日学同二十周年記念パーティに参加して驚いたのは、三浦がいまもってビラ貼りを続けているという事実であった。

日学同の運動を学生だけの運動として、三浦の先輩同輩のすべてが、大学卒業後、身を引く中で、三浦一人がなお運動を続けているという事実。しかも〝右翼〟を商売にして食べている輩と違って、三浦の場合、生活費にさえこと欠く中での運動である。

〈何がそこまで三浦さんを頑張らせるのだろう？　何が支えになっているのだろうか？〉

男は俄然《がぜん》、三浦に関心を持った。

男が、九段にある三浦の事務所を訪ねたのは、それからしばらくたってからのことだった。男の目に、三浦は学生時代と同じに、相変わらずざっくばらんだった。ストイックな日々を送っているにもかかわらず、堅苦しさはいっこうに感じられず、冗談を連発する。

「オレだって女を抱きたいよ」

とあけすけに語った。

「だけど、こういうことやってるから、結婚はできないし、女もできないよ」

と半ば普通の市民生活はあきらめているようだった。

男はしばらく三浦と冗談口をたたきあったあとで、

「だけど、どうして三浦さんだけがそんなに運動にこだわるんですか。ほかの日学同の人間はみんなもうやめてますよ。三浦さんをそこまで頑張らせるものって何なんですか？」

ときりだしてみた。

三浦はしばらく考えたあとで、おもむろに口を開いた。

「……オレはこういうふうに思ってるんだよ。人間、やっぱりいったん志を持ったら、その志に生きて生命を賭けていくべきじゃないのか。それがわれわれの存在証明だよ。人間、百年生きるか、三十年生きるかわからないけど、オレは一つの生きかたしかないと思うんだ。学生時代は学生運動やってましたとか、卒業したらサラリーマンでね、老後は何とかって、オレ、そういうことはできないと思う。……まあ、人生観の問題だろうけど、オレの信念、座右の銘は、『決死勤王、生涯志士』、簡単にいえば、加茂田《かもだ》組の綱領と一緒だよ」

「ハア？　加茂田組？」

「男になりたい、男でありたい、男で死にたいって、あれさ」

「ハハア、あれですか。でも、加茂田組は潰れましたよ」

「ダメになったけどさ。腹くくって死ななかったからな。だけど、山一《やまいち》抗争で身体張ってるときはオレだって感動したよ。言葉通りだったからな。男になりたい、男でありたい、男で死にたい、って。人間、そんなに器用に生きられない。そりゃ、サラリーマンだって苦労はあるし、百姓だって苦労はあると思う。しかし、それでも若いときの夢とか、志はあっただろ。一生一度の人生なんだから、オレはそれを貫いて死んでいきたいと思うね」

「〝意地で支える夢一つ〟ってヤツですね」

「そう。オレの立場はいってみれば、『ビルマの竪琴《たてごと》』の水島上等兵と一緒さ。おーい、水島、早く日本へ帰ろう、って、そりゃ、日本へ帰ったほうが――社会生活に入ったほうが楽だよ。給料もらえるし、重荷がとれるわけだろ。会社へ行って、朝十時から夜八時まで働いて、酒飲んでセックスして一日終わるわけだろ。余分なこと何も考えなくていい」

「水島上等兵の背負ってる重荷と、三浦さんの背負ってる重荷というのは、多分、同じものなんでしょうね」

「オレのオルグによって、あるいはオレのひと言で、右翼になった人間がいるんだよ。道を間違えたのがいるわけだ。オレのあと、日学同の委員長をやったヤツはみんな大学中退者だよ。ビラ貼りやって新聞発送やって、街宣やってりゃ、学校行ってる暇ないよ。その責めはオレにあるし、後輩に対する責任があるわけだな。まして二百五十万の英霊は、国家の一貫性を信じて死んでいったわけだからさ。それはやっぱり骨を拾ってやらなきゃ……」

男はいつしか三浦の吐く熱い言葉に、共感を感じるようになっていた。

〈日学同の灯を消さずにやってきた裏には、人知れぬ苦労があったんだな〉

とつくづく思い知ったのである。

三浦の事務所はきれいに片づけられていた。男はふと、黒板に大きく書かれた漢詩に目をとめた。

雖貧勿求無道之産　雖窮勿諂当路之人
貧窮繋干天　固不幸之致所也
悠々如龍　猛々如虎
隠名潜身　当以待一陽来復之時
若不逢時則止矣　彼楽天命更無疑

「誰の漢詩ですか」

男は三浦に訊ねてみた。

「楠公《なんこう》遺訓だよ」

「え、でも、確か、楠木正成は生涯何の歌も漢詩も残していないと聞いてますが」

「いや、ほとんど知られてないけど、これは奈良の人間に、楠公遺訓として代々伝わってきてるものなんだ」

「どういう意味ですか」

「貧《ひん》するといえども、無道《むどう》の産を求むるなかれ。窮《きゅう》するといえども、当路《とうろ》の人に諂《へつら》うことなかれ。貧窮は干天《かんてん》に繋《つな》がり、固《もと》より不幸の致す所なり。悠々《ゆうゆう》龍の如く、猛々《もうもう》虎の如く。名を隠し身を潜み、当《まさ》に以《もっ》て一陽来復の時を待つべし。もし時に逢《あ》わずんば、すなわち止《や》む。彼《か》の天命を楽しむ、更《さら》に疑うこと無し。

つまり、どんなに貧乏しても、人にうしろ指さされるような金もうけをしちゃいけない。どんなに窮しても権力者に媚《こ》びへつらってはいけない。貧乏というのは本当に日照りが続くように苦しくつらいことでね、不幸の極まりだけど、そういうときこそ高い理想を持ち、龍のように悠々として時世を睥睨《へいげい》し、かつ虎のように牙を磨《みが》いて生きることだ。権力に傲《おご》っている人間がいるときこそ名を隠し、身を潜んで、一陽来復の時、すなわち自分の出番の来るのをジッと待つべきだ。しかしそういう生きざまをしているのに、自分の出る幕がないとしても、自分を呪ったり人を羨《うらや》んだりしてはならない。天命を楽しんで生きていくしかないじゃないか——というような意味の漢詩だな」

三浦の説明を聞いて、男が思わず、

「まるで三浦さんみたいじゃないですか」

というと、三浦は冗談めかして、

「そうだろう」

と笑った。

三浦に〝一陽来復の時〟は訪れるのだろうか。

## 三　赤報隊《せきほうたい》事件

### ●統一戦線義勇軍の大量逮捕

　昭和五十七（一九八二）年九月、スパイ査問に端を発するリンチ殺人事件によって、統一戦線義勇軍のメンバーは大量に逮捕された。この事件と同時に、イギリス大使館文化部へ火炎ビンを投げこんだ事件が統一戦線義勇軍議長の木村三浩、同情宣局長の浜地俊郎の襲撃と発覚し、二人が逮捕されるおまけまでついたからである。

　この浜地俊郎は元自衛官。在職中、『レコンキスタ』を読んで共鳴し、自衛隊を辞めて義勇軍の運動に飛びこんできたという変わり種だった。

　事件前、『レコンキスタ』紙上で、「全国の憂国派自衛官は決起せよ」との檄を飛ばし、なおかつ義勇軍のメンバーとともに、茨城県勝田市の陸上自衛隊施設学校を対象に、自衛隊工作をはかったことがあった。同学校をマークしたのは、浜地が約一年半、同学校の施設教導隊にいて校内事情を熟知していたからだ。

義勇軍は深夜、警戒のスキをついて、校内に、「今、自衛官よ、粛軍《しゆくぐん》に決起せよ」といったビラを投げいれた。内容は、おりから話題になっていた昇級試験の問題漏洩《ろうえい》や、防衛大、防衛医大の任官拒否などの不祥事を指摘し、

「これでは国は守れない。統一戦線義勇軍のもとに結集しよう」

という趣旨のものだった。一回にバラまかれたビラの枚数は約二百枚に及び、このビラまきは、七月から八月にかけ、四、五回行なわれた。

校内の反響は浜地の知人からこっそり伝えられた。

「教官が『ビラに煽動され、不満のハケ口に利用されるのはよくない。絶対に接触するな』と指導している」

「幹部の机の引き出しの中からもビラが見つかり驚いていた」

というものであった。

それなりの反応を感じた義勇軍は、次の照準を首都防衛にあたる陸上自衛隊の埼玉・朝霞《あさか》駐屯地に置いた。

工作は、前回の勝田市の施設学校同様、粛軍を訴えるビラまきから始まった。最初は宿舎へ帰る自衛官に直接ビラをまいたが、警戒の厳しさもあってすぐにとりやめ、二度目からは宿舎のポストに投げいれるようにした。

が、そんな矢先に起きたのが、義勇軍の書記長・清水浩司を中心とするリンチ殺人事件だったわけだ。浜地もイギリス大使館文化部への火炎ビン投擲《とうてき》事件で警視庁に逮捕され、自衛隊工作はストップせざるを得なくなった。

ともあれ、この二つの事件によって逮捕された六人の裁判は、翌年の昭和五十八（一九八三）年二月までにすべて終え、全員が実刑判決を受けた。

統一戦線義勇軍書記長の清水浩司、同非公然組織員のS、大日本皇心塾のKの三人が、殺人、死体遺棄によってそれぞれ懲役十二年、同十年、同六年、死体遺棄罪に問われた木村三浩と同メンバーの井川武志の二人が、懲役三年（執行猶予五年）、懲役二年（執行猶予四年）という判決だった。また火炎ビン事件だけの浜地は、懲役十カ月（執行猶予三年）の判決を受けた。

執行猶予のついた井川と浜地は十二月末、木村は翌年二月、釈放された。

この事件によって受けた統一戦線義勇軍のダメージは大きく、公安・マスコミからは「壊滅」とまでいわれたが、それでもなお、自らは、

「9・11スパイ分子完全殲滅闘争は組織防衛の基本原則にのっとった、きわめて正当な闘いと確認されるべきである」

と総括、意気盛んなところを見せつけた。

が、組織の後退は否定しようもなく、解体寸前にまで追いこまれてしまったのは確かだった。

木村三浩は釈放されるや、すぐに義勇軍再建にとりくんでいくが、前途は多難だった。この時期、デモをやろうとしても、人が十人前後しか集まらなかったほどだ。

昭和五十八（一九八三）年三月二十七日、木村は臨時中央執行委員会を召集した。東京・高田馬場で開催された同委員会で提起された議事は、以後の運動の目標とそれを遂行する組織の再編成ということだった。書記長の清水が長期の刑で下獄中である以上、その空白を埋めなければ、以後の運動の展開に支障をきたすという認識は、誰もが持っていた。

そのため、組織の全面的改編が必要との意見が全員一致で採択され、新しい人事が次のように決定された。

議長　木村三浩
副議長　沢井康男
書記長代行　板垣哲雄
政治局長　井川武志
情宣局長　寒《さ》河《が》江《え》潤《じゅん》
組織局長　北村利行《きたむらとしゆき》
編集局長　香坂《こうさか》瑞《みず》穂《ほ》

## ●覆面集団・日本民族独立義勇軍の過激な闘争

本家・義勇軍の沈滞ぶりを尻目に、「日本民族独立義勇軍」を名のるゲリラ部隊はなおも過激闘争を展開していた。

昭和五十六（一九八一）年十二月八日の神戸・米総領事館へのタイマツ投擲、昭和五十七（一九八二）年五月六日の横浜市本牧《ほんもく》の元米軍住宅火炎ビン襲撃に続いて、第三弾ともいうべき火災攻撃が昭和五十八（一九八三）年五月二十七日、彼らの手によって行なわれたのである。

同日夜八時ごろ、大阪・豊中市のソ連総領事館に三本の火炎ビンが投げこまれる事件が発生、後日、一部の民族派に、対ソ糾弾文とともに、

《我軍は本日二〇時を期して　ソ連邦公館を攻撃し損害を与えたり

去る昭和五十七年五月六日　在沖縄県第三十二軍の対米軍総攻撃を継承し、横浜市本牧米軍基地を攻撃、建物三トウ三〇〇坪を炎上破壊せしめたるのに続き、今回暴《ぼう》れい（原文ママ）ソ連邦を膺《よう》懲《ちょう》す。

これは単なる警告にあらず。もし米ソ両国が我軍の対米対ソ糾弾文に対して誠意ある応答を示さなければ、我軍は日本民族の名においてより強力なる攻撃を実行するであろう。国際的強盗国家ソ連邦は七十八年前の日本海海戦を想起《そうき》せよ。

日本民族の魂はいまだ健在なり
昭和五十八年五月二十七日
日本民族独立義勇軍司令部》

との声明文が出された。

続いて八月十三日夜には、朝日新聞東京本社と同名古屋本社に時限式発火装置が仕掛けられ、小爆発する事件が起き、またも日本民族独立義勇軍による襲撃であることが判明した。

いったい日本民族独立義勇軍とは何者なのか。これだけハデにやりながら、証拠は残さず、逮捕者を一人も出していない手口は水際だっていた。

公安筋はなお執拗に統一戦線義勇軍との関連を疑い、頻繁に同義勇軍事務所や関係者宅に家宅捜索をかけたが、さしたる成果はあがらなかった。一説によると、彼らの正体は、外国の特殊部隊で訓練を受けた男をリーダーに、元警察官やら元自衛官というメンバーで組織されているという噂もあった。

こうした〝義勇軍〟の過激な活動ぶりに刺激を受けたのか、このころになると、統一戦線義勇軍も徐々に再編に向けて、活路を見いだしつつあった。

五月三日の新宿・花園公園での「反憲法・反安保全国総決起集会」に続いて、六月十五日には、四谷公会堂において、阿部勉を講師に迎えて「反憲法・反安保東京集会」を開催した。なおかつ彼らは八月九日、三河台公園で「反ソデー集会」を開催、公安三課長まで出動してくるというものものしい警備態勢が敷かれる中、ソ連大使館までのデモ行進を行なった。デモ隊はソ連大使館付近で警備の機動隊と対峙、そうした中を義勇軍の代表三名がソ連大使館に〝弾劾文〟を手渡した。

さらに八月十九日、経団連襲撃事件の野村秋介が出所したことで、一時は瀕死《ひんし》状態にあった統一戦線義勇軍も一挙に息を吹き返し、以後、一水会、義勇軍をはじめとする新右翼の運動はにわかに活性化していく。

## ●針谷大輔《はりやだいすけ》、一水会に入会

昭和五十九（一九八四）年十一月二十五日、一人の十九歳の若者が一水会事務所を訪ねてきた。

ちょうどこの日は、自衛隊の市ヶ谷駐屯地東部方面総監室において、三島由紀夫、森田必勝が壮絶な死をとげてから、十四年目にあたっていた。事件のあった十四年前、若者はまだ五歳であった。むろん五つの子どもに事件のことが記憶に残るはずもないのだが、長じて、どうにも三島由紀夫の存在が気になってならなくなってきた。

高校三年になって、自分の進路やこれからどういう生きかたをしていくかを考えたとき、頭に浮かんでくるのはなぜか三島由紀夫のことだった。

〈どうして腹など切って死んだのだろうか〉

この平和な時代に、武士の作法にのっとって自決するという行為が、若者には信じられなかった。

若者は三島のいろいろな作品を読み、事件のときの檄文を読むようになった。檄文に感じたのは、三島の民族を思う至純の心とでもいうべきもので、若者は深い感動を味わった。

同年三月、高校を卒業し、大手ミシンメーカーに勤めたのだが、三島のことは頭から離れなかった。そのうえで、地元・横浜の先輩や知人が新しく始めようという民族派団体に顔を出してみたのだが、三島の思想とはかけ離れた、反共一本槍の既成右翼臭の強い運動に嫌気がさし、すぐに離れた。

そうこうするうちに、三島由紀夫と森田必勝の十四回目の命日にあたる十一月二十五日が近づいてきた。この日は毎年、日学同が中心となって開催する「憂国忌」をはじめ、民族派有志が各地で、さまざまな形の慰霊祭を行なっていた。が、若者は知らなかった。五周年、十周年といった節目の年はともかく、事件から十四年もたったいま、マスコミもとりあげることがなかったからだ。

それでも首都圏の夕刊紙『内外タイムス』だけは、〝三島事件〟を記事にし、三重県四日市市にある森田必勝の墓参りにいく民族派の一団のあることをルポした。

たまたまその記事を読んで興味を覚えた若者は、内外タイムスに電話をかけた。記事を担当した編集次長《デスク》が応対に出て、若者に一水会の存在を教えてくれた。

「一水会は、三島由紀夫、森田必勝の流れをくむ民族派組織だよ」

とデスクはいい、マスコミから〝新右翼〟と呼ばれる潮流があって、一水会はその代表的な組織なのだとも〝講義〟してくれた。

若者はますます興味が募ってくるのを感じた。ただちに高田馬場にある一水会事務所を訪ねてみる気になったのである。

「訪ねていくなら、僕が連絡しといてあげるよ」

とデスクがいうのに、若者も、

「お願いします」

と応えたものの、

〈新聞社の人とそんなに親しいんだろうか〉

と不思議な気がした。

そのデスクが、一水会結成時の世話人の一人、田原康邦であるとは、若者の知るよしもないことだった。

その若者——針谷大輔は、こうして一水会事務所を訪れ、初めて鈴木邦男や木村三浩と会った。

針谷は鈴木の話を聞いているうちに、いままでつきあった民族派の人間とはまるで違う感覚と内容の豊富さに驚きつつも、強く引かれるものを感じた。

以来、一水会の勉強会に何度か通ううちに、

〈ここでならオレの望んだ民族派運動、あるいはオレにあった生きかたを全うできるかも知れない〉

と思うようになった。

針谷はこの一、二年、これからどう生きたらいいか、何をやっていったらいいか、迷い、悩み、真剣に模索してきた。職業選択の悩みではなかった。民族派運動にとりくむにせよ、己の姿勢のありかた、あるいは進むべき方向性を必死に考えていたのである。

もとより就職もせず、プロとして右翼活動をしていくなどという発想は毛頭なかった。きちんとした仕事について、そのうえで運動をやっていくというのが前提にあった。

そういう意味で、職業にはあまりこだわらなかった。あくまで仕事は糊口《ここう》をしのぐためのものにすぎなかった。運動は生死を賭けた闘いであり、生半可《なまはんか》な決意でとりくめるものではないとの認識があった。

そうしたことを突きつめて考えていたとき、針谷は不思議な体験をした。真夜中、寝ている針谷の枕元に、特攻隊の若者が現われ、

「オレたちはお国のために死んだ。だが、こんな世の中をつくるために死んだんじゃない」

と苦悩に満ちた顔で、針谷に語りかけてきたのだ。

針谷は夢の中の出来事と思っていたが、どうも様子が違っていた。意識ははっきりと目覚めているのだ。針谷は特攻隊の若者の霊に、

「いまの世は間違っているんですね」

と訊ねようとした。

そのうちに姉が起きてきて、

「あんた、誰と話してんの？」

とドア越しに訊ねてきたから、

〈やはり夢じゃないんだ〉

と思った針谷は、あわてて、

「いや、何でもないよ」

と応えた。

針谷はこの体験を誰にも話さなかった。オカルトじみた話として一笑に付されるのがオチだったからだ。だが、この体験と三島由紀夫が、針谷の民族派運動の原点となった。

## ●池子《いけご》米軍住宅反対闘争

一水会会員となってまもない昭和六十（一九八五）年三月、針谷はどうしても自分でとりくみた

い運動テーマがあって、

「街宣車を貸してもらえないですか」

と鈴木に申しでた。

自分のすぐ隣町ともいえる神奈川県逗子市池子の米軍弾薬庫跡地に、米軍家族住宅建設計画が持ちあがっており、それに対する断固とした反対運動を行ないたかったのだ。

東京・国分寺に生まれ、三つのときに横浜・金沢八景に引っ越して以来、ずっと当地で育ってきた針谷にとって、池子は子どものころよく遊んだ場所だった。

「なぜ、こんなところに米軍基地があるんだろう」

と子ども心に不思議に思いながら、池子の緑あふれる弾薬庫内に入って遊び、鳥のさえずりに親しんで育ってきただけに、そうした自然が破壊されるのは我慢ならなかった。しかも自然破壊を強いる元凶が日米安保条約であることは明白だった。

すでに三年前の昭和五十七(一九八二)年十月より、防衛施設庁は池子弾薬庫跡地に米軍住宅九百二十戸を建設するため、ボーリング調査を実施中であった。

これを契機に池子周辺の主婦たちを中心に、「池子米軍住宅に反対して自然と子供を守る会」が結成され、前年には、受入れ派である三島虎好《みしまとらよし》市長のリコール署名が成立。結局、三島市長は辞任して選挙に訴え、「守る会」に擁立されて立候補した富野暉一郎《とみのきいちろう》との争いとなったが、〝緑派〟の富野が当選するという事態が生まれていた。

米軍住宅建設に反対する住民運動もそれほど盛りあがりを見せつつあったが、針谷はそれとは別個に、

〈日米安保条約粉砕、Y・P体制打倒の一環として、これほどはっきりしたターゲットはないではないか。いや、何よりも、オレにとっては一番身近な問題だ。身近なことからとりくんでいくことが、運動にとっては大事なことじゃないだろうか〉

との考えに至り、鈴木に街宣車を借りたい旨を申しでたのだった。

「好きな運動をすればいい」

と鈴木からのお墨つきをもらい、針谷が横浜の仲間を連れて街宣車で池子に乗りこんだのは同年三月十七日、日曜日のことだった（335ページ上の写真）。仲間といっても、針谷同様、みな勤めを持っていたから、日曜日を利用しての街宣となったのである。

一水会からは街宣車だけを借り、動員はそうした手勢《てぜい》の人間だけを連れていった。針谷自身、この時期、まだ統一戦線義勇軍とは一線を画したつもりでいたから、義勇軍のメンバーには頼らなかった。

が、やがて針谷はこの池子問題を義勇軍に提起、それによって木村たちもこの問題を内部でじっくりと協議した。その結果、

「これは日米安保粉砕の闘いであり、Y・P体制打倒を訴える思想的な突破口になりうる。しかも初めて大衆との接点を持った運動が展開できる画期的な試みともなりうる」

との判断から、本格的に池子の米軍住宅建設反対運動にとりくむことを採択。それも口先だけの反対ではなく、直接現場へ乗りこんで、実力阻止闘争を行なうことをそれぞれ確認しあった。

さっそくそれが実践に移されたのは、約二カ月後の五月二十三日のことだった。

統一戦線義勇軍が池子の反対運動に立ちあがってまもなくすると、横浜防衛施設局は住宅建設へ向けての環境アセスメント（環境影響予測評価書）を提出した。

これに反対するために行動を開始したのが、統一戦線義勇軍書記長代行の板垣哲雄と同軍政治局長の井川武志であった。義勇軍はすでに何度か池子で街宣を行なってきたが、それだけでは甘いと見た二人は、より直接行動にうってでることにしたのである。

五月二十三日午前零時二十分ごろ、板垣と井川は横浜市中区山下町の防衛施設庁横浜防衛施設局にガソリンをつめた火炎ビン二本を投擲、同局自転車置き場に駐車中の職員のバイク一台を焼失させた。これによって、板垣は六月二十二日、井川は八月七日に神奈川県警公安二課と加賀町署に逮捕されたが、『義勇軍報』はただちにこの事件の号外を出している。

それはB４判二ページで、一面のメインタイトルは《横浜防衛施設局炎上す》とあり、大々的にこの攻撃の戦果を誇っている。さらにサブタイトルには《池子米軍住宅建設計画に抗し、反Y・P

＝文化的攘夷《じょうい》戦に突入》と書かれ、祖国日本の文化を守るべく、池子米軍住宅建設に反対しての攻撃であることをうちだした。

こうした義勇軍の防衛施設局襲撃と軌を一にするように、このころから逗子市池子周辺は騒然とした状況となっていく。

〝緑派〟の市民運動は、富野市長を当選させたが、リコールされた三島前市長を支持し、条件付き受入れを主張する市議会多数派との対立は深まるばかりであった。そして「自然と子供を守る会」は市議会に対する解散請求を出し、逆に建設促進派の「逗子市政の流れを変える市民の会」からは、現・富野市長に対する辞職勧告、続いて解散請求が出された。かくて二派によるリコール合戦が火蓋《ひぶた》をきったのである。これは地方自治体としては初めてのことだった。

このような状況の中で、十一月十七日、統一戦線義勇軍は「池子米軍住宅建設粉砕政治集会」を現地で開催した。

午後一時から始まった同集会では、各メンバーが、状況分析と決意表明をそれぞれ熱烈に訴えた。書記局の藤本隆之《ふじもとたかゆき》に次いで登場したのが、針谷大輔で、

「米軍住宅建設阻止ということは、日本からの米軍基地駆逐《くちく》であって、決して住民運動、市民運動レベルの問題に留まることではない。それに富野現市長にしても、就任以来、何ら効果的な対応をしていないのは明白である。たとえば『地方自治法第百三十八条の二』で、地方公共団体の執行機

関＝市長は、行政事務を、自らの判断と責任において、誠実に管理し及び執行する義務を負う――とある。つまり本当に建設阻止を願うのであれば、市長権限の有効な行使をはからねばならない」と主張した。

議長の木村三浩は、米軍住宅の名称変更を踏まえたうえで、国家権力は着々と建設への既成事実づくりに着手している点を指摘し、あらゆる手段を使った建設阻止の闘いが求められている――と訴えた。さらに義勇軍のこの闘いが民族ナショナリズムの闘いであると位置づけ、民族独立、安保破棄、基地撤廃への一大反米レジスタンスの前段階闘争である、と檄を飛ばした。

続いてデモ行進に移り、逗子市街二キロにわたって、

「住宅建設粉砕！」

「富野、三島の馴れあいを許すな！」

「安保破棄！　山河死守！」

などの義勇軍のシュプレヒコールが街にこだました。

針谷が提起した池子米軍住宅反対闘争は、こうして統一戦線義勇軍の重要な運動課題の一つとなったわけだが、それは右翼内部で孤立を強いられる闘いとなった。地元・神奈川県の右翼団体は、その横断的な連絡機関である神奈川維新協議会をはじめとしてほとんどが、〝親米〟の立場から「建設賛成」との統一見解を出していたからだ。

ところが、そんな中にも、例外はあった。組織としては賛成でも、個人的な助っ人として義勇軍の池子での街宣や集会に駆けつけてくれる者がいたことである。

そうした一人が、野村秋介が主宰していた大悲会を継いだばかりの蜷川正大であり、義友同志会会長代行の中台一雄《なかだいかずお》だった。針谷大輔は池子闘争を通して、大先輩にあたる蜷川と中台を知り、目をかけられるようにもなったのである。

昭和六十一（一九八六）年九月二十一日、統一戦線義勇軍は東逗子駅前公園において、「9・21池子米軍住宅建設策謀粉砕集会」を開催した。現地における二度目の集会だった。

主催者である義勇軍神奈川県委員会委員長の板垣哲雄が基調報告に立ち、前年の自らの防衛施設庁火炎ビン攻撃の経験を踏まえ、

「池子闘争で犠牲者を出したのはわれわれだけである。他の反対団体は着工間近という危機的状況であるにもかかわらず、いまだに井戸端会議に終始している。風化の原因はそのへんにあるのだ。弾圧のない闘争は腐《くさ》る。いまこそ闘争を活性化させるため、敵の建設策謀をうち砕《くだ》くためにも、第二、第三の戦闘的行動が必要である」

と語った。

池子の状況は、ここにきて、板垣が述べたような様相を帯びていた。この年三月二日には、反対派市民の市議会解散請求に基づく住民投票が行なわれた結果、リコールが成立。逆に受入れ派市民

が起こした富野市長リコールは、三月二十三日、不成立に終わった。

一見すると、建設反対の住民運動が盛りあがっているように見える状況であったが、半年たって、その内実はいまひとつ脆弱なものが露呈してきていた。

義勇軍は、そうした住民運動に支えられた富野市長に対して、

「昭和五十九年六月五日、前・三島市長が防衛施設庁側と交わした〝受入れ協定書（案）〟を破棄さえすれば、池子問題は解決するのだ。それができない富野は、逗子市民の建設反対の声を代弁していないばかりか、防衛庁側の〝スパイ〟だ」

と厳しく批判した。

## ●住友不動産への怒り

その一方で、この時期、新右翼陣営において、池子問題とはまったく別個な、新たな闘いが開始されようとしていた。

この年十月、東京地検特捜部によって、住友不動産、住友商事の元中堅幹部が、大型宅地造成プロジェクトに絡《から》んだ融資詐欺《さぎ》事件で摘発を受けた。

この事件は昭和五十七（一九八二）年、当時、住友不動産住宅事業部長代理、住友商事東京ビル事業部長付、同建設不動産本部東京建設部長付の肩書を持った三人が、都市企画設計という地上げ

屋をダミーに使い、東京・町田市の六万六千平方メートルの宅地造成プロジェクトを計画したことから始まる。三人は、都市企画設計が融資を受ける際、「住友が責任を持つ」旨の念書を添え、複数の金融業者から巨額の資金を調達した。

こうした〝住友ブランド〟にだまされて融資した一社が「サムエンタープライズ」だった。その後、都市企画設計が倒産したために、同社が融資した十七億円は焦《こ》げついてしまった。当然、住友グループが返済すべきところを、住友側はこれを与り知らぬことと頬かむり。不良社員のしたこととして、関与した三人を懲戒免職処分にし、返済責任を否定した。

そのため、サムエンタープライズは住友不動産に対して、十七億円の借金返済を請求する民事訴訟を起こしたのである。

そしてサムエンタープライズ側の弁護に立ったのが、経団連事件の主任弁護人だった成田健治《なりたけんじ》であり、同社社長・盛田正敏《もりたまさとし》は野村秋介の友人であった。

二人の友人からこの一件を聞いた野村が、

「天下の住友なら、豊田《とよた》商事のような悪徳商法がまかりとおっても許されるのか」

と怒りの声をあげたのはいうまでもなかった。

もっとも、野村が怒らずとも、住友商事、住友不動産のあくどさは世間にも徐々に露顕《ろけん》していくことになる。とくに住友不動産が〝天皇〟安藤太郎《あんどうたろう》会長の指揮下、ダミー会社を操《あやつ》って、東京・新橋の国鉄汐留《しおどめ》貨物駅跡地をはじめとした強引な土地買い占めを行なっていることは、業界ではよく知られた事実だった。いわば庶民には手も出ないような土地暴騰の時代をつくりだした元凶といってよかった。

こうした住友不動産の強引な土地漁《あさ》りに怒りを向ける者は多く、この八月には、「幻の旅団プラス23面相」なる差出人の名で、「住友不動産・安藤太郎会長の犯罪」という怪文書まで出回っていた。

《児玉誉士夫はんと深い関係やいう住友不動産の天皇はんこと安藤太郎がきょ年、社長の座から会長になりはった。こんとき、業界筋は「あの安藤が社長の座をなぜおりたんかい」ゆうてまんね。たぶん、住友いうグループが東京郊外町田市に計画しはった「町田プロジェクト」がコケてしもうたからやいう》

という書きだしで始まるもので、続いて安藤会長の悪業の数々が暴露され、

《目には目、歯には歯を！　安藤太郎会長がその気なら、くされきった社会の浄化のために、豊田商事、平和相互銀行はあばいても、日本の大財閥住友の悪事をあばけない権力にかわって、ダイレクト・アクションをおこす用意があるで。注意しなはれや》

とも書かれていた。

〝ダイレクト・アクション〟はまもなく起こった。十月十八日夜、東京・杉並区善福寺《ぜんぷくじ》の安藤太郎

宅門前に時限発火装置が仕掛けられ、ダンボール箱が燃えあがる事件が勃発したのである。この直後には、「幻の旅団・23面相に連帯する大地の牙群団」なるグループより、犯行声明が各マスコミに送付された。

## ●蜷川正大《にながわまさひろ》と中台一雄《なかだいかずお》の黙契

昭和六十二（一九八七）年が明け、一月三日、義友同志会会長代行の中台一雄は、妻の実家の大阪を訪れた。妻子に最後の別れを告げたかったのだ。

滞在中、妻と子を連れ、奈良に遊びにも行ったし、久しぶりに娘と一緒に風呂に入り、娘に『君が代』を教えたりもした。ふっと涙ぐんでしまったが、立ちのぼる湯気で、娘には気づかれなかった。

〈オレもたいしたことないな〉

中台は妻と娘を目の前にし、後ろ髪ひかれている己の女々しさに、苦笑いを浮かべた。

すでに昨年のうちに、蜷川正大から安藤太郎邸への決起をうちあけられ、二人の間で、ともに起つ黙契《もっけい》ができていた。何の迷いもなかった。

ところが、女房子どもを目前にすると、その決意も何やらあやしくなってくる。

〈女房は会社をクビにならないだろうか。だけど、びっくりするだろうな〉

さまざまな思いが胸を去来する。『走れメロス』を読んでいる娘がいとしくてならなかった。

妻が夫の所作を見て笑った。いつもは別れるとき、「またね」「また来るね」といって夫はすぐに車のドアを閉めるのが、走りだすまで閉めなかったからだ。いつもとは違ってグズグズしているのがおかしかった。それに、予定より二日も遅れて横浜へ帰るというのも、かつてなかったことだ。

車を走らせ、見送る妻子の姿が見えなくなったとき、中台は涙があふれてきた。そんな自分に照れてしまい、

「バカじゃないか。シャレ、シャレ」

とひとりごちた。

大阪を出たのは夜中だったから、途中、少し寝ようと思って、中台は富士のあたりで仮眠をとった。朝起きると、おおいかぶさるように雄大な富士山が目に飛びこんできて、中台は思わず息をのんだ。こんなにも美しい富士山を目前にするのは初めてのことだった。

それでふんぎりがついた。中台の心はこのときから大阪を離れた。もはや一週間後に迫った決起のことしか頭になかった。中台は横浜への帰路を急いだ。

一月十二日午後、蜷川正大はレンタカーを借りて横浜の高島屋へ出かけた。翌日の安藤邸への決起の際、高島屋の配達員になりすますための小道具を買うためだった。三千円のサラダオイルセットを求め、配達らしく装うために白い作業衣と発送用紙などをそろえた。

そのまま家に戻ろうとして、中台一雄と針谷大輔との待ちあわせにはまだだいぶ時間のあることに気がついた。蜷川はしばらくの見収めになるだろう、横浜の街をぶらつくことにした。

車を馬車道の駐車場にいれて、馴染みの街を歩いた。もう潰れてしまったが、蜷川は以前、この馬車道にあった「冠」というパブに店長として勤めていたことがあった。

ハマッ子の蜷川は、横浜という街がたまらなく好きだった。もう明日からは当分の間、見られなくなるのだ。ふだん見慣れた街並や店のショーウインドーが、この日ほど懐かしくきれいに感じられたことはなかった。

馬車道の二十年来の馴染みの店「珈琲屋」でハンバーガーとコーヒーをとり終えると、車を尾上町から横浜スタジアムの横を通って長者町方面へ走らせた。さらに元町を抜けて山下公園に入る。

蜷川は心ゆくまでヨコハマに浸り、この街で過ごした日々に思いを馳せた。

家に帰ると、まもなくして中台と針谷が時間通りに現われた。蜷川にとって最も気がかりなのは、この針谷のことだった。まだ明日のことは何もうちあけていなかったし、現場に着くまでいうつもりもなかったが、果たしてその場に臨《のぞ》んで、どこまでやれる性根があるだろうか。いわば騙《だま》して連れていくことになるのが、つらかった。が、それとてこれからの若手として期待するところが大きかったからだった。

一方、針谷が今度の件に関して聞いていたのは、

「あるところに抗議活動に出かけるから手伝え」

ということだけだったが、日ごろから敬愛する横浜の先輩二人からの誘いだけに、喜んで応じたのである。

針谷が翌日の抗議文の原稿をワープロで打つことになった。針谷はのちに、なぜこのとき、《檄》でなく、《抗議文》であったのか、思い知ることになった。

《檄》ではどんなことをやろうとしているのか、自分に気がつかれてしまう――と蜷川さんは考えてのことだったんだ〉

と針谷は、蜷川と中台がのちの裁判のことを考え、最後まで自分には何も知らせずに連れていってくれたことを知った。二人の気づかいがうれしかった。

針谷がワープロで打っている間、蜷川と中台が明日の行動の最終チェックを行なった。蜷川が撮ってきた攻撃目標付近の道路や家の写真、見取図を二人の下見の記憶と照らしあわせた。

そのうちに針谷がワープロを打ち終え、ビールを買いに出ていく。その間、二人は抗議文のチェックに入る。それは住友不動産という不条理に挑《いど》む思想戦争であった。そして自分たちの行動は、住友不動産という巨悪へ天誅をくだすべき、肉体言語となるはずだった。

やがて外から帰ってきた針谷が、

「雪ですよ。すごく降ってますよ」

とはしゃぐようにいって、入口で雪を払った。

中台が外を見にいって、すぐに戻り、

「場面は最高」

といった。

## ●住友不動産会長・安藤《あんどう》邸襲撃事件

昭和六十二（一九八七）年一月十三日午前十一時半、大悲会会長・蜷川正大、義友同志会会長代行・中台一雄、統一戦線義勇軍情宣局次長・針谷大輔の三人は、「Y・P体制打倒青年同盟」を名のり、日本刀や模造拳銃を手に東京・杉並区善福寺の住友不動産会長・安藤太郎宅へと乗りこんだ。

「Y・P体制打倒青年同盟」というのは、ちょうど十年前、蜷川の師である野村秋介ら四人が経団連事件を起こした際に使った名だった。

何も知らずについてきた針谷は、安藤邸に入った瞬間からすべてを了解した。

〈あっ、これは経団連なんだな〉

と察したのである。

「針谷君、ごめんね。こういうことだったんだ」

中台がすぐに声をかけてきた。蜷川と中台の様子を見ると、さきほどまでとはうってかわって恐ろしいほど真剣だった。

「いいですよ。隊長はどなたですか」

針谷は肚をすえて訊ねた。

「蜷川さんだ」

中台が応える。

「それなら蜷川さんに従えばいいんですね。バリケードは築くんですか」

針谷の動ぜぬ様子を見て、

〈こいつはオレたちより肚がすわってやがる〉

と蜷川は驚き、前夜の心配が杞憂《きゆう》にすぎなかったことを知った。

安藤邸にはたまたま七十一歳になる安藤夫人しかいなかったから、三人はやむを得ず、夫人を人質にとって籠城することにした。

まもなく、この難を表に逃れた家政婦の急報で、警視庁の機動捜査隊や荻窪署員ら約百人が急行して安藤邸を包囲した。

家の中では、二人の先輩が鉢巻を忘れてきたことを知った針谷が、急ごしらえの鉢巻をつくっていた。白生地の中央の日の丸は、自分の親指をカミソリで切って、血で染めたものだった。

やがて蜷川たちは、用意していたブランデーの瓶《びん》に火をつけ、二階のベランダから玄関前の路上に投げつけ、威嚇行為に移った。説得する警察官に向かって、

「狂乱地価を招いた安藤を出せ」

と主張すると、再び家の中にたてこもった。

この間、針谷は抗議文をじっくりと読み、二人から今度の決起の目的を聞いた。針谷とすれば、ずっと池子闘争一本に絞って運動を続けてきただけに、地上げの問題はそれほど真剣に考えてはいなかった。が、むろん池子問題同様のウエイトで、とりくまなければならない闘争課題には違いなかった。

針谷はそれまで、蜷川に比べて、中台とはあまり話をしたこともなかったし、それほど深いつきあいでもなかった。それが目前の中台の様子を見ていてつくづく感じたのは、

〈ああ、この人は死ねる人だな〉

ということだった。

この場に及んでの所作、立居《たちい》ふるまいが実に〝きれい〟なのである。

針谷には、

〈ああ、きれいだな〉

という表現でしかいい表わせなかった。

再び中台がベランダに顔を出し、今度は抗議文をまいた。
抗議文には、
《現実に列島改造論以後の土地ブームに便乗した大手不動産業者はその豊富な資金力と一部政治家との癒着による土地コロガシによって土地は値上りし、サラリーマンが一生かかっても都心では一坪の土地さえ手に入れることのできない状況を招いた。土地を単なる投機の対象としたマネーゲームに終始する住友不動産、商事は庶民のマイホームへの夢を非現実的な嘆《なげ》きの中に落とし込んだのである》
《我々は、貴社及び、貴人に対して何等個人的怨みを持つものではない。土地の狂乱的値上りの元凶貴社会長の辞職を勧告するとともに、住友不動産の悪行を世に問うものである》
などと書かれていた。
結局、三人が、
「奥さんと一緒に外に出る。機動隊を近づけるな」
と要求し、表へ出てきたところを警察に逮捕されたのは午後一時十七分のことで、籠城して約一時間半後の投降であった。充分に目的を達したと判断したからだった。
蜷川が予定以上に早く籠城をやめたのは、ちょうど自分の母親と同じくらいの年格好の安藤夫人を、いつまでも監禁状態にしておくのが忍びなかったからだ。それは決して蜷川たちの本意ではなかった。蜷川は子どもの時分から母一人子一人で育ってきた男だけに、なおさらつらかった。

一方、例によって公安から吹きこまれた情報に重きを置くマスコミは、事件を「新右翼の売名行為」と評した。が、経団連事件のときと明らかに違っていたのは、安藤太郎の悪辣《あくらつ》さに言及し、新右翼が決起した背景についてかなり突っこんで書くマスコミも多かったことだ。

むろん一水会の鈴木邦男は三人の行動を全面的に支持し、

「違法行為は違法行為として裁きを受けるつもりで決行し、そうした形でしか訴えることのできない思想戦争を仕掛けたのである。マスコミも、いままではあまりとりあげなかった地上げ、買い占めなどの問題もこのときばかりは大きく報道し、問題の所在を国民の前にさらけだしてくれた。その意味では三人は、マスコミにいかにたたかれようとも、行為を否定されようとも、思想戦争としては突破口を切り拓き、勝利した」

と述べた。

またこの事件が画期的だったのは、三人のあとに続いて住友攻撃を決行する民族派が続出したことである。それも蜷川たちのいわゆる新右翼グループとはほとんど面識のない民族派の決起である。

あとに続く決起によって支持を表明するというのは、十年前の経団連事件のときも、岐阜の「国民前衛隊」隊長・花房東洋《はなふさとうよう》、隊員の川田和行《かわだかずゆき》らが英・仏・ソ大使館やアメリカンクラブなどを襲撃しようとした〝国民前衛隊事件〟の前例があった。

今度の場合はたて続けだった。

一月三十一日、北海道の民族派・森譲《もりゆずる》が住友銀行東京営業部を襲撃して短銃を発砲。

二月初旬、住友グループの中核企業である日本電気・小林宏治《こばやしこうじ》会長宅に短銃弾が撃ちこまれるも、犯人は不明。

四月二十七日、桜心睦の「エルドラド旅団」の同会代行・松越房一以下、高松準一《たかまつじゅんいち》、伊藤中夫《いとうのぶお》の三人が住友銀行東京営業部、錦糸町支店、西荻窪支店の三店にバキュームカーで糞尿《ふんにょう》をまいた。

いずれも住友不動産・安藤太郎会長邸襲撃事件に対する支持表明であり、住友の悪徳商法を糾弾する目的で決起したものだった。

その一方で、事件後まもない一月十八日未明には、東京・浜松町の野村秋介事務所に何者かによって拳銃数発が撃ちこまれるというおまけまでついた。この一事をもってしても、安藤太郎、住友不動産のお里が知れようというものである。

六月九日には、三人に対する裁判も終わり、蜷川正大が懲役三年、中台一雄が同二年六カ月、針谷大輔が同一年六カ月・執行猶予四年という判決がくだった。

## ●赤報隊による朝日新聞襲撃

この年から翌年にかけて、日本中を震撼させる事件が起こった。〝赤報隊事件〟である。

昭和六十二（一九八七）年五月三日、朝日新聞阪神支局二階の編集室（335ページ下の写真）に散弾銃を持った男が乱入して記者たちに発砲、一人が死亡し、一人が重傷を負うという、稀《まれ》にみる事件が勃発したのだ。「日本民族独立義勇軍　別動　赤報隊」を名のる非公然ゲリラ部隊の犯行だった。

そして九月二十四日には、やはり朝日新聞の名古屋本社寮に散弾銃を持った男が侵入して、食堂のテレビなどに発砲して逃走するという事件が起きている。さらに阪神支局が襲われる三カ月半ばかり前の一月二十四日にも、朝日新聞東京本社二階のガラス窓などに散弾銃が撃ちこまれていることが、のちに判明した。

続いて年が明けた昭和六十三（一九八八）年三月十一日、朝日新聞静岡支局に時限式のピース缶爆弾が仕掛けられた。

いずれの事件でも、ワープロで打たれた赤報隊名義の犯行声明文が出されている。たとえば最初の昭和六十二年一月二十四日の朝日新聞東京本社発砲事件のときに出された声明文はこのようなものだった。

告

われわれは日本人である。

日本に生まれ　日本にすみ　日本の自然風土を母とし　日本の伝統を父としてきた。

われわれの先祖は　みなそうであった。

われわれも　われわれの後輩も　そうでなければならない。

ところが　戦後四十一年間　この日本が否定されつづけてきた。

占領軍政いらい　日本人が日本の文化伝統を破壊するという悪《あ》しき風潮が　世の隅隅《すみずみ》にまでいきわたっている。

およそ人一人殺せば死刑となる。

まして日本民族全体を滅亡させようとする者に　いかなる大罰を与えるべきか。

極刑以外にない。

われわれは日本国内外にうごめく反日分子を処刑するために結成された実行部隊である。

一月二十四日の朝日新聞社への行動はその一歩である。

これまで反日世論を育成してきたマスコミには厳罰を加えなければならない。

特に　朝日は悪質である。

彼らを助ける者も同罪である。

以後われわれの最後の一人が死ぬまで　この活動は続くであろう。
日本人のあるかぎり　われわれは日本のどこにでもいる。
全国の同志は　われわれの後に続き　内外の反日分子を一掃せよ。
二千六百四十七年　一月二十四日
日本民族独立義勇軍　別動
赤報隊　一同

また赤報隊は中曽根康弘前首相にも、「去年六月二十七日には全生庵《ぜんしようあん》で貴殿を狙った。……わが隊は処刑するまで追いつづける」との脅迫状を送りつけていることがわかった。

この一連の赤報隊事件によって、警察当局から最もマークされ、徹底的に人脈が洗いだされることになったのは、ほかならぬ新右翼陣営――とくに一水会、統一戦線義勇軍だった。

犯人は一水会や統一戦線義勇軍の周辺にいるとする警察は、関係筋への見込み捜査や家宅捜索を繰り返し、マスコミにも新右翼犯行説をうちだすところや暗にほのめかすところがあった。

ことに阪神支局事件のあとには、あらゆるマスコミが新右翼の代表とされる野村秋介と鈴木邦男のもとへ殺到した。

この事件に対して、野村も鈴木も一貫していい続けてきたのは、

「赤報隊というのは、右翼ではないのじゃないか。どうも臭いがしない」

ということであり、野村は、

「無差別に人を殺すことが悪いことなど、いわれなくてもわかっている。が、それよりもこの背景を考えなくてはダメだ。戦後体制が何だったかが問われているんだ」

と語り、

「右翼・民族派ならもっと正々堂々とやるはずだし、右翼の中で支持する人は誰もいないでしょ。涙のないテロルで世の中は変わらない」

といったのは鈴木だった。

鈴木がいうように、この事件に対する右翼陣営の見解は、

「こんなことをやる人間は周りにいない。やるんなら徹底的にやる。罪のない下《した》っ端《ぱ》の記者を殺したりしない。やるなら社長や重役をやる」

という愛国党総裁の赤尾敏のような意見が大勢を占めていた。

ところが、右翼陣営の中で、はっきりと支持表明する者もいた。

「実行犯と声明文を書いた人の間には何らかの関連性があると思いますから、支持します。右翼は右翼らしい方法でやれ、というのは、たぶんわれわれの世代で終わりでしょう。あとから来る若い人々はいままでの右翼のやりかたに拘泥《こうでい》されないで運動するでしょう。そうなると、もう何が出てくるかわかりませんね」

と述べたのは阿部勉である。

元統一戦線義勇軍の世界戦略研究所・瀬戸弘幸も、

「偏向マスコミとは共通の言葉がありません。だから一発の銃声もやむを得ません。朝日の襲撃事件を断固として支持します」

との支持声明を出した。

一方、警察当局やマスコミによって、赤報隊との関連性を最も疑われた統一戦線義勇軍は、

「もし一連の朝日襲撃が民族派のやったものだとしたら、体制権力に挑戦した闘いとして絶対評価できる」

と議長の木村三浩が述べ、事件にからむ警察からのたび重なる弾圧にもめげず、果敢な闘争を展開していた。

一連の赤報隊騒動を尻目に、池子米軍住宅建設反対闘争は一貫して継続中であったし、なお住友不動産・安藤太郎会長に対しては、引き続き新たな闘いを挑んでいた。

というのも、安藤は、六月十六日付の東京新聞で、先の安藤邸襲撃事件に触れ、

「お金でもやればすんだでしょうが……」

と決起した三人を侮辱するような発言をし、関係者の逆鱗《げきりん》に触れたからだった。

野村秋介は激怒し、木村も絶対許されない発言としてこれをとらえた。だが、ほかの誰よりも憤

りの声をあげたのは、針谷大輔だった。そのため、統一戦線義勇軍は、針谷を中心に安藤に謝罪を求める徹底的な抗議行動を展開していく。

最初は逃げまわっていた安藤、住友不動産側も、新右翼側の心からの怒りによる執拗な追及に、ついに音をあげた。しまいには人を介して、「安藤会長が直接会って謝《あやま》りたい」と泣きをいれてきたのだった。

住友不動産が蜷川、中台、針谷の三人をはじめとする新右翼陣営に対して、安藤太郎会長の謝罪発言を含む声明文を提出したのは、九月三十日のことだった。

「説明不足と一部認識不足から事実に反するような形の発言記事となり、関係者のかたがたにご迷惑をおかけしたことを大変遺憾に思っております」

との表明がなされたのである。

統一戦線義勇軍の闘いは、赫々たる一つの戦果を勝ちとったといえる。

昭和六十三（一九八八）年八月二日、阿部勉は小雨の中、茨城県太子《たいし》町で合宿中の統一戦線義勇軍を陣中見舞に訪れた。それは義勇軍が毎年、恒例にしている夏期合宿であった。二泊三日にわたって、学習会、行動訓練、農作業などを行なうのである。

阿部が訪れたときは、ちょうど合宿二日目にあたり、近くの河原で軍事訓練の真っ最中であっ

た。雨の中、

「構えィ！」

「進めェ！」

といった掛け声が聞こえてくる。

やがて阿部の目に、全員ヘルメットで竹ザオを持ち、ジュラルミンの楯を突く姿が見えてきた。なぜか阿部の胸を締めつけるものがあった。水たまりを越えようとしたとき、唐突に涙があふれてきた。

〈ああ、オレたちがやってきたようなことをやっている。こいつらも、そうして捕まっていくんだな〉

阿部の目には、躍動する義勇軍兵士たちの姿がかすんで見えた。それが雨のためなのか、涙のためなのかはわからなかった。

## ●赤報隊事件の顚末《てんまつ》

赤報隊が標的にしたのは、朝日新聞社だけではなかった。

昭和六十三（一九八八）年三月十一日、朝日新聞静岡支局に時限式ピース缶爆弾が仕掛けられると同時に、中曽根前首相ともう一人、当時の竹下登《たけしたのぼる》首相のもとにも脅迫文が送付され、

《貴殿は中曽根よりまだましだと思う。日本の総理になったら靖国に参拝するはずである。中曽根は外国におどされて日本民族を裏切った》

とあった。

さらに同年八月十日には、東京都港区の江副浩正《えぞえひろまさ》・元リクルート会長宅の玄関に、一連の朝日新聞社銃撃事件と同じ散弾銃の銃弾一発が撃ちこまれ、

《赤い朝日に何回も広告をだして、金を渡した》

という犯行声明文が届いた。

二年後の平成二（一九九〇）年五月十七日には、名古屋市中村区の愛知韓国人会館の玄関付近に灯油がまかれ、発炎筒で火がつけられ、植え込みや壁の一部が焼ける事件が起きた。

こうした赤報隊事件——「警察庁広域重要指定116号関連事件」は、ついに犯人は挙がらず、未解決のままに、そのすべてが平成十五（二〇〇三）年三月、完全時効を迎えた。

発生当初、事件の性格上、新右翼の言論テロ説が流布《るふ》されたが、当時の朝日新聞大阪本社の編集局長はメディアに、

「新右翼の犯行ではないと思う」

と完全に否定。それでもやはり事件への関与が疑われ、捜査当局から徹底的にマークされ続けたのは右翼関係者——とりわけ当時の最過激派と目された新右翼の一水会や統一戦線義勇軍関係者及

びその周辺者などであった。

そうしたなか、新右翼教祖・野村秋介の名も、「何かを知っているのではないか」とか、盛んに取りざたされたものだが、明らかに赤報隊の彼らと違ったのはその行動スタイルであった。野村の場合、行動は決して人を傷つけたり殺したりすることなく、その責任のとりかたは「赤き着物か白き着物か」、つまり長い懲役か自決という形で最後のけじめを己に課し、それは一貫していた。

河野邸焼き打ち事件の際、動転して腰を抜かしてしまった家政婦を背負って助けだした行為が何よりそのことを物語っているし、朝日新聞社における最期、銃口は相対した社長に向けられることなく、己に向けて自決を遂げた一事をもってしても明らかであろう。

# 終章　維新革命家の死（一九九一〜二〇〇五年）

野村秋介
（1935〜1993年）

三浦重周
（1949〜2005年）

見沢知廉
（1959〜2005年）

## ●野村秋介、朝日新聞社で自決

巨大な不条理、権力悪を相手に、つねに弱者の側に立って闘いに次ぐ闘いの人生を歩んできた男――、昭和三十八（一九六三）年に河野一郎元建設相邸焼き打ち事件、昭和五十二（一九七七）年に経団連襲撃事件を引き起こし、その時代時代の政財界の巨大権力に牙を向けてきた男――、それが新右翼の教祖といわれた野村秋介であった。

その権力から最も恐れられた男が、最後に選んだターゲットこそ、〝第四の権力〟であるマスコミの象徴的存在・朝日新聞だった。

その日、平成五（一九九三）年十月二十日、東京・築地の朝日新聞東京本社十五階の役員応接室において、同社・中江利忠《なかえとしただ》社長と野村秋介との面談が開始されたのは、午前十一時四十五分のことである。この面談は、前年七月の参議院選挙の際、『週刊朝日』に掲載された「山藤章二《やまふじしょうじ》のブラック・アングル」で、野村が代表をつとめた「風の会」を「虱の党《しらみ》」と揶揄したことに端を発していた。

野村が許せなかったのは、自分のことはともかく、三顧の礼を尽くして立候補してもらった大学教授や弁護士、僧侶、あるいはトラック運転手や主婦といった人たちがシラミ扱いされ、侮辱されたことだった。

何より言論機関としての戦中・戦後の朝日新聞の報道姿勢、あるいは日本の根幹に関わる問題について朝日は真摯に取り組んできたのかどうか、また、自分の国に誇りを持てない教育・風潮を創出した戦後のＡ級戦犯こそ大朝日をはじめとするマスコミではなかったのか――と、疑義を呈したかったのだ。

野村は朝日新聞社に抗議文を送るとともに、そうした問題を含むマスコミ・ジャーナリズムのありかたを問う公開討論会を要求、朝日側との交渉を約一年間続けてきた。対して、野村側の公開討論会の要求を拒んできた朝日側は、この日、社長自らが頭を下げることで最終決着をつけることにしていた。

冒頭、中江社長の謝罪があり、それに対して野村が、

「全面的に納得したわけではないが、その誠意に対し、日本人として諒《りよう》とする」

と応じ、手打ちになったかに見えた。

異変が起きるのは、その後、双方の間で歓談が続いてしばらく経ったときである。

とはいえ、朝日側は当初、それを異変と感じることさえできなかった。野村の所作はあくまで自然で、興奮している様子やおかしなところはみじんも見られなかったからだ。朝日の社長をはじめ首脳たちは、野村が着ている作務衣《さむえ》の腰のあたりから取りだした二丁拳銃を見ても、その意味することもすぐにはわかりかねたろう。

やがて野村は壁ぎわを背に絨毯《じゅうたん》の床に正座すると、「皇尊弥栄《すめらみこといやさか》！　皇尊弥栄！　皇尊弥栄！」と声を張りあげた。

「男が節義を全うするとはこういうことだ」

といい、直後、両手に持った二丁拳銃の銃口を自分の両胸に押しつけ、「たあっ！」という気合もろとも三発の銃弾を撃ちこんだのだ。かくて野村秋介は壮絶な拳銃自決を遂げ、波瀾の五十八年の生涯を閉じた、次の辞世の句を残して。

惜別の　銅鑼《どら》は濃霧の　おくで鳴る

さだめなき　世なりと知るも　草莽《そうもう》の　一筋の道　かはることなし

野村は経団連事件による懲役六年の刑を終えて出所するや、

「これからは巨大な不条理と闘い、思想戦争を展開していく」

と宣言、以来十年間、その言葉通り、闘いに次ぐ闘いを展開していく。フィリピン・ホロ島でモロ民族解放戦の捕虜となっていた日本人カメラマン救出運動、反暴対法（暴力団対策法）闘争、創価学会や金権政治家・糸山英太郎《いとやまえいたろう》との闘い、そして参院選出馬……等々。

「平成四年の参院選を、民族派が国政レベルの選挙に挑戦する好機ととらえ、勝つためには野村秋介を立てる以外にない」

と判断し、野村のかつぎだしに動いた民族派の友人の説得に、最初は渋っていた野村も、最後は、

「死んでやるか。とても勝てる戦《いくさ》とは思えないが、万が一当選したとしても、国会もまた戦場。どこで死ぬのも同じこと……」

と決断したのだった。

野村はこの時点で、「そろそろ潮時《しおどき》」と死に場を求めていたのであろう。

「万死に値する」といいながら、議員辞職さえしない元首相をはじめ、言葉をとことん軽くしてしまった嘘八百の政治家たちの前で、つまり国会議事堂の中で死んでみせることも、野村の視野にはあったのかも知れない。

「若い連中に生きざまは充分に見せた。あとは死にざまを見せるだけ」

とつねづね語っていたように、最後にそれを見事に実践してみせたのだった。

## ●見沢知廉《みさわちれん》と母からの手紙

野村秋介が自決を遂げたとき、スパイ粛清事件で懲役十二年の刑をつとめていた見沢知廉は、残刑一年二カ月弱で、翌平成六（一九九四）年十二月八日の出所を目前に控えていた。

この見沢こそ、統一戦線義勇軍元書記長の清水浩司で、獄中で密かに小説執筆に没頭、作家名を見沢知廉と名のるようになっていた。その由来は仏典を根拠にしていたが、もうひとつ、その著作が書店の本棚に並ぶとき、目標とする三島由紀夫の本と隣りあわせで並びたいという願望があってのことだった。

見沢が野村の事件を知ったのは翌二十一日朝、独居房に配布されたスポーツ紙によってであった。同紙の一面に大きく「拳銃自殺」と出ていた。

〈へえ、誰だろう？〉

と思いながら、作業中で本文を読むことはできないので、パッと新聞を裏返したところ、ドキッとする人の名が目に飛びこんできた。「野村秋介」とあったのだ。

〈えっ⁉……〉

見沢は愕然とし、頭が空白になった。いったいどうなっているのか、早いところ、その正確な事実が知りたかった。

だが、午前、昼、午後と三度あるわずかな休憩時間を利用して新聞を読もうとしても、気が急《せ》くばかりで内容はさっぱり頭に入ってこなかった。血痕が残された朝日新聞社役員応接室の写真が、何より事件の生々しさを伝えているのに、記事を読み通すことができない。

結局なんとか気を落ち着かせ、新聞記事を読解できたのは、作業終了後のことだった。いや、正確にいえば、何が何やらわからぬ状態のままに、ただ野村秋介が死んだという事実だけを理解できたといっていいかも知れない。

それほど気が動転し、ショックも大きかった。これでもう二度と野村と会えないのだという喪失感、茫然自失の思い……。

見沢にとって、野村は心の師といってもいい、ある種特別な存在であり、同時につねに身近な存在として意識していた。かつて自分が新左翼から大きく右転回するきっかけとなったのも、野村たちの経団連事件に刺激されてのことだし、スパイ粛清事件によって右翼陣営はもとより多くの人間が見沢から離れていくなかで、一貫して母を励まし支えてくれたのも野村であった。

そして見沢がより親しみを持てたのは、野村は若き日、河野邸焼き打ち事件を起こして見沢と同じ千葉刑務所に服役し、同じ十二年を耐え忍んだ人物であったことだ。さらに野村は出所後、新右翼陣営のリーダーとして論客ぶりを発揮し、マスコミや各方面で華々しい活躍を見せていたことも励みになっていた。

実際、千葉刑務所には、野村が出所してもうだいぶ経つのに、服役時の野村を知る古い看守たちがまだ結構残っていた。その看守たちから、見沢はしばしば、

「野村秋介という人は模範囚だった。それにひきかえ、おまえは不良囚もいいところ。少しは野村さんを見習ったらどうだ」

といわれたものだった。

ともあれ、見沢には野村の死がことのほか応え、悶々として眠れぬ夜を過ごした。

翌二十二日朝、いきなり見沢に区長から呼び出しがかかった。その区長は、刑務官には珍しく見沢に好意的で、自らも元文学青年であったほどの小説ファンで、右翼にも理解のある人物だった。区長は、見沢の母からの手紙を、普通検閲で二、三日かかるところを、緊急だからと検閲官を説き伏せ、即日交付で渡してくれたのだ。

帰房して母からの手紙を読んだ見沢は、滂沱《ぼうだ》の涙を流さずにはいられなかった。母の手紙にあったのは、こうだった——。

その日、午後二時前、自宅で遅い昼食をとっていた母は、テレビのニュースで、「朝日新聞社で野村秋介氏が拳銃で自分の胸を撃ち重体」と報じるのを聞いて驚愕、呆然となった。ただ、その時点でのニュースでは「重体」とのことだったので、ただただ無事であることを祈るしかなかった。

午後三時半になって、彼女あてに配達されてきた書籍小包があった。開けてみると、野村秋介からで、新刊の自著『さらば群青——回想は逆光の中にあり』(二十一世紀書院)だった。本の扉を開くと、野村の筆で、次のような句が書かれていた。

母と子の　絆で耐える　しぐれ獄

夕方、荻窪駅前で人と会う約束があったので（その相手が野村とともに経団連事件で決起した森田忠明であったのも、不思議な符合だった）、電車に乗って出かけたところ、途中、駅の電気が消え、真っ暗闇になるというアクシデントに見舞われた。

彼女はハッとなり、

〈もしかして野村先生の容態が……〉

と不吉な胸騒ぎに襲われ、暗澹《あんたん》たる気持になった。

荻窪駅前の喫茶店で森田忠明と会い、話を聞くと、野村はすでに亡くなっているということだった。そう話す森田の面持ちも沈痛で、ショックは隠せない様子だった。

「――そんな……」

彼女は絶句し、どう考えても現実とは思えなかった。

〈それならあの本は……あの句――「母と子の絆で耐えるしぐれ獄」というのは、すでに先生が自らの死を決められたうえで、あの子と私のために贈ってくださったんだ……なんて人なんでしょう……〉

そう考えると、彼女は涙が溢《あふ》れ、止まらなくなってきた……。

――翌々日、区長の粋《いき》なはからいで見沢が即日受けとった母からの手紙には、そんなことが書かれていたのだった。

母と子の絆で耐えるしぐれ獄――たまらない句である。心の奥深く沁《し》みこんでくるような十七文字に、こみあげてくるものがあった。見沢も、このときばかりは号泣せずにいられなかった。

《この句で野村は母にありったけの労《ねぎら》いの気持ちを伝えると同時に、俺に対しては、「母の重さ」をわからせようとしたように思う。俺は、この句を繰り返し口ずさむうちに、自分の獄中生活が、実は自分一人だけのものではなく、母の人生の一部にもなっていることを理解した。それを機に俺の心の奥深くに長い間沈殿していた自己憐憫《れんびん》のヘドロがどんどん減少し、俺は残る刑期を野村秋介のように誠実に生きようと思った》（見沢知廉『母と子の囚人狂時代』新潮文庫）

## ●作家よりも活動家として

千葉刑務所に十二年の刑で服役中、見沢に危機が訪れたのは、獄中暮らしも半ばにさしかかったころ、時代が昭和から平成の御代《みよ》に替わろうとしていた時分であった。

〝恩赦《おんしゃ》〟に取り憑《つ》かれ、パラノイアのようになってしまったのだ。

そのころの見沢は体調も不調、小説も書けない、おまけに一水会から冷たくされているとの思いこみがあり、母への手紙に託して送った『レコンキスタ』の原稿も、すべてボツにされ（実際に支離滅裂な文章だったからだ）――という具合で、心身ともに最悪の状態だった。希望もまるで見いだせなくなっていた。

そんなとき、見沢の頭に天啓のように閃いたのが、

「そうだ。即位恩赦がある！」

ということだったのだ。いわゆる昭和天皇崩御と平成天皇の即位の際の恩赦であった。

見沢はその恩赦に賭け、狂ったように法務大臣や官公庁、あるいは衆議院議員に請願書を送り始め、果ては母を通さず、直接野村に手紙を書いた。肉親以外に書けない手紙をどう出せたかといえば、請願書に紛れこませて、あて名を架空の議員連盟の名称にし、野村事務所の住所を書いて出したところ、その作戦がまんまと当たったのだ。かくて、

「いまこそ革命が必要である。恩赦運動を起こすべきだ」

という主旨の見沢の手紙は、検閲の目をすり抜け、野村の元に届いてしまう。

手紙を読んだ野村は、見沢のことを心配し、その返事代わりに、『新雑誌X』という月刊誌に、見沢への思いを書き綴《つづ》った。

それが「獄中のS君への書簡――いま君に『渾身の悩み』はあるか」（野村秋介『友よ荒野を走れ』二十一世紀書院に収録）という一文で、かなり手厳しい内容だが、一方で、まだ見ぬ若き同志への励ましが溢れた熱いメッセージとなっている。

「人生の丸木橋は一人で渡りきるしかない」

「世の中を動かすのは主義主張ではなく人格である」

「いま君は如何に早く出るかではなく、如何に多くをその中で学ぶかに総てが懸《か》かっていることを忘れている」

「『むさし』となるも『たけぞう』となる勿《なか》れ」

「熱い風呂に入っている時は、じっとしていろ」

ともあれ、野村とはそうした心の交流があり、右翼陣営では数少ない本物の維新革命家として心底尊敬の念を抱いて、出所後に会える日を心待ちにしていただけに、見沢にとってその自決は痛恨の極みというしかなかった。

野村の自決から一年二カ月後の平成六(一九九四)年十二月八日、見沢は千葉刑務所を出所した。

それからの見沢の活躍はめざましかった。すでに出所直前、『天皇ごっこ』で新日本文学賞に入賞し、出所したときには作家デビューを果たしていた。その後、『囚人狂時代』がベストセラーとなり、『調律の帝国』は三島由紀夫賞候補にまでなった。

その一方で、見沢は維新革命運動への情熱を少しも失っておらず、出所当日も、見沢を出迎えた統一戦線義勇軍議長の針谷大輔に対して、

「オレが出た今日という日は、五十三年前、わが日本が米英に対して宣戦を布告した日。まるで今後のオレの生きかたを示唆《しさ》するようじゃないか。アメリカを誅滅せよ！　イギリスを誅滅せよ！　ヤルタ・ポツダム体制打倒だ！」

と雄叫《おたけ》びをあげ、意気軒昂《けんこう》なところを見せた。そのうえで、

「オレのやりたいことは、文学以上に維新革命の成就。何よりもそのための活動がしたい。維新革命のためなら死んでもいい。書くことはあくまでもそのための手段にすぎないんだ。オレの望みは書くことよりも政治活動なんだよ」

といい続けた。作家であるには、あまりに血の熱すぎる男だった。

そんな見沢が横浜の自宅マンション八階から飛び降り自裁したのは、出所から十一年後、平成十七（二〇〇五）年九月七日午後五時半ごろのことだった。ただならぬ夕日の美しさに包まれた日であったという。享年四十六だった。

## ●三浦重周の最期

見沢知廉の死から三カ月後の十二月十日、一人の男が新潟港の岸壁で割腹自決を遂げた。政治結社・重遠社を主宰した三浦重周、その人であった。

三浦は昭和四十五（一九七〇）年四月、早稲田大学政治経済学部に入学するや日学同（日本学生

同盟）に加入し、以後、五十六歳の生涯を閉じるまで、大学中退後も就職せず一貫して民族派運動に携わってきた。

その間、日学同六代目委員長をつとめ、さらには青年・社会人運動としての重遠社を創建して代表に就任、機関紙『新民族主義』を中心に論文等の執筆や講演活動を行なってきた。また、三島由紀夫研究会事務局長として、毎年「憂国忌」を開催、その運動に熱心に取り組んできた。

そして平成十七（二〇〇五）年十一月二十五日、統括責任者として行なった追悼三十五年祭「憂国忌」が、彼の最後の活動となった。

《（三浦の論文や発言の中心には）戦後日本を覆ってきた「平和と民主主義」の虚構と擬制、「象徴天皇制」と「親米路線」の上に安住する保守勢力に対する徹底した批判があった。三浦重周から見れば「自由と民主主義」を掲げる保守勢力も、また「平和と民主主義」を看板とする左翼勢力も、戦後日本を規定してきた日本国憲法と日米安保体制にすがるポツダム勢力という意味で同じ穴のムジナに過ぎなかった。これは昭和四十五年十一月の市ヶ谷台上における三島由紀夫の叫びと全く同じであった》

と評したのは、三島由紀夫研究会代表幹事の玉川博己氏（拙書『決死勤皇 生涯志士――三浦重周伝』並木書房の解説より）だった。

三浦の座右の銘は、「決死勤皇　生涯志士」。ただ一筋に維新革命の志に生き、どこまでもその夢を追い求め、命を賭けて闘い死んでこそ維新者のつとめ――との信念を貫いた男だった。すでに十年以上前に、辞世の歌も詠《よ》んでいた。

人として　大和《やまと》に生まれ　男なら　究《きわ》め尽《つく》さむ　皇国の道
赤々と　燃えに燃えにし　我が命　誠《まこと》の道を　知るは神のみ

つねに布団の下に出刃包丁を置いて寝たのも、いつでも死ねる覚悟を固めるためだった。門下生たちにも、「死にざまこそ生きざま」と説き、終戦時に割腹自決を遂げた阿南惟幾《あなみこれちか》陸相や、特攻隊の生みの親である大西瀧治郎《おおにしたきじろう》海軍中将の最期の所作に触れ、

「大西中将はこうやって腹を切って首を切って一晩中苦しんで死んでいったんだ。オレも自決となれば、おまえらに介錯を頼むわけにもいかんからなあ」

と自らポーズまでつけ、割腹の作法を見せた。まさに二人の軍人の所作同様の自決を選びとり、自らを責め抜くようにして死んでいったのである。

三浦が死に場所として選んだ新潟港岸壁は郷里に近く、目と鼻の先には三浦家先祖代々の墓もあった。

「実に見事な最期でした」

と実兄は語り、日学同時代からの長年の同志で友人の評論家・宮崎正弘氏は、

「派手な行動をするタイプではなく理論派。お金や名声などの俗っぽい欲がまったくない非常に高潔な人柄でした」

と週刊誌にコメントしている。

その卓越した理論は「三浦理論」と呼ばれ、「平成の北一輝」ともいわれた三浦重周。三浦が追い求め続けた国家革新、維新革命の夢。もとより、三浦は自決によって〝夢〟を断絶させたのではなく、それを、永続する〝夢〟に変えたのだった。

切りとり線

## ★読者のみなさまにお願い

この本をお読みになって、どんな感想をお持ちでしょうか。祥伝社のホームページから書評をお送りいただけたら、ありがたく存じます。今後の企画の参考にさせていただきます。また、次ページの原稿用紙を切り取り、左記まで郵送していただいても結構です。

お寄せいただいた書評は、ご了解のうえ新聞・雑誌などを通じて紹介させていただくこともあります。採用の場合は、特製図書カードを差しあげます。

なお、ご記入いただいたお名前、ご住所、ご連絡先等は、書評紹介の事前了解、謝礼のお届け以外の目的で利用することはありません。また、それらの情報を6カ月を越えて保管することもありません。

〒101-8701（お手紙は郵便番号だけで届きます）
祥伝社新書編集部
電話03（3265）2310

祥伝社ホームページ　http://www.shodensha.co.jp/bookreview/

**★本書の購入動機**（新聞名か雑誌名、あるいは○をつけてください）

| | | | | | |
|---|---|---|---|---|---|
| ＿＿＿＿新聞の広告を見て | ＿＿＿＿誌の広告を見て | ＿＿＿＿新聞の書評を見て | ＿＿＿＿誌の書評を見て | 書店で見かけて | 知人のすすめで |

★100字書評……ドキュメント　新右翼

名前

住所

年齢

職業

山平重樹　やまだいら・しげき

作家。1953年、山形県生まれ。法政大学文学部卒業後、右翼・左翼・アウトローをテーマとしたルポルタージュや小説を執筆。著書に『ヤクザに学ぶ交渉術』『ヤクザに学ぶクレーム処理術』『連合赤軍物語 紅炎』『袴田事件——裁かれるのは我なり』『決死勤皇 生涯志士——三浦重周伝』『激しき雪——最後の国士・野村秋介』などがある。

ドキュメント 新右翼《しんうよく》
——何《なに》と闘《たたか》ってきたのか

山平重樹《やまだいらしげき》

2018年1月10日　初版第1刷発行

発行者……………辻 浩明
発行所……………祥伝社《しょうでんしゃ》
〒101-8701　東京都千代田区神田神保町3-3
電話　03(3265)2081(販売部)
電話　03(3265)2310(編集部)
電話　03(3265)3622(業務部)
ホームページ　http://www.shodensha.co.jp/

装丁者……………盛川和洋
印刷所……………堀内印刷
製本所……………ナショナル製本


Printed in Japan　ISBN978-4-396-11524-1　C0231

〈祥伝社新書〉
歴史に学ぶ

366
はじめて読む人のローマ史1200年
建国から西ローマ帝国の滅亡まで、この1冊でわかる！
早稲田大学特任教授
本村凌二

463
ローマ帝国 人物列伝
賢帝、愚帝、医学者、宗教家など32人の生涯でたどるローマ史1200年
本村凌二

168
ドイツ参謀本部 その栄光と終焉
組織とリーダーを考える名著。「史上最強」の組織はいかにして作られ、消滅したか
上智大学名誉教授
渡部昇一

361
国家とエネルギーと戦争
日本はふたたび道を誤るのか。深い洞察から書かれた、警世の書
渡部昇一

379
国家の盛衰 3000年の歴史に学ぶ
覇権国家の興隆と衰退から、国家が生き残るための教訓を導き出す！
渡部昇一
本村凌二

## 〈祥伝社新書〉
## 歴史に学ぶ

444
### 「領土」の世界史
古代から最新事例まで、領土の変遷を知れば世界史がわかる
徳島文理大学教授 八幡和郎

472
### 帝国議会と日本人 なぜ、戦争を止められなかったのか
帝国議会議事録から歴史的事件・事象を抽出し、分析。戦前と戦後の奇妙な一致！
歴史研究家 小島英俊

392
### 海戦史に学ぶ
名著復刊！　幕末から太平洋戦争までの日本の海戦などから、歴史の教訓を得る
元・防衛大学校教授 野村　實《みのる》

460
### 石原莞爾の世界戦略構想
希代の戦略家であり昭和陸軍の最重要人物、その思想と行動を徹底分析する
日本福祉大学教授 川田　稔

441
### 昭和天皇の研究 その実像を探る
憲法絶対の立憲君主としての姿をあぶり出した画期的論考
作家・評論家 山本七平

## 〈祥伝社新書〉
## この国を考える

**508 憂国論** 戦後日本の欺瞞を撃つ
対米従属が加速、日本はますます「堂々たる売国」に向かっている
政治活動家 **鈴木邦男**

**499 憲法が危ない!**
改憲運動に半生を捧げた理論派右翼はなぜ今、異議を申し立てるのか
政治学者・思想史家 **白井 聡**

※ 著者表記について: 499は鈴木邦男、508は白井聡の可能性あり

**351 英国人記者から見た 連合国戦勝史観の虚妄**
滞日50年のジャーナリストはなぜ歴史観を変えたのか。10万部突破!
ジャーナリスト **ヘンリー・S・ストークス**

**481 アメリカ側から見た 東京裁判史観の虚妄**
「ヴェノナ文書」が明かす日米開戦の真実。アメリカで進む、歴史観の転換
評論家 **江崎道朗**

**492 世界が認めた「普通でない国」日本**
憲法9条は「ジャパニーズ・ドリーム」、天皇は「日本の良心」だ!
前・ニューヨーク・タイムズ東京支局長 **マーティン・ファクラー**